Janosch Schobin, Vincenz Leuschner, Sabine Flick, Erika Alleweldt, Eric Anton Heuser, Agnes Brandt
Freundschaft heute

Kulturen der Gesellschaft | Band 22

Janosch Schobin, Vincenz Leuschner, Sabine Flick, Erika Alleweldt, Eric Anton Heuser, Agnes Brandt

Freundschaft heute

Eine Einführung in die Freundschaftssoziologie

(mit Gastbeiträgen von Andrea Knecht, Christian Kühner und Kai Marquardsen)

Bibliografische Information der Deutschen Nationalbibliothek
Die Deutsche Nationalbibliothek verzeichnet diese Publikation in der Deutschen Nationalbibliografie; detaillierte bibliografische Daten sind im Internet über http://dnb.d-nb.de abrufbar.

Umschlaggestaltung: Kordula Röckenhaus, Bielefeld
Korrektorat: Lisa Musial, Bielefeld; Victoria Scholz, Herford
Satz: Francisco Bragança, Bielefeld
Printed in Germany
Print-ISBN 978-3-8376-3550-8
PDF-ISBN 978-3-8394-3550-2

Gedruckt auf alterungsbeständigem Papier mit chlorfrei gebleichtem Zellstoff.
Besuchen Sie uns im Internet: *http://www.transcript-verlag.de*
Bitte fordern Sie unser Gesamtverzeichnis und andere Broschüren an unter: *info@transcript-verlag.de*

Inhalt

II Problemfelder der Freundschaft

Danksagung

Wir danken dem Hamburger Institut für Sozialforschung und seinem Vorstand für die langjährige Unterstützung. Sie haben die Treffen der AG Freundschaft möglich gemacht, die am Ende zu diesem Buch geführt haben.

Einleitung: Die Aktualität der Freundschaft

Freundschaft: Ein vernachlässigtes soziales Phänomen

Es gab in der Geschichte immer wieder Zeiten, in denen Freundschaftsbeziehungen einen elementaren Stellenwert hatten. Dies belegt etwa das Sprichwort »Blut ist dicker als Wasser«, das heute so aufgefasst wird, dass man sich eher auf seine Familie als auf seine Freunde verlassen könne. Das Sprichwort ist jedoch alttestamentarischen Ursprungs und bedeutet das genaue Gegenteil: Die Beziehungen, die durch Blutsschwüre entstehen, sind stärker als die Beziehungen, die der Geburt im gleichen Geburtswasser geschuldet sind. Dem Missverständnis des Sprichworts entspricht der Umstand, dass Freundschaft in der modernen Soziologie kaum eine Rolle gespielt hat. Freundschaft ist zwar ohne Zweifel einer der traditionsreichsten und ältesten sozialtheoretischen Begriffe, den man, lange bevor es die Soziologie gab, verwendete, um das Soziale zu beschreiben. Trotzdem gilt das soziale Phänomen der Freundschaft in der Soziologie bis heute als eine Art »Liebhaberthema« und von einer systematischen Forschungstradition kann nicht gesprochen werden – allenthalben gibt es eine Reihe von Fragmenten. Als eigenständiges Phänomen findet Freundschaft kaum Beachtung. In der deutschsprachigen Forschungslandschaft sind derzeit praktisch zu jeder Sonderthematik mehr Forschungsvorhaben zu verzeichnen als zu einer der zentralen sozialen Bindungen aller Zeiten. Wer demnach heute der Freundschaftsforschung eine große Zukunft prognostiziert, gilt folglich als Prophet in eigener Sache. Und doch ist im Moment eine kleine Renaissance im Gange.

Freundschaft: Ein schwarzer Schwan?

Die soziologische Theorieentwicklung ist geprägt von thematischen Brüchen, die durch das Eintreten unerwarteter Phänomene ausgelöst und von der Soziologie nicht vorhergesehen wurden, wie bspw. der Zusammenbruch des Ostblocks im Jahr 1989. Gleichzeitig zeichnet die Soziologie eine hohe begriffliche Kontinuität aus, was oft den Anschein erzeugt, dass nachträglich auf gesellschaftliche Veränderungen reagiert wird, die bereits stattgefunden haben, indem man den alten Theorieapparat aufpoliert und auf die neuen Tatsachen justiert. Mit Nassim Taleb könnte man sagen: Die Soziologie ist eine Wissenschaft, die sich nicht zuletzt mit der Aufarbeitung schwarzer Schwäne beschäftigt.[1] Ist Freundschaft möglicherweise ein solcher »schwarzer Schwan«? Die Erfahrung des nicht vorhergesehenen Umbruchs in den Staaten des Ostblocks im Jahr 1989 war für die Soziologie unter Umständen bis zu einem gewissen Grad heilsam. Der unumgänglichen Fokussierung auf das, was in der Gegenwart besonders wichtig ist, wird heute stärker misstraut. Der Blick bleibt stärker in alle Richtungen offen, um relevante Veränderungen kommen zu sehen und ihnen nicht nur hinterherzulaufen. Verlängert man die Veränderungen der letzten Jahrzehnte gedanklich in die Zukunft, so lassen sich eine ganze Reihe von Indizien dafür finden, dass sich die Beschäftigung mit dem Phänomen der Freundschaft für die Soziologie lohnen könnte:

Zunächst ist zu konstatieren, dass im Prozess der Individualisierung eine Pluralisierung der Lebensformen stattgefunden hat, die den Stellenwert weithin frei gewählter Beziehungen, wie der der Freundschaft angehoben hat. Heutige Lebensführung ist nicht mehr im gleichen Maße auf die emotionalen und materiellen Ressourcen der Familie angewiesen und es steht den Menschen frei, ein Leben zu führen, in dem nicht die Familie, sondern Freundschaften die vorherrschenden Beziehungen darstellen. Selbst wenn eine solche Lebensführung immer noch eher eine Vorstellung beschreibt und nicht unbedingt die Realität wiedergibt, so stellt sich doch die Frage, ob in Zukunft nicht mit einem weiteren Nachlassen familiärer Bindungen zu rechnen ist und demzufolge Formen der freundschaftsbasierten Lebensführung zunehmen. Wer wiederum den demographischen Wandel im Blick hat, der muss aus soziologischer Perspektive konstatieren, dass der Rückgang der Geburtenraten definitiv Konsequenzen für die wählbaren Lebensformen hat. Auf lange Sicht führt er zu einer immer dünneren Verwandtschaftsdichte. Aber was machen die Menschen, die weder Kinder, noch Verwandte haben? Entweder sie leben mit ihrem Partner, mit ihren Eltern und Großeltern zusammen, oder, nun ja was? Die soziale Bindung, auf die man an dieser Stelle zwangsläufig zu sprechen kommen muss, ist Freundschaft. Aber nicht nur der demographische Wandel erzwingt eine stärkere Beschäftigung mit dem Phänomen der Freundschaft. Schon ein kurzer Blick auf die Entwicklung der Arbeitswelt informiert

1 | Unter einem schwarzen Schwan versteht man ein wirklichkeitsveränderndes Phänomen, das schwer zu prognostizieren ist, also in der Vergangenheit als vollkommen unwahrscheinlich galt, dann aber in der Retrospektive gut zu erklären ist. Der Name geht auf ein Englisches Sprichwort zurück: As likely as a *black swan*! Mit der Entdeckung Australiens und seinen schwarzen Schwänen wurde das Sprichwort dann zum Sinnbild der Überschätzung von Wissen, dass man aus einer sektoral begrenzten, empirischen Erfahrung gewonnen hat (vgl. Taleb 2008).

über die stetige Zunahme der Bedeutung persönlicher Beziehungen, um das Überleben komplexer, bürokratisierter Organisationen in den Zeiten geringer Wachstumschancen auf dynamischen, hochkompetitiven Märkten zu gewährleisten. Dort wo das Zeitregime des »Projekts« jenes der »Stelle« verdrängt, entsteht das Problem, wie das Quantum an personeller Kontinuität über die Horizonte stetiger Befristung sichergestellt werden kann, ohne dass Organisationen irgendwann ausbluten oder konsistente Berufsbiographien unmöglich werden. Es stellt sich die Frage, welche partikuläre Form solidarischer Beziehungen hier Raum greift, die mit dem Vollzugsbegriff des »Netzwerkens« gemeint ist. Die Bezeichnung »Bekannter« wäre im Deutschen zu schwach – Bekanntschaften implizieren keine Verpflichtungen; die Kategorie des »Kollegen« zu restriktiv – denn die solidarische Bindung überschreitet den zeitlichen Rahmen der Zusammenarbeit.

Ebenso zwangsläufig kommt der Begriff der Freundschaft ins Spiel, wenn sich der Blick auf die Auflösung der strikten Trennung von Privat- und Berufsleben richtet, die ja nicht zuletzt durch Online-Plattformen wie Facebook an Intensität gewonnen hat. Die Medienrevolution – weg von den Einbahnstraßen-Massenkommunikationsmitteln des Fernsehens und der Zeitschriften, hin zu den interaktiven Vernetzungen der digitalen Technologien – hat zu einer unübersehbaren Hochkonjunktur der Freundschaftsvokabel geführt. Handelt es sich dabei nur um einen semantischen Schachzug, um dem blutleeren Begriff des »Netzwerks« etwas menschliche Wärme einzuhauchen, oder steht hinter der Einkleidung der Technologie ein handfester sozialer Grund?

Es fiele nicht schwer, so fortzufahren. Etwa wären die veränderten Lebensführungsmuster durch die Übernahme von Freundschaftspraktiken aus queeren Milieus in heteronormative Beziehungen zu nennen. Auch die Verschiebung der legitimatorischen Ordnung von Partnerschaften – von ideell unbefristeten und unkündbaren Verbindungen hin zu implizit befristeten und kündbaren Bindungen – wäre unter Umständen gut mit dem Wort »Verfreundschaftlichung« beschrieben. Ferner wären Welten der Begegnung zu nennen. Der soziale Raum wird zusehends heterotopischer. Die Zahl der ungedachten und unerwartbaren Zusammenkünfte nimmt zu. In diesem Zusammenhang stellt sich die Frage, wie die Einzelnen angesichts enormer kultureller und lebensweltlicher Gefälle noch dazu in der Lage bleiben, angemessen miteinander zu interagieren. Gibt es so etwas wie ein universelles Protokoll der friedlichen, zivilisierten Begegnung? Und wenn ja, mit welchem Begriff wäre es wohl zu belegen? Diese und viele, viele andere brisante Probleme und Phänomene unserer Zeit stellen immer wieder die gleiche Frage: Welche Rolle spielt hier Freundschaft?

Das scheue Tier: Schwierigkeiten des Freundschaftsbegriffs

Um die Frage nach der Freundschaft systematisch zu stellen, muss man bereits eine Vorstellung davon haben, worüber man spricht. Hier beginnen die Probleme. Freundschaft ist ein amorpher Begriff und Freundschaftsbeziehungen sind in modernen Gesellschaften extrem vielfältig und fluide. Beim Versuch zu bestimmen, was Freundschaft im Gegensatz zu anderen sozialen Phänomenen ist, entstehen meist vielfältige Schwierigkeiten. Einerseits ist es unmöglich eine angemessene Liste von Eigenschaften zu finden durch die sich Freundschaft sicher feststellen ließe. Versucht man den Begriff analytisch, also über Prädikate wie etwa nicht-verwandtschaftlich, nicht-sexuell, nicht-vertraglich usw., abzugrenzen, erzeugt man eine zu enge und zudem kulturell extrem verzerrte Definition des Wortes. Eine solche Strategie ist zum Scheitern verurteilt, denn Einwände findet man sofort: Wenn Freundschaft eine nicht-sexuelle Beziehung ist, wieso bezeichnet ein nicht ganz unerheblicher Teil der Menschen ihren Beziehungspartner als Freund_in? Wenn der Freundschaftsbegriff eine nicht-verwandtschaftliche Beziehung beschreibt, was ist dann mit den Cousins, mit denen so viele befreundet sind oder den Geschwistern, die sich als beste Freunde bezeichnen? Keines der vermeintlichen Definitionsmerkmale hält derartigen Überprüfungen stand. In der Summe finden sich jedes Mal derart viele Ausnahmen, dass es nicht möglich erscheint diese als extreme Ausreißer oder als Sprachmoden zu ignorieren.

Geht man den umgekehrten Weg und versucht über die Methode der Feststellung von Freundschaft auf die zwar kontextabhängigen, aber dennoch notwendigen Eigenschaften der Freundschaft zu schließen, so endet man bei einer übermäßig abstrakten Kategorie, die dann in der Regel falsch-positive Ausnahmen produziert. Freundschaft ist dann beispielsweise eine »auf Freiwilligkeit basierende, wechselseitige Beziehung gegenseitiger Bevorteilung«. Eine solche Beschreibung ließe sich jedoch auch für die Beziehung zur Nachhilfelehrer_in der eigenen Kinder verwenden und dennoch ist der nicht notwendigerweise ein Freund. Zudem sind andere Kategorien wie nicht-formalisierte Partnerschaften dann, taxonomisch gesehen, Unterkategorien der Freundschaft: Sie müssten folglich auch als Freundschaften gelten – aber nicht alle Menschen in nicht-formalisierten Partnerschaften sind auch Freunde. In vielen Fällen würden die Personen das sogar explizit ablehnen. Der Begriff wird auf diese Weise also zu weit.

Natürlich sind mit diesen beiden Herangehensweisen der Begriffsbestimmung etliche Versuche unternommen worden. Insgesamt sind die Resultate jedoch allesamt nicht satisfaktionsfähig und die Versuche haben bestenfalls halbwegs passgenaue Collagen erbracht, die keine begriffliche Schärfe aufweisen. Es scheint auf den üblichen Wegen unmöglich zu sein, einen konsistenten, realitätsadäquaten und halbwegs universell einsetzbaren Begriff der Freundschaft zu entwickeln. Auf den ersten Blick scheint das soziale Phänomen der Freundschaft daher nicht zu fassen zu sein. Es entzieht sich der präzisen begrifflichen Bestimmbarkeit, was auch den wissenschaftlichen Zugang erschwert.

Falsche Beurteilung der Begriffsart

Die Schwierigkeiten der begrifflichen Bestimmung von Freundschaft sind möglicherweise dann lösbar, wenn man einige logische Grundannahmen verändert. Die erste notwendige Veränderung ist eine Revision des taxonomischen Zugriffs: Freundschaft – das ist nicht einfach eine ganz bestimmte Beziehungsform unter anderen. Freundschaft ist eher der Titel einer »abstrakten Familie« als die Referenz einer konkreten Kategorie, oder wie es Graham Allan (1979: 34) beschreibt, ein »relationales Label«. Das Wort bezeichnet nicht einfach eine bestimmte Beziehungsart mit feststellbaren Eigenschaften, sondern eine Familie abstrakter Beziehungsformen. Dies lässt sich durch zwei Tatsachen erläutern: Erstens ist Freundschaft eine sehr alte Sozialform. Es gibt sie, soweit wir wissen, bereits seit der Antike. In ihrer Ausgestaltung ist sie aber fast immer auf situationelle Interpretationen angewiesen gewesen, weil sie nur selten institutionelle Formen angenommen hat. Zweitens: Im Sozialen muss das Alte nicht verschwinden, damit das Neue existieren kann. Philipp Slater (1990) verwendet, um diese Eigenschaft des Sozialen zu beschreiben, das Bild einer Stadt, in der all die abgerissenen Bauten, all die Ruinen zur gleichen Zeit am selben Platz stehen, wie die Gebäude, die ihnen folgten: Als ob in den Kaufhäusern Roms noch die alten Villen ständen. Mit Freundschaft verhält es sich ähnlich: Es koexistieren vollkommen archaische Formen mit den modernsten Varianten der Freundschaftspraxis – mitunter sogar in ein und derselben Beziehung.

Der Begriff hat so aufgefasst zwei Eigenarten, die ihn von üblichen soziologischen Kategorien unterscheidet: Erstens referiert er konzeptuell auf ein Geflecht graduell miteinander verwandter Sozialformen. Das hat folgende Konsequenz: Da man unter Freundschaft implizit eine Gruppe von Sozialformen versteht, die oft nur durch eine lange, oft vergessene Kette miteinander verwandt sind, gibt es nicht notwendigerweise irgendeine Eigenschaft, die allen gemein ist. Dieser Umstand erklärt hinreichend, warum Definitionsversuche, die in der Tradition des aristotelischen Verfahrens Genus proximum et differentia specifica stehen, zwangsläufig scheitern. Die zweite Bestimmung des Begriffs erzeugt einen weiteren, in der Soziologie durch die traditionelle Verwendung von Idealtypen jedoch üblicheren Sachverhalt. Das Attribut »abstrakt« soll andeuten, dass es sich bei Freundschaft um eine Tatsache handelt, die niemals als sie selbst, also in »voller Reinheit« beobachtbar ist. Da sich

Freundschaften in der Moderne vor allem in konkreten Vollzügen äußern und wenig institutionelle Spuren hinterlassen, muss etwas hinzutreten, damit die besonderen Strukturen der Freundschaft sichtbar werden.

Das Rätsel der Freundschaft und die Gliederung des Buches

Wie ist das »abstrakte Gemeinsame« zu beschreiben, dass allen Mitgliedern der Familie der Freundschaft gemein ist? Um es vorwegzunehmen: Wir haben dazu eine Idee, aber diese Idee steht am Ende einer Vielzahl von Erfahrungen – und sie ist alles andere als Konsens in der Forscher_innen-Gemeinschaft. Es schickt sich zudem nicht, mit einer organisierenden theoretischen Idee gleichsam wie »mit der Tür ins Haus zu fallen«. Dabei entsteht schnell der Eindruck, dass man die Darstellung der These angepasst hat. Der/die Leser_in soll, bevor er/sie die Welt der Freundschaft durch unsere Linse sieht, sie erst einmal begehen, um urteilen zu können. Dieses Buch soll daher die Chance geben, die empirischen Beobachtungen und theoretischen Ansätze der Freundschaftssoziologie der letzten Jahre, Jahrzehnte und Jahrhunderte – zugegeben etwas komprimiert und vorgefiltert, aber nicht verbogen – zur Kenntnis zu nehmen. An dieser Stelle folgt deswegen nicht unsere Lösung des Freundschaftsrätsels, sondern eine Erläuterung der Gliederung dieses Buchs. Es schreitet von den Gemeinplätzen und den bekannten Tatsachen fort, zu den virulenten Problemen der Gegenwart. Der erste Teil des Buches, den wir mit dem Titel »Basiswissen« überschrieben haben, behandelt daher den sozialwissenschaftlichen Konsens zur Freundschaft. Kapitel I.1 widmet sich der Frage, warum eine Theorie der Freundschaft in der Soziologie stets Fragment geblieben ist. In I.2 stellen wir eine Reihe wichtiger soziologischer Freundschaftstheoretiker und ihre Theoriefragmente vor. Die Theorie als Fragment ist das eine, aber der Mangel an einer geschlossenen Theorie bedeutet natürlich nicht, dass Freundschaft nicht empirisch erforscht werden kann: Nur wie? Kapitel I.3 behandelt daher die Frage, wie Freundschaftsbeziehungen in der Praxis empirisch erforscht werden – und weil Methodik immer auch einen normativen Aspekt hat: Wie sie erforscht werden sollten! Um letzteres zu leisten, bedient sich das Buch auch hier der alten Strategie des Musterbeispiels. Anhand der gerafften Darstellung exemplarischer, besonders gelungener oder misslungener Forschungsprojekte soll der/die Leser_in an die Welt der empirischen Freundschaftsforschung herangeführt werden. Kapitel I.5, Kapitel I.6 wie auch Kapitel I.7 fallen unter die Kategorie »Erweiterung des Blickfeldes«. Wer sich mit Freundschaft beschäftigt, hat es vermeintlich mit einer allzeitlichen, kulturuniversellen und ubiquitären Sozialform zu tun – und doch kennen wir vor allem die Freunde aus unserem eigenen, mehr oder weniger engen sozialen Milieu, vielleicht noch die Geschichten der Freunde unserer Großeltern und vor allem natürlich die normativ geladenen Darstellungen von Freundschaften aus Massenmedien, die auf unseren Geschmack zugeschnitten sind. Aber wie wird Freundschaft anderswo und zu anderen Zeiten gelebt? Wie unterscheiden sich die Freundschaften verschiedener sozialer Klassen, Geschlechter und Altersgruppen? Kapitel I.5 befasst sich daher zunächst mit der Geschichte der Freundschaft. Wie verändern sich die Freundschaftsformen, Freundschaftsideale und Freundschaftstheorien über die Jahrhunderte? Kapitel I.6 wagt den Blick zur Seite. Wie kulturspezifisch sind Freundschaftsideale und Freundschaftspraktiken? Welche Einsichten lassen sich aus dem Freundschaftshandeln und den Freundschaftskonzepten anderer Kulturen gewinnen? Zuletzt geht Kapitel I.7 noch der Sozialstrukturierung von Freundschaft nach. Es behandelt die Frage, inwiefern sich übliche soziale Trennungs- und Unterscheidungslinien auch in den Freundschaftspraktiken und Freundschaftsidealen der Einzelnen artikulieren. Etwa: Leben Frauen ihre Freundschaften anders als Männer? Welchen Einfluss haben die Lebensalter auf die soziale Funktion von Freundschaften? Gibt es schichtspezifische und ungleichheitsrelevante Freundschaftspraktiken und Freundschaftskonzepte? Ferner behandelt Kapitel I.8 das empirisch besonders hervorstechende Phänomen der sozialen Homogenität. Freund_innen sind in der Regel gleichen Geschlechts, gleicher sozialer Herkunft und ähnlichem Alters. Sie teilen oft eine Reihe von Vorlieben und haben ähnliche Einstellungen und Ideen. Wie kommt das? Die Frage der Homogenität von Freundschaften ist auch für die Frage der Sozialstrukturierung von Freundschaften relevant. Dass man etwa von schichtspezifischen Freundschaftspraktiken sprechen kann, setzt schließlich voraus, dass Freundschaften nur selten schichtübergreifend geschlossen werden. Beides gehört folglich thematisch zusammen und die Kapitel sollten daher zusammen gelesen werden.

Der zweite Teil, der mit dem Titel »Problemfelder der Freundschaft« überschrieben ist, widmet sich dagegen aktuellen Forschungsfragen und Freundschaftsphänomenen. Die Auswahl ist dabei durch die Interessen der Forscher_innen beschränkt, die dieses Buch geschrieben und in den letzten Jahren allesamt aktuelle Forschungsarbeiten zur Freundschaft durchgeführt haben. Dessen ungeachtet ist die Auswahl nicht beliebig. Sie betrifft zwar nicht alle, so aber doch elementare Veränderungen unserer Gegenwartsgesellschaft: Die Entgrenzung der Arbeitswelt, die Krise der westlichen Demokratie, die Veränderung der Fürsorge-Beziehungen, die Transformation der Intimbeziehungen und zuletzt – dieses Thema schien in einer Einführung in die Freundschaftssoziologie unausweichlich – die Veränderung der Freundschaftspraxis durch die neuen Medien. Zunächst fragt Kapitel II.9 nach der Rolle der Freundschaft in einer sich verändernden Arbeitswelt. Was passiert mit der Freundschaft in einer Welt, in der die Arbeit immer mehr Raum einnimmt und sich immer stärker mit dem amalgamiert, was einstmals das »Privatleben« hieß? An die Frage der Freundschaft in einer veränderten Arbeitswelt, schließt nahtlos die Frage nach Freundschaften in der Berufspolitik an: Westliche Demokratien werden immer stärker durch Lobbyismus geprägt. Lobbyist_innen bereiten immer häufiger Entscheidungen und Gesetzestexte entscheidend vor. Die Beziehungen zwischen Politiker_innen und Lobbyist_innen sind jedoch hochgradig informell: Das Wort »freundschaftlich« liegt nahe. Ähnliches lässt sich jedoch auch über die Beziehungen der Akteure im politischen Feld im Allgemeinen sagen. Generell stellt sich daher die Frage nach den Funktionen politischer Freundschaften. Sind sie einfach nur ein Verfallssymptom liberaler Gesellschaftsordnungen, ein unausrottbarer, archaischer Überrest aus vormodernen Zeiten oder haben politische Freundschaften spezielle Funktionen, die das politische System prägen und möglicherweise überhaupt erst ermöglichen? Ähnlich virulent wie die Veränderungen in Politik und Arbeitswelt sind die Veränderungen der fürsorglichen Beziehungen der Einzelnen: Durch den demographischen Wandel werden Familien- und Verwandtschaftsbeziehungen knapper – für viele so knapp, dass sie ihre psychosozialen Bedürfnisse anderweitig stillen müssen. Können Freunde, die Abwesenheit partnerschaftlicher, familiärer und verwandtschaftlicher Bindungen kompensieren? Können sie diese vielleicht sogar langfristig substituieren? Wie abhängig sind Freundschafts- und Familienbeziehungen voneinander und wie sehr bringen Freundschaft und Familie einander wechselseitig hervor? Wo liegt die symbolische Grenze zwischen Familien und Freundschafts-beziehungen – gibt es so eine Grenze überhaupt? Diese und ähnliche Fragen stellt Kapitel II.2. Kapitel II.5 geht noch einen Schritt weiter und fragt nach der Rolle von Sexualität in Freundschaften. Sexualisierte Freundschaften haben in den letzten 20 Jahren öffentlich enorm an Präsenz gewonnen. Zwar ist davon auszugehen, dass es sich rein praktisch um ein Minderheitenphänomen handelt: Nur ein Bruchteil der bestehenden Freundschaften schließt sexuelle Handlungen ein. Dennoch ist die Veränderung der Thematisierung von Freundschaften als sexualisierter Beziehungen unübersehbar. Dadurch radikalisieren sich bestimmte begriffliche Probleme, die für die ältere Freundschaftsforschung typisch sind: Die symbolische Grenze zwischen Freundschafts- und Familienbeziehungen wird noch poröser. Freundschaft strikt von Familie zu trennen wird immer zweifelhafter. Insgesamt ist zu konstatieren, dass es zu einer massiven Veränderung der Intimitätsregime in unseren Gesellschaften gekommen ist, die sich auf die Definition der symbolischen Grenzen und der Typen elementarer sozialer Bindungen auswirkt. In diesem Zusammenhang spätestens ist über die neuen Medien zu sprechen. Alltagsfreundschaften haben hier eine Bühne gefunden, um öffentlich zelebriert zu werden – so wie einst die Freundschaften von Potentaten und Königen. Der Publizitätsgrad von Freundschaften, die – so wie die Kollegenbeziehung primär als formelle, öffentliche Beziehung galt – als Privatbeziehungen galten, verändert sich. Kapitel II.4 stellt die Frage der Veränderung der Freundschaftsformen, der Freundschaftsideale und Freundschaftspraktiken in den neuen Medien. Nachdem all dies ausgebreitet wurde, bildet ein kurzer Essay den Abschluss des Buches, in dem unsere Lösung des Rätsels was Freundschaft eigentlich aus soziologischer Perspektive für eine Sozialform ist, skizziert wird.

I Basiswissen Freundschaft

1. Die Konjunkturen der soziologischen Freundschaftstheorie

Janosch Schobin

Die konjunkturellen Wellen der soziologischen Freundschaftsforschung sind kurz und flach und weisen mitunter lange Wellentäler auf. In den letzten Jahren erlebt die Freundschaftsforschung mal wieder eine kleine Renaissance. Im folgenden Kapitel sollen drei teils überlappende, teils komplementäre konjunkturelle Wellen beschrieben werden. Für die wiederholten Unterbrechungen, die kleinen, mitunter punktgroßen Aktualitäten und kurzen Renaissancen der Freundschaftssoziologie lassen sich überlagernde generationelle, sozial- und theoriegeschichtliche Gründe angeben. Der nachfolgende Text nähert sich dieser These durch drei rückblickende Fragen:

- Welche intellektuelle Konjunktur hat die Wiederkehr der soziologischen Freundschaftsforschung nach dem großen Stillstand in den 1970ern und 1980ern befördert?
- Wie beeinflusst das Verhältnis von Soziologie und Gesellschaft die Freundschaftskonjunktur mittlerer Dauer in der Nachkriegszeit?
- Welche theoriehistorischen Gründe haben die Entwicklung einer genuinen Tradition der soziologischen Freundschaftstheorie in der »longue durée« des 20. Jahrhunderts blockiert?

1.1 Die kurze Welle: Die 68er, die Babyboomer und die Renaissance der Freundschaftssoziologie

Bis vor kurzem wurde Freundschaft noch als ein recht unwesentliches soziologisches Thema im Spannungsfeld von Mikrosoziologie und Sozialpsychologie behandelt. In den 1970er und 1980er Jahren stand in Frage, ob »Freundschaft« überhaupt in den Aufgabenbereich der Soziologie als der Wissenschaft des Sozialen (Überindividuellen) gehört. Das Feld der Freundschaftsforschung wurde zunehmend von Sozialpsychologen (vgl. Derlega 1984; Duck 1973; Hartup

1975; Schlenker 1984) besetzt und mit psychologischen Theorien bearbeitet. Die Ursachen für diesen Umstand kann man in der Veränderung des intellektuellen Klimas der Zeit, aber auch in den Lebenschancen und Lebenszuschnitten der deutungsmächtigen Generationen jener Jahre sehen. Der Erfolg der 68er- Bewegung zeigte seine ersten paradoxen Folgen. Aus der Politisierung alles Privaten gingen mehr und mehr kollektiv imitierbare Bastellebenszuschnitte hervor, die sich als individuelle Lebensentscheidungen und nicht als Statements zur Gesellschaft begreifen ließen. Einher ging damit – neben der postmodernen Dekonstruktion – eine intellektuelle Flucht in die Psychologie. Unter der Bedingung stabiler, gut dotierter Berufspositionen in konsolidierten westlichen Demokratien ließen sich freundschaftszentrierte Lebensformen leben, ohne diese als spezifische, mithin auch durch ökonomische, politische und soziale Notwendigkeiten geprägte, kollektive Antworten auf die Herausforderungen der Zeit zu sehen.[1] Freundschaftszentrierte Lebensformen wurden daher tendenziell eher als eine Reihe von emotional gefärbten Einzelbeziehungen und weniger als komplexe, kollektive Lebenszuschnitte begriffen. Auch das Scheitern der Kommunenbewegung tat das Ihrige hierzu: Mit den Kommunen zerbrachen immer auch Freundschaften als Exempel einer tragfähigen, herrschaftsfreien politischen Lebensform. Das Glattstellen von Eifersucht und Rivalität, die Emanzipation des Subjekts aus seinen bürgerlichen Fesseln, die Überwindung der Geschlechtergrenzen, das Bereitstellen von Konsenspotenzialen, von fairen Konfliktverhaltensweisen, die Kohäsion einer revolutionär gesinnten politischen Gemeinschaft und vieles andere: Freundschaft war durch den extensiven Anforderungskatalog an eine emanzipatorische, revolutionäre Beziehungsform den Erfahrungen vieler 68er nach überlastet (vgl. Schobin 2013). Als eine eminent politische Lebensform – und das musste sie sein, um im Rahmen der 68er-Bewegung eine kollektive Lebensform sein zu können – taugte sie demnach nicht. Auf die Tagesordnung kam das Thema Freundschaft lebensweltlich erst wieder in dem Maße, in dem die 68er in die leere Nestphase kamen: Eine emanzipatorische Erziehung – und die gehörte zum Kernprogramm der Bewegung – sieht immer auch vor, dass die Kinder irgendwann ihre Eltern überwinden – ohne dass sich dabei das Hierarchieverhältnis zwischen Eltern und Kindern verkehrt. Ein Leben im Alter in Abhängigkeit von den eigenen Kindern ist für idealtypische 68er deswegen unattraktiv. Je mehr daher die Frage aktuell wurde, wie und mit wem man zusammen Altern will, wurde das Thema Freundschaft als einer kollektiven, politischen Lebensform in einer altersmilden Variante wieder Mode.

---

1 | Dieser Blick auf die 68er-Generation ist hier zugegeben der aus der alten Bundesrepublik mit ihren Westbindungen. Für die 68er der DDR und Osteuropas müsste man hier vermutlich etwas gänzlich anders sagen. Hierbei handelt es sich zugegeben um einen toten Winkel in der Analyse.

Die Generation der Babyboomer wiederum, aufgewachsen in den soliden Kernfamilien der Nachkriegszeit, hatte lange keinen Anlass, sich mit dem Thema der Freundschaft zu befassen. Die Gelegenheit zur Selbstverwirklichung in einer Variante der Wahlbiographie erschien ihnen zunächst als Freiheitsgewinn, der sich ohne revolutionäre Ambitionen verwirklichen ließ. Zwar fühlten sie bereits die knapperen Aufstiegschancen am Ende des Wirtschaftswunders. Die neuen Lebensformen und Lebenslaufregime bargen demnach zumindest auf der ökonomischen Seite im intergenerationellen Vergleich neue Risiken. Eine Hinwendung zur Freundschaft als einer Lebensform, die mehr versprach als einen Resonanzraum für individuelle Lebensentscheidungen, war damit aber in der Regel nicht verbunden, weil intergenerationelle Transfers aus der Elterngeneration aber auch der expandierte Sozialstaat und ein relativ inklusiver Arbeitsmarkt die neuen Lebensrisiken noch hinreichend abfedern konnten. Diese Reserve begann aber aus verschiedenen Gründen (zunehmende Verschuldung der Wohlfahrtsstaaten, Renteneintritt der Elterngeneration und damit verbunden die zunehmende Umkehr der Richtung intergenerationeller Transferleistungen, dauerhafter Anstieg der mittleren Arbeitslosigkeitsniveaus und so weiter) in vielen der westlichen Industriegesellschaften in den 1980ern mehr und mehr zu schmelzen. Das Leben als freigesetztes Individuum wurde so ökonomisch wie sozial zunehmend belastender. Die Suche nach kollektiv vernetzten Lebensformen, die trotzdem ein hohes Quantum an persönlicher Autonomie gestatten, rückte so – eine späte Anhandgabe der 68er – mehr und mehr in den Mittelpunkt. Freundschaft war dabei aber zunächst kein primäres Thema. Eher wurde die Frage nach alternativen Lebensformen auf der Ebene von Paarbeziehungen durchdekliniert: Populäre Begriffsbildungen Mitte der 1980er/Anfang der 1990er Jahre wie die LAT-Beziehung oder der Lebensabschnittsgefährte belegen die Suche nach neuen Formen der sexualisierten Partnerschaft, die zugleich die Autonomiegewinne der jungen Erwachsenenjahre (durch Freiheitsvorbehalte) absichern und ein substanzielles Maß an sozialer Einbindung und ökonomischer Unterstützung bereitstellen können. Die Entdeckung des Freundschaftsthemas hängt damit indirekt zusammen. Zum Nachdenken der Babyboomer über ihre neuen Lebensformen gehört häufig eine bestimmtes Detail: Es handelt sich in vielen Fällen um ein Nachdenken über ein Leben ohne eigene Kinder – nicht zuletzt weil die neuen Formen der Partnerschaft nicht auf das Gründen von Kernfamilien hin finalisiert sind. Die Babyboomer sind besonders verglichen mit ihrer Elterngeneration, aber auch noch verglichen mit den 68ern, eine Generation extrem hoher Kinderlosigkeit (vgl. BMfSFJ 2012). Nun handelt es sich aber um eine Generation, die selbst in kinderreichen Familien aufwuchs. Kinderlosigkeit wurde daher tendenziell weder als naturgegeben noch als Segen einer individuellen Wahlentscheidung, sondern als pathologischer Effekt einer Gesellschaft verstanden, die es durch ökonomische Zwänge und subtil installierte normative Selbstverwirklichungsimperative schwer macht, Kinder zu bekommen. Die Frage einer breiteren, kollektiv tragfähigen – und d.h. in ökonomischen und praktischen Dingen belastbaren – Lebensform, die auch über wechselnde Partnerschaften und jenseits der durch Eltern-Kind-Beziehungen strukturierten sozialen Gebilde Bestand haben kann, stellte sich daher in dem Maße, in dem die Babyboomer die Familiengründungsphase hinter sich ließen.

Die soziologische Literatur zur Freundschaft folgt den generationellen Trends zwar nicht punktgenau, aber doch auf erkennbare Weise. Ende der 1980er/Anfang der 1990er Jahre – also ziemlich genau in dem Zeitraum in dem die 68er zunehmend in die leere Nest-Phase kamen und die Babyboomer mehr und mehr die Familiengründungsphase hinter sich ließen – rehabilitierte eine Reihe von Publikationen (vgl. Allan 1989; Allan/Adams 1989; Blieszner/Adams 1992; Friedman 1993; Matthews 1986; Nötzoldt-Linden 1994; Silver 1990) Freundschaft als soziologisches Thema, ohne es jedoch ganz aus der Nische einer sozialpsychologisch imprägnierten Soziologie befreien zu können. Prominente Themen der Publikationen sind dabei die Entstehung des Typus ökonomisch funktionsfreier Freundschaftsformen zum Beginn der Moderne (vgl. Silver 1990; aber auch Allan 1989; Blieszner/Adams 1992) und solidarische Freundschaftsformen und -praktiken im Alter (vgl. Allan/Adams 1999; Litwak 1989, Matthews 1986). Besonders die Arbeiten der frühen 1990er sind dabei im Zusammenhang mit Ulrich Becks (1986: 206) zeitdiagnostischer These einer »dreifachen Individualisierung« zu lesen. Beck postulierte, dass es zu einer Herauslösung aus historisch vorgegebenen Sozialformen und -bindungen, zur Auflösung traditionellen Geschlechterlagen und regionalen Kulturen sowie dem Verlust verschiedener traditioneller Sicherheiten (Handlungswissen, Glauben, Normen) gekommen sei, die durch neue Formen der sozialen Einbindung über Arbeitsmarkt- und Konsum aufgefangen würden. Die Freundschaftsforschung der frühen 1990er kann man als Versuch deuten, den hier nur knapp angedeuteten Individualisierungsphänomenen eine weniger kulturpessimistische Interpretation zu geben. Der Hinweis auf die soziale Belastbarkeit ökonomisch entlasteter Beziehungen wie Freundschaften kulminiert in dieser Zeit nämlich in die Ausarbeitung einer spezifischen Variante der *Kompensationsthese* (siehe Artikel Freundschaft und Fürsorge), die besagt, dass mit dem Nachlassen familiärer Bindungen die Bedeutung freiwilliger Beziehungen wie Freundschaften wachse, welche nun die sozialen Aufgaben übernähmen, die zuvor von den Kernfamilien der Nachkriegszeit erfüllt wurden. Freundschaftszentrierte Lebensformen sind demnach als eine ebenso funktionale wie menschliche Antwort auf ein zunehmend familienfernes und durch Märkte integriertes gesellschaftliches Leben zu verstehen. Gerettet war das Thema Freundschaft für die Soziologie durch die kurze Renaissance Anfang der 1990er aber noch nicht. Zwar nahm die soziologische Dethematisierung ein Ende. Der Psychologisierung der Freundschaftsbetrachtung war so jedoch nicht auf Anhieb beizukommen. Das kann man sich vielleicht damit erklären, dass sozialwissenschaftliche Forschung eine gewisse Trägheit hat, weil sie sich stets auf Vorarbeiten berufen muss. Praktisch alle Arbeiten der frühen 1990er Jahre sind von psychologischen Beziehungsprozessmodellen der Freundschaft beeinflusst worden. Als Nachweis muss an dieser Stelle ein Indiz genügen: Explizite wie implizite Zitate von Ducks (1973) Arbeit zur Freundschaftsformation als interpersonalem, psychologischem Prozess sind in nahezu allen Publikationen dieser Jahre zu finden. Die starke Psychologisierung der Freundschaftstheoriebildung blieb daher lange stabil. Symptomatisch kann dies an Michael Eves Aufsatz »Is friendship a sociological topic?« abgelesen werden, der im Jahr 2002 erschien, und der noch wie selbstverständlich der Idee folgt, dass der soziologische Zugriff auf die Freundschaft verteidigt werden muss. Diese Debatte gehört mittlerweile (endlich) der Vergangenheit an, sind in den letzten Jahren sehr viele und umfangreiche soziologische Arbeiten[2] zum Thema erschienen und auch vereinzelt intensivere Debatten[3] um die soziologische Konzeptualisierung von Freundschafts-beziehungen geführt worden. Eine Weise diesen Umstand zu deuten ist folgende: Die Frage der Freundschaft ist heute wieder ein soziologisches Thema geworden, denn sie berührt zentrale Fragen der Lebensgestaltung der nun alternden und noch immer deutungsmächtigen Generationen.

1.2 Schwierigkeiten der Freundschaftsthematisierung in der Soziologie der Nachkriegsgesellschaft

Intellektuelle Moden und die Veränderung von Lebenszuschnitten, Lebenschancen und Lebensthemen der deutungsmächtigen Generationen erklären in diesem Fall aber nicht alles. Wenn es bei einem Thema zu fundamentalen Debatten darüber kommt, ob es überhaupt im Rahmen der der Disziplin zu thematisieren ist, so muss es dafür weitere und tiefer liegende Gründe geben, die dann einerseits im Phänomen selbst und anderseits in der kulturellen Ordnung der jeweiligen Gesellschaft zu suchen sind, aus der heraus die soziologische Debatte gestartet wird.

Die Gründe, die in der Sache selbst liegen, sind bereits angedeutet worden und teils auch schon Gegenstand der Einleitung gewesen: Die soziologische Beschäftigung mit »Freundschaft« ist nicht einfach, weil es sich um ein Phänomen handelt, das in modernen Gesellschaften keine institutionelle Form

2 | Z.B. Hollstein 2001; Pahl 2000, 2002; Schinkel 2003; Leuschner 2011; Alleweldt 2013; Schobin 2013; Hahmann 2013 u.v.a.

3 | Siehe die Diskussionen in den Zeitschriften: *Ethik und Sozialwissenschaften 8, 1*, 1997; *Mittelweg 36, 3*, 2008; *Polar, 5*, 2008.

annimmt. Freundschaften sind heute extrem vielförmig und fluide. Im Gegensatz zu historischen Freundschaftsformen sind moderne Freundschaftsformen sehr stark am Subjekt und dessen Wahrnehmung angelegt und können sehr unterschiedliche Sinngehalte annehmen. Das Phänomen lässt sich daher schwer auf den Begriff bringen.

Der zweite Grund, der mit diesem ersten verwandt ist, hat damit zu tun, wo und wie die meisten Freundschaftsformen in modernen Gesellschaften verortet werden. Historisch-soziologische, anthropologische und ethnologische Untersuchungen zeigen, das für moderne, westliche Gesellschaften eine bestimmte Form von Freundschaft typisch ist (vgl. Grätz et al. 2003; Hermand 2006; Schinkel 2003): Eine dauerhafte, in freiwilliger Gegenseitigkeit konstruierte, symmetrische, dyadische, persönliche Privatbeziehung zwischen Nicht-Verwandten, die sich durch Intimität und emotionale Nähe auszeichnet und auf der Erwartung generalisierter Reziprozität basiert. Diese Form ist – zumindest ideologisch – derart prominent, dass sie in vielen Fällen pars pro toto zur Definition der Gattung erhoben wird (vgl. Auhagen 1991; Berghaus 1988; Giddens 1990, 1992; Nötzoldt-Linden 1994). Nun sind nicht-formalisierte und d.h. nicht rechtlich kodierte Beziehungsformen, für die meisten sozialstaatlich relevanten gesellschaftlichen Subsysteme nicht ansprechbar und so lässt sich die These formulieren, dass der Mangel an theoretischer Prägnanz, der es nicht erlaubt die Sozialform konzis zu fassen, gleichzeitig mit einer der Gründe, warum sie kaum erforscht wird: Freundschaft liegt nämlich spätestens seit Ende der 1950er Jahren im toten Winkel einer Soziologie, die sich nicht so sehr als reine Wissenschaft – in den Begriffen Burawoys (2005) als Professional Sociology –, sondern als Subsystem einer technokratisch organisierten Nationalgesellschaft versteht – also als Policy Sociology. Die enge Verwebung der Soziologie mit dem technokratischen Nationalstaat, die durch die Sozialstaatsexpansion zementiert wird, die in den 1950er Jahren an Fahrt aufnimmt und in den 1970ern ihren Höhepunkt erreicht (Stüwe 2009: 306), erzeugt den Umstand, dass die meisten großen Spezialsoziologien sich nur mit sozialen Beziehungen beschäftigen, die in irgendeiner Weise sozialstaatlich relevant sind. Eine Beziehung, die sich nicht konzis definieren und rechtlich kodieren lässt, ist kein primärer Kandidat, um von bürokratisch operierenden Organisationen mit Rechten und Pflichten versehen zu werden. In ihrer Form einer auf Freiwilligkeit und Reziprozität basierenden emotional aufgeladenen Freizeitbeziehung war Freundschaft aufgrund eben dieser Inhalte lange keine sozialstaatsrelevante Beziehung. Wenn man die Frage stellt, warum die Soziologie keine durchgängige Tradition der Freundschaftstheorie hat, muss man daher die Frage beantworten, wie Soziologie zu einer Wissenschaft wurde, die eine partielle Symbiose mit dem modernen national begrenzten Sozialstaat eingegangen ist. Das ist freilich eine lange Geschichte, die den Rahmen hier sprengt. Ich verweise hier auf die jüngeren Arbeiten von Moebius (2004) und

Halsey (2004), sowie auf die vielfältigen Aufsätze die Lepenies (1981) in vier Bänden gesammelt hat. Beantworten lässt sich jedoch vor dem Hintergrund, dass die Soziologie ein Sozialstaatsklient ist, warum das Thema in der Soziologie seit etwa fünfzehn Jahren wieder an Relevanz gewinnt. Durch die Krise der innerhäuslichen Reproduktion rückt Freundschaft nämlich Mitte der 2000er wieder in das Blickfeld sozialstaatlicher Akteure. Hier fällt die Kinderlosigkeit als generationelles Thema der Babyboomer mit den Problemen einer alternden Gesellschaft zusammen: Durch den demographischen Wandel verschiebt sich die Relation zwischen der ökonomisch aktiven zur ökonomisch abhängigen Bevölkerung negativ: Auf immer weniger Arbeitstätige kommen immer mehr Rentner und eine in etwa gleich bleibende Zahl von Jugendlichen und Kindern. Es kommt die Befürchtung auf, dass die Pflege und die soziale Wohlfahrt der Alten nicht mehr durch den Sozialstaat gewährleistet werden kann (Stichwort »Pflege-GAU«). Die Idee, dass die Alten sich untereinander pflegen könnten, kommt auf (vgl. Biberti/Scherf 2009; Hahmann 2013; Schobin 2013). Aber dann stellt sich in der Logik des subsidiären Wohlfahrtstaats – also zumindest in Deutschland – sofort die Frage, aufgrund welcher Bindung sie das tun und dazu verpflichtet sein sollten? Freundschaft ist prima facie eine plausible Antwort auf diesen Einwand. Bisher hat dieses Interesse an der Funktionalisierung der Freundschaft, um den Problemen einer alternden Gesellschaft zu begegnen, jedoch kaum institutionalisierte, rechtliche Formen angenommen. Die Front bröckelt aber an sensiblen Stellen: Etwa ist hier die Sozialgesetzgebung zum ALG II im SGB XII zu nennen. Der Begriff der Bedarfsgemeinschaft ist über den wechselseitigen Willen Verantwortung füreinander zu übernehmen implizit so definiert, dass er Freundschaftsbeziehungen einschließen könnte (Schobin 2013). Die Ämter wenden den Begriff aber bisher noch nicht auf Freundschaftsbeziehungen an, könnten dies aber durch eine andere Auslegung durchaus tun, ohne das Gesetz ändern zu müssen.[4] Eine weitere rechtliche Novelle, in der Freundschaften implizit mit Rechten und Pflichten versehen wurden, ist das neue Pflegegesetz in NRW vom Oktober 2014 (GEPA NRW 2014). Es beinhaltet einen erweiterten Angehörigenbegriff, der – ähnlich wie die Bedarfsgemeinschaft – so definiert ist, dass er Freundschaften einschließt. Freundschaft ist daher zwar noch immer ein Nischenthema moderner Policy Sociology, wird aber – zumindest in Deutschland – zunehmend in rechtlichen Formen mit bedacht, was der These Vorschub leistet, dass das Thema Freundschaft in absehbarer Zeit mehr Aufmerksamkeit durch diese erhalten wird.

4 | Natürlich nur, wenn die Sozialgerichte dabei »mitspielen« würden.

1.3 Die lange Welle: Der Freundschaftsbegriff in der Soziologie – zwischen Musterlösung und epistemischer Operation

Die Effekte, die die kontingente Passung von gesellschaftlicher Entwicklung und der disziplinären Verortung der Soziologie in der Gesellschaft der Nachkriegszeit auf die Theorieentwicklung und Gegenstandsauswahl der Soziologie hatte, sind das eine. Das andere sind die Kontingenzen, die in der Eigendynamik der Theoriegeschichte selbst liegen. Entsprechend meiner dritten These bleibt zu fragen, welche theoriehistorischen Gründe die Entwicklung einer genuinen Tradition der soziologischen Freundschaftstheorie in der »longue durée« des 20. Jahrhunderts blockiert haben. Die Eigenlogik der soziologischen Theorieentwicklung wird zwar immer wieder durch Einflüsse des modernen Sozialstaats irritiert, gestört oder in eine bestimmte Richtung gedrängt. Sie ganz leugnen, würde aber bedeuten der Soziologie den Status einer eigenständigen Wissenschaft in Gänze abzusprechen. Diese Ansicht kann man vertreten, dagegen spricht aber einiges – und die (Nicht-)Entwicklung einer Freundschaftstheorie ist mitunter ein Beispiel hierfür. Wenn man sich fragt, warum die Freundschaftstheorie stets Fragment blieb, muss man nach Antworten in der theoretischen Ausgangskonstellation am Anfang des 20. Jahrhunderts suchen und die Pfadabhängigkeiten nachzeichnen, die dazu führten, dass die Soziologie die Frage der Freundschaft immer gekreuzt hat und nur selten bei ihr verweilte.

Die kontingente Situation am Anfang der Soziologie: Weber, Durkheim, Simmel, Mead

Von den vier Gründungsvätern der modernen Soziologie Max Weber, Emile Durkheim, George Herbert Mead und Georg Simmel hat nur der Letzte der Freundschaft eine eigene Analyse gewidmet und ihr eine eigene Stelle in seiner theoretischen Reflexion gegeben.[5] Bei Max Weber finden sich einzig in Beispielkonstruktionen und einigen Bemerkungen Andeutungen über eine implizite Theorie der Freundschaft. So wird Freundschaft etwa in »*Wirtschaft und Gesellschaft*« als Beispiel für eine soziale Beziehung genannt in Kapitel I(»*Soziologische Grundbegriffe*«), §3 (»*Die soziale Beziehung*«) (Weber 2013: 178). In Kapitel

5 | An dieser Stelle sei explizit die Frage ausgeklammert, inwiefern die Weise der (Nicht-)Thematisierung der Freundschaft mit den Lebenszuschnitten der Gründungsväter zusammenhängt. Bestimmte Zusammenhänge liegen dabei sicher auf der Hand, sprengen aber den hier gesteckten Rahmen. Ferner verlangt ihre Bestimmung gründliche Kenntnisse der jeweiligen Vita, über die in der Regel nur spezialisierte Theoriehistoriker und/oder Theorieanhänger verfügen, denen diese Unternehmung daher überlassen werden sollte.

II (*»Soziologische Grundkategorien des Wirtschaftens«*), §4 (*»Typische Maßregeln des rationalen Wirtschaftens«*) wird Freundschaft im Zusammenhang mit dem Tausch und dem Austausch von Geschenken genannt (Weber 2013: 231). In Kapitel I.1 von *»Die Wirtschaft und die Ordnungen«* verweist Weber (2010: 209) auf den Umstand, dass in bestimmten (vormodernen) Gesellschaftstypen die *»Blutsfreunde«* mitunter die Garanten für die Chance sind, subjektive Rechte geltend zu machen. In den *»Typen der Vergemeinschaftung und Vergesellschaftung in ihrer Beziehung zur Wirtschaft«*, §4 (*»Die Sippe und die Sozialbeziehungen«*) erwähnt Weber (1980: 219-220), dass Freundschaften ursprünglich künstliche Blutsbrüderschaften gewesen seien. Dieses Verständnis von Freundschaft zeigt sich auch in seiner Rechtssoziologie: In Kapitel VII (*»Rechtsoziologie«*), §2 (*»Formen der Begründung subjektiver Rechte«*) erwähnt er das klassische Freundschaftsritual des Mischens und Trinkens von Blut als vormoderne Form der Vertraglichkeit. Man könnte das so fortführen. Dominant ist bei Weber (1980: 400) die Vorstellung zu finden, Freundschaft sei im Prinzip eine Vorform des rationellen Vertrages mit spezifischen Rechten und Pflichten, die im Zuge der gesellschaftlichen Rationalisierung durch andere, rechtlich kodifizierte und/oder bürokratische Formen abgelöst wird.

In Durkheims großen Werken kommen Freundschaft und Freunde kaum vor. Die Thematisierung ist in den wenigen Ausnahmen dabei jedoch ähnlich wie bei Weber: Etwa erwähnt er in *»Les formes élémentaires de la vie religieuse. Livre II : Les croyances élémentaires«* von 1912 die Freunde als Metapher für die Beziehung der australischen Ureinwohner zu ihren Göttern und Totemtieren (Durkheim 1968: 141). Durkheim versteht unter Freundschaften hier ähnlich wie Weber protokontraktuelle Beziehungen wechselseitiger Unterstützung. Eine modernere Konzeption der Freundschaft als Intimbeziehung findet sich bei Durkheim nahezu ausschließlich in seinen Briefen und besonders in seinem Nachruf auf Victor Hommay (Durkheim 1887: 13-21). Aufs Ganze gesehen ist jedoch zu konstatieren, dass Freundschaft sowohlbegrifflich als auch inhaltlich weder bei Weber noch bei Durkheim eine wichtige Rolle spielt. Bei G.H. Mead ist dies ähnlich, wenn auch die Thematisierung der Freundschaft bei ihm von Anfang an ganz modern ist. Das Freundschaftskonzept ähnelt eher dem, das Durkheim in seinen Briefen zu verwenden scheint. Freunde werden bei Mead fast immer im Zusammenhang mit intimen Gesprächen genannt. Er folgt hier auf dezidierte Weise Emersons Motto: Freunde seien Menschen, vor denen man laut denken könne (Emerson 1841: o.S.). Über die Rolle einer Beispielkonstruktion um seine Theorie der symbolischen Interaktion und der sozialen Identität zu erläutern, kommt die Freundschaft aber auch bei ihm nicht hinaus. Anhand des freundschaftlichen Gesprächs erläutert er immer wieder bestimmte theoretische Konzepte, wie etwa die Idee der Einnahme der Haltung des Anderen oder der Tatsache des Zusammenfalls von »I« und »Me« in sozialen Situationen (vgl. Mead 1934: 167, 274). Der Begriff Freundschaft wird aber – genau wie bei Weber und Durkheim – nie als eigenständiges sozialtheoretisches Konzept gefasst oder inhaltlich präziser analysiert.

In der Reihe Weber, Durkheim, Mead zeichnet sich ein Schema ab: Freundschaft hat für die soziologische Theoriebildung am Anfang des 20. Jahrhunderts die Funktion abstrakte soziologische Theorien an das Alltagswissen der soziologischen Leser rückzubinden. Er versieht abstrakte theoretische Annahmen mit den notwendigen Konkreta oder Randbedingungen, damit diese in ihrer theoretischen Operationsweise verstanden werden können – ohne die Theorie mit zu viel, am Ende dann immer doch sehr komplexer Empirie zu belasten. Diese Funktion teilt sich Freundschaft aber mit einer langen Reihe anderer »Beispiel«-Begriffe wie Familie, Staat oder Dorfgemeinschaft.

Georg Simmel ist der einzige Gründungsvater, der mit diesem Schema radikal bricht. Freundschaft spielt in seiner Abhandlung *»Exkurs über das Problem: Wie ist Gesellschaft möglich?* (Simmel 1908: 22-30) aber auch in seiner *»Soziologie des Geheimnisses«* (Simmel 1908: 256-304) eine elementare Rolle. Simmel, der seine Dissertation bekanntlich über das Wesen der Materie bei Kant geschrieben hat, begründet eine »formale Soziologie« – also eine Soziologie, die die Analyse der elementaren Formen des Sozialen für eine Bedingung der Möglichkeit der Erkenntnis über Gesellschaft hält. Der Begriff der Form kommt von Kant her und hat bei Simmel eine wichtige erkenntnistheoretische Funktion. Simmel ist der Ansicht, dass auch die historischen Wissenschaften, ihre Begriffe nicht einfach von ihrem Beobachtungsmaterial erhalten können (Simmel 1896: o.S.). Auch der Sozialwissenschaftler muss daher die Vorstellungsformen, Ideen und Deutungen verstehen, die sein Erkennen prägen und überhaupt erst ermöglichen. Eine Analyse der elementaren Formen des Sozialen ist daher notwendig, um das Soziale zu begreifen – wenn auch eine solche Analyse, das erkennt Simmel selbst an, nicht hinreicht, um zu Erkenntnissen über die Gesellschaft zu gelangen. Freundschaft erhält in diesem Kontext eine fundamentale Rolle: Erst durch die Sozialform der Freundschaft wird Gesellschaft erfahrbar und somit erkennbar. In Freundschaften lässt sich durch das Spiel der Preisgabe und der Zurückhaltung privilegierter Information über die eigene Person ein Verständnis für die absolute Partikularität des Anderen und – durch den Verkehr mit dem Anderen – der eigenen Person gewinnen. Freundschaft ist bei Simmel daher eine Art absoluter Eichgröße, an dem das Nicht-Gesellschaftliche des vergesellschafteten Individuums in sozialen Vollzügen erlebt werden kann (Simmel 1908: 26). Die einzige Sozialform, die das Gleiche leistet, ist aus seiner Sicht die Liebe. Man könnte also mit Simmel sagen, hätten wir die Freundschaft (und die Liebe) nicht, so wären wir erkenntnistheoretisch auf die Position »reiner Gesellschaftsechos« (eine Formel Theodor Fontanes) oder »individualpsychologischer Inseln« beschränkt. Simmel macht daher den realen Vollzug von Freundschaft zur Bedingung der Möglichkeit der Erkenntnis von Gesellschaft überhaupt. Simmel geht der Frage nach der Freundschaft also am Ende auf seine eigene Weise aus dem Weg: Indem er den Begriff in eine epistemische Realoperation umformt, die sich wenig für die tatsächliche Breite der Freundschaftspraxis in Gesellschaften seiner Zeit interessiert.

Friedrich Tenbruck und Siegfried Krakauer: Kreuzungen von Beispielverwendung und epistemischer Funktion der Freundschaft

Am Anfang der modernen Soziologie werden mithin zwei theoretische Funktionen für den Freundschaftsbegriff gefunden: Eine als erkenntnisermöglichende Realoperation und eine, die man im Programmierjargon als »Sandboxing« bezeichnen würde: Freundschaft erzeugt eine Minimalumgebung, in der eine abstrakte Theorie ihre Operationsweise vorführen kann, ohne einer übermäßig komplexen Umwelt ausgesetzt zu sein, in der sie unverständlich wird – Freundschaft als eine Art Musterlösung. Diese kontingente Grundentscheidung war extrem folgenreich und zieht sich bis heute durch die verschiedenen Stränge der soziologischen Theorie. Man kann diese im Einzelnen sehr komplizierte Geschichte etwas dadurch vereinfachen, dass man sagt, dass die Simmel'sche Variante in der Nachfolge in die Weberianische, die Durkheim'sche und die Mead'sche Theorietradition einzutragen versucht worden ist und umgekehrt.

Illustrieren kann man diesen Prozess etwa an der Freundschaftssoziologie Friedrich Tenbrucks. Der Jugendbewegte Tenbruck ist ein klassischer Weberianer auf Kant'schen Füßen. Das erklärt seine Nähe zu Simmels Überlegungen zur Freundschaft. Friedrich Tenbrucks (1964: 432) Betrachtungen zufolge sind Freundschaften persönliche Beziehungen, die »Menschen auf der Breite des Daseins und nicht vorwiegend oder ausschließlich in engen, zweckbestimmten und leistungsorientierten Rollen zusammenführen.« Die Anlehnung an Simmel ist deutlich. Aber es ist mehr als eine interessante Referenz, weil er sie in eine an Weber angelehnte Sozialtheorie einspeist. Man kann an seinem Fall ablesen, wie die Simmel'sche Intuition, dass Freundschaft eine Sozialform ist, durch die eine spezifische Bandbreite sozialer Erfahrungen erst möglich wird, in eine Weber'sche Theorietradition eingetragen wird. Das Argument geht so: Die Rationalisierungs- und Individualisierungsprozesse in modernen Gesellschaften erzeugen immer stärkere Konflikte zwischen privaten und funktionalen Rollen. Ab einem gewissen Punkt sind die Rollenregister derart inkonsistent, dass die nun von den gesellschaftlichen Subsystemen als Individuen angesprochenen Einzelnen in Schwierigkeiten geraten, sie in ihrer Person zu vereinen. Die negativen Externalitäten von Individualisierung und Rationalisierung drohen das Individuum zu zerreißen und dadurch zurechnungsunfähig und damit in letzter Instanz handlungsunfähig zu machen. In dieser Konstellation verändert Freundschaft als soziale Form ihre soziale Funktion. War sie in der Vormoderne eine protokontraktuelle Beziehung, die auch dort subjektive Rechte garantierte, wo der institutionelle, bürokratische Rahmen fehlte, um diese zu gewährleisten, übernimmt sie nun eine andere Kompensationsfunktion: Sie gibt dem gespaltenen Individuum die Einheit seiner Person in einer sich ausdifferenzierenden Gesellschaft zurück. Freundschaft wird bei Tenbruck eine Art Analogon des Simmel'schen A priori in einer Weber'schen Gesellschaftskonzeption; zu einer der Voraussetzungen moderner Gesellschaften, die diese nicht selbst produziert. Umgekehrt haben sich die Nachfolger Simmels der Aufgabe angenommen, Freundschaft aus ihrer erkenntnistheoretischen Funktion zu befreien und als konkrete Sozialform zu studieren. Die Frage ist dann gewissermaßen, in welchen konkreten Vollzügen sich die Sozialform äußert, die eine der Bedingung der Möglichkeit der Erkenntnis von Gesellschaft ist. Zu nennen ist an dieser Stelle Siegfried Kracauer, der in »Über die Freundschaft« (siehe I.2.3) eine intensive, detaillierte phänomenologische Beschreibung der Freundschaft in all ihren Ausprägungen und Vollzügen vornimmt: Die epistemische Operation Freundschaft in Musterbeispielen ihrer Praxis.

Luhmann und Suttles: Freundschaftssoziologie jenseits von Musterbeispiel und epistemologischer Realoperation

Ende der 1970er/Anfang der 1980er Jahre löst sich das Spielder Verwendung des Freundschaftsbegriffs als Musterbeispiel und als epistemische Realoperation erstmals auf. Die Theoretiker, die sich mit der Frage der Freundschaft in der Nachfolge von Weber, Durkheim, Mead und Simmel beschäftigen, passen nun immer weniger in das Bild der Verschiebung der theoretischen Grundoperation der Kreuzung von »Sandboxing« und Epistemologisierung. Die Studien werden zwar kaum wahrgenommen und sind oft nur unwesentliche Addenda eines größeren Oeuvres, bereiten aber die spätere Renaissance der Freundschaftssoziologie entscheidend vor. Was ändert sich? Wenn man es mit einem Bild sagen müsste, dann wohl so: Sie radikalisieren die Ausgangsposition der Gründungsväter und befreien Sie so aus ihrer Beschränkung. Zu nennen ist in dieser Hinsicht etwa Niklas Luhmann, der in Sachen Freundschaft eindeutig in der Tradition Max Webers steht. Luhmann war Verwaltungswissenschaftler und seiner Art nach wie Weber ein minuziöser, begrifflich präziser Denker. Ihn inspirierte u.a. die Kybernetik Heinz von Försters, die Formenlogik Spencer Browns und natürlich nicht zuletzt die Systemtheorie Parsons. Was bei Weber nur in Nebensätzen und Beispielen angedeutet war, wird von Luhmann systematisiert und ins Positive übersetzt: Freundschaft ist in der Moderne ein funktionsloses semantisches Residuum einer anderen Zeit, das in modernen Gesellschaften parasitär fortexistiert (siehe I.2.7 zu Luhmann). Sie ist eine Art »hungriger Blinddarm der sozialen Evolution«. Was Weber nur in Beispielen andeutet, wird jetzt selbst zum Gegenstand soziologischer Theorie. Die Freundschaft wird zur archäologischen oder archivarischen Evidenz, an der sich die Entwicklung unserer Gesellschaft von stratifikatorischer zu funktionaler Differenzierung ablesen lässt. Freundschaft hat hier also keinen Beispielcharakter mehr. Sie ist selbst Gegenstand der Untersuchung. Aber sie hat auch keine fundamentale erkenntnisermöglichende Bedeutung mehr, wie bei Simmel. Was man an der Freundschaft sieht, könnte man auch an anderem ablesen. Sie ist einfach ein redundant gewordenes, mitunter pathologisches Phänomen, das funktional differenzierte Subsysteme kurzschließt – und somit auch theoretisch nur noch ein Residuum, das niemand braucht. Mit dieser radikalen Betrachtung, stellt Luhmann den Blick auf die Freundschaft als Phänomen sui generis frei. Das wirkt auf den ersten Blick paradox. Aber gerade weil die Frage, wozu sie ist gut ist oder welche Funktion sie erfüllt, keine Rolle mehr spielt, kann Luhmann mit dem Schema von Musterlösung und epistemischer Operation brechen und sich der Frage der Freundschaft auf seine eigentümliche Weise widmen.

Auf eine andere Weise bricht Gerald Suttles (1970) mit dem Schema von »Sandboxing« und Epistemologisierung. Suttles beschreibt Freundschaft in der Nachfolge von Mead als soziale Institution. Er wendet den symbolischen Interaktionismus auf die Frage der Freundschaft an und kommt so zu einer erfahrungsgesättigten Beschreibung der symbolischen Konstruktion von Freundschaften. Auch er befreit die Freundschaft also aus der Beispielfunktion ohne sie auf Simmel'sche Weise zu epistemisieren. Seine These kann man etwas vereinfacht so wiedergeben: Freundschaften sind interstitiale Institutionen. Ähnlich wie Luhmann – aber mit anderen pessimistischen Untertönen – vermutet Suttles (1970:97), dass Freundschaften sich in modernen Gesellschaften flexibel zwischen verschiedenen sozialen Institutionen (Luhmann hätte Funktionssystemen gesagt) einrichten. Anders als Luhmann hält er dies aber nicht für eine Art Störfunktion, sondern für eine notwendige Erweiterung des sozialen Kosmos am Ende der Moderne. Freundschaft ist gewissermaßen genau die Pflanze, die auf dem Substrat der Institutionen einer überdifferenzierten, überkomplexen Gesellschaft optimal wächst. Die Gesellschaft Suttles ist anders als die Gesellschaft Luhmanns bereits über ihren Zenit hinaus. (Was vielleicht daran liegen kann, dass der eine Amerikaner und der andere Deutscher war). Suttles macht aber nicht bei dieser makrossoziologischen Beobachtung halt, sondern versucht zu beschreiben, wie die interstitielle, an die je spezifische lokale Systemumwelten angepasste Institution Freundschaft praktisch entsteht: Wie wird Freundschaft in sozialer Interaktion faktisch hergestellt? Besonders mit diesem letzten Schritt verlässt Suttles das Schema von Musterlösung und epistemischer Operation endgültig. Er versucht zu zeigen, dass Freundschaften durch geteilte Devianzerfahrungen entstehen. Durch abweichendes Verhalten (etwa den gemeinsamen Konsum verbotener Drogen) produzieren die Freunde nicht nur eine Distanz zur Gesellschaft, sondern eine eigentümliche Verschiebung der Bedeutung der signifikanten Symbole, die die Freunde teilen. Sie werden durch gemeinsame Devianz gewissermaßen lokal zu einer eigenen Sprachgemeinschaft und diese Sprachgemeinschaft stabilisiert ihre Beziehung in den Zwischenräumen überdifferenzierter, bereits partiell dysfunktionaler Funktionssysteme. Freundschaft ist hier der Kern einer kommenden Gesellschaftsarchitektur.

Lazarsfeld/Merton, Goffman und McCall: Die Erben der Ursprungskonstellation

Zu erwähnen ist an dieser Stelle natürlich, dass es wie bei fast allen sozialen Prozessen, auch in der soziologischen Theorie immer wieder zur »Gleichzeitigkeit des Ungleichzeitigen« (Karl Mannheim) kommt. Im vorliegenden Fall bedeutet dies, dass es zu jeder Zeit auch immer wieder soziologische Freundschaftstheoriefragmente gibt, die einfach die Ursprungskonstellation am Anfang des 20. Jahrhunderts wiederholen und diese nie verlassen. Für Theorien dieser Art ist Freundschaft entweder die besagte Musterlösung. Unter diese Rubrik fällt z.B. die Studie von Lazarsfeld und Merton (1954) »Friendship as Social Process«, die Freundschaft im Prinzip einfach nur als ein Beispiel auffasst, um einen methodischen Punkt zu illustrieren (siehe 2.6). Zu nennen wäre hier in der Nachfolge von Mead etwa Erving Goffman. Goffman (1974: 256) unterscheidet zwischen »verankerten« Beziehungen (anchored relations) und anonymen Beziehungen. Während sich in anonymen Beziehungen die Individuen nur auf der Grundlage ihrer unmittelbar wahrgenommenen Identität kennen, identifizieren sich die Beteiligten in verankerten Beziehungen gegenseitig als Personen, wodurch ein Rahmen des gegenseitigen Wissens geschaffen wird, der die Kenntnisse, die beide Seiten übereinander haben, speichert, organisiert und verwaltet. Um zu illustrieren, was so eine verankerte Beziehung sein soll, bedient sich Goffman dann der Freundschaft als Beispiel. Oder die Theorie greift auf das Schema der Epistemisierung zurück: In diese Schublade passt etwa George McCall, der jedoch eine kleine, aber durchaus folgenreiche Modifikation der Simmel'schen Position vornimmt. McCall (1988) fasst Freundschaften als eine Form *sozialer Organisation* in der das *Bewusstsein einer objektivierten, institutionalisierten Form* vorhanden ist (Details siehe 2.4). Das ist insofern eine Radikalisierung der Simmel'schen Position, als es bedeutet, dass die Gesellschaft selbst die Formen erzeugt, durch die sie erfahrbar und folglich erkennbar wird. McCall ist demnach in letzter Instanz eine Art soziologistischer Erbe Simmels – vor dem Ende einer Position kommt oft ihre Karikaturisierung.

1.4 Die Renaissance der Freundschaftssoziologie als Überlagerung der drei Wellen

Den steten Wiederholungen der Ursprungskonstellation zum Trotz ist zu konstatieren, dass in den späten 1970ern und frühen 1980ern in der soziologischen Theorie der Grundstein für die Überwindung der theoretischen Blockaden gelegt wurde, die zur Fragmenthaftigkeit und dem wiederholten Stillstand der Freundschaftssoziologie beigetragen haben. Gleichzeitig beginnen Ende der 1980er/Anfang der 1990er Jahre die Generationen der Babyboomer und der 68ervermehrt die Frage der Freundschaft als Zukunftsthema für sich zu entdecken – eine Entwicklung, die mit dem Renteneintritt der 68er Ende der 00er Jahre zu ihrem vorläufig ersten Höhepunkt gelangt. Ferner entstehen Mitte der 2000er – zumindest in Deutschland – erste Gesetzestexte, die Freundschaft zu einer sozialstaatlich relevanten Beziehungsform machen. Freundschaft wir so zu einem potenziellen Gegenstand moderner Policy Sociology. Die These aus dieser dreifachen Beobachtung lautet nun ganz einfach: Die Renaissance der Freundschaftssoziologie Mitte der 2000er speist sich aus der Überlagerung dieser dreifachen Entwicklung – wie lange sie hält, bleibt abzuwarten. Ob die Freundschaftstheorie, die derzeit entsteht und an Kontur gewinnt, dabei über den Status eines weiteren Fragments hinausgelangt – auch das bleibt abzuwarten.

2. Zur Vertiefung

Sabine Flick, Vincenz Leuschner & Janosch Schobin

2.1 Freundschaft bei Georg Simmel

Georg Simmel (1858-1918) ist einer der Ersten, der sich innerhalb der Soziologie explizit mit dem Phänomen der Freundschaft beschäftigt. Freundschaft ist für ihn eine *Form sozialer Wechselwirkung*. Durch wechselseitiges Handeln werden soziale Einheiten hervorgebracht, die je nach Art der Wechselwirkung von anderen sozialen Einheiten empirisch abgrenzbar sind und als eigene Formen dann wiederum hinter dem Rücken der Akteure und unabhängig von deren Intentionen eine eigene Dynamik entfalten, die den Individuen als etwas Äußerliches gegenübertreten, auf ihr Handeln zurückwirken und ihren Absichten zuwiderlaufen können.

Simmel (1992: 395) nähert sich der »Freundschaft« vom Begriff der »Bekanntschaft«, die er als eine »soziologisch höchst eigentümliche Beziehung« bezeichnet, die »jenseits der Zweckvereinigungen, aber ebenso jenseits der in der ganzen Persönlichkeit wurzelnden Verhältnisse« steht. Er ist der Ansicht, dass die Verwendung des Begriffs »Bekanntschaft« den Mangel eigentlich intimer Beziehungen anzeigt und gleichzeitig deutlich macht, dass man vom Anderen nur das kennt, was er nach außen hin zeigt. D.h., die Beziehungen sind durch einen Grad des Kennens des Anderen gekennzeichnet, der sich im Rahmen einer Bekanntschaft auf das bezieht, was in der, dem Anderen und der Welt zugewandten Schicht wesentlich ist. Die Bekanntschaft ist daher der eigentliche Sitz der »Diskretion«, im Sinne einer gegenüber der Gesamtpersönlichkeit geübten Reserve. Simmels Ansicht zufolge scheiden sich die Verhältnisse der Menschen an der Frage des Wissens umeinander, des *Geheimnisses*, womit die Tiefe der Offenbarung von Bestandteilen der Gesamtpersönlichkeit gemeint ist. Soziale Beziehungen sind immer durch eine Mischung aus Kennen und Nichtkennen gekennzeichnet. Freundschaft ist nun ein menschliches Verhältnis, das, so schränkt Simmel ein, mindestens der Idee nach auf der ganzen Breite der Persönlichkeit aufbaut.

Im klassischen Freundschaftsideal der Romantik bezeichnet Freundschaft eine absolute seelische Vertrautheit, das »Verschmelzen zweier Seelen«, wie Montaigne es ausdrückt. Diesem Ideal hält Simmel nun jedoch die empirische Realität entgegen und kommt zu der Erkenntnis, dass völlige Vertrautheit mit der wachsenden Differenzierung des Menschen immer schwieriger wird und die moderne Gefühlsweise mehr zu *»differenzierten Freundschaften«* neigt. Damit sind solche Freundschaften gemeint, die nur an je einer Seite der Persönlichkeit (Gemüt, geistige Gemeinsamkeit, religiöse Impulse, gemeinsame Erlebnisse) anknüpfen und in die übrigen nicht hineinspielen. Entgegen häufiger Fehlinterpretationen heißt dies jedoch ausdrücklich nicht, dass es sich dabei um oberflächliche Beziehungen handelt, denn auch differenzierte (mit Diskretion umgebene) Freundschaften können aus dem Zentrum der Persönlichkeit kommen und dieselbe Opferbereitschaft und Gemütstiefe erreichen, wie dies für weniger differenzierte Gesellschaften beschrieben wurde. Folgt man Georg Simmel in seiner Argumentation, so ist der Unterschied zwischen Bekanntschaft und Freundschaft ein gradueller: Je tiefer das gegenseitige Wissen umeinander, je kleiner also die Diskretionsreserve, umso eher wird eine Beziehung als Freundschaft empfunden, statt als Bekanntschaft. Simmels Freundschaftsverständnis ist somit ein recht breit gefasstes, das nicht nur enge Intimfreundschaften erfasst, sondern auch Kumpel- und Kameradschaftsverhältnisse konzeptuell einschließt: Beziehungen, die aufgrund ihrer Limitierung auf bestimmte Aspektes das Anderen funktionieren (Schmidt 1997: 54). Der Zusammenhang von Freundschaft und der Offenbarung von Aspekten der eigenen Persönlichkeit, wie er bei Simmel angelegt ist, ist auch bei vielen anderen Autoren zu finden, weshalb Freundschaft in der Regel als »persönliche Beziehung« aufgefasst wird. *(Vincenz Leuschner)*

2.2 Freundschaft bei Friedrich Tenbruck

Hinsichtlich einer originären soziologischen Konzeptualisierung von Freundschaft ist die Arbeit von Friedrich Tenbruck, die sich besonders in dem Aufsatz »Freundschaft. Ein Beitrag zu einer Soziologie der persönlichen Beziehungen« (1964) in der Kölner Zeitschrift für Soziologie und Sozialpsychologie niederschlägt, gar nicht genug zu würdigen. Tenbruck unternimmt dabei einerseits eine soziologische Bestimmung von Freundschaft im Zusammenhang von Individualität und sozialem Wandel und eröffnet anderseits auch eine historische Perspektive auf das Phänomen der Freundschaft.

Tenbruck (1964: 432) verortet Freundschaften als eine Form persönlicher Beziehungen, »welche Menschen auf der Breite des Daseins und nicht vorwiegend oder ausschließlich in engen, zweckbestimmten und leistungsorientierten Rollen zusammenführen.« Persönliche Beziehungen, worunter

Tenbruck außerdem die Familie, das Dorf oder die Spielgruppe zählt, sieht er auch in Cooleys Begriff der »primären Gruppen« und Tönnies Begriff der »Gemeinschaft« treffend beschrieben. All diese Beziehungen fasst er als personale Beziehungen, bei denen die Rollen im Bewusstsein der Handelnden auf ihre Mithandelnden in der Fülle ihrer Besonderheiten bezogen sind. Während sich personale Beziehungen auch bei zugeschriebenen Gruppenzugehörigkeiten einstellen können, gehört zu persönlichen Beziehungen, insbesondere Freundschaften, die Freiwilligkeit der Partnerwahl.

Den Referenzrahmen einer soziologischen Bestimmung von Freundschaft bilden für Tenbruck die »gesellschaftlichen Strukturen«, die er als Zusammenhang sozialer Institutionen versteht: »Wesentlich sind die sozialen Institutionen, die als ein Netz von aufeinander abgestimmten sozialen Rollen ein geregeltes Zusammenleben erst ermöglichen. Sie machen die wirkliche Struktur der Gesellschaft aus und setzen dem Handeln des einzelnen den beherrschenden Rahmen.« (1964: 435). Ausgehend von diesem Referenzrahmen argumentiert Tenbruck, dass im Zuge sozialen Wandels Individualität aus der Differenzierung der gesellschaftlichen Struktur hervorgegangen ist. Individualität wiederum bedeutet für Tenbruck die Freisetzung von überkommenen sozialen Strukturen und Daseinsformen, was auf Seiten des Individuums Unsicherheit und Einsamkeit erzeugt: »Die Entdeckung des Ichs im Sinn der der Individualität setzt eine Differenzierung der sozialen Struktur voraus.« (Tenbruck 1964: 439) Immer wenn der Wandel der gesellschaftlichen Struktur derartige Freisetzungen hervorruft, übernehmen Freundschaften die Funktion der Stabilisierung des Einzelnen: »In dieser Situation nun, in der die gegebenen sozialen Beziehungen und Rollen nicht mehr zur Orientierung des Individuums in der ganzen Breite seines Handelns ausreichen, werden die persönlichen Beziehungen wichtig.« (Ebd.: 440) Die Bedeutung von Freundschaften sieht Tenbruck darin, dass erst über solche Beziehungen die eigene Individualität aufgebaut und gefunden werden kann: »In der Konzentration der Freunde aufeinander finden beide sich auf doppelte Weise auf ein Ich festgelegt.« (Ebd.: 441) Die Grundaussage bei Tenbruck lautet also, dass Freundschaft im soziologischen Sinne als »Ergänzung einer inkompletten sozialen Struktur« (Ebd.: 453) verstanden werden kann.

Um diese Aussage zu belegen, eröffnet Tenbruck eine historische Perspektive und untersucht historische Phasen, in denen Freundschaft eine besondere Bedeutung hatte. Insbesondere die Zeit zwischen 1750 und 1850 bezeichnet Friedrich Tenbruck als die große Epoche der Freundschaft, da hinter vielen gesellschaftlichen Gruppen Freundschaften, Freundschaftsbündnisse und Freundschaftsgruppen zu erblicken sind. Die Untersuchung der gesellschaftlichen Strukturen dieser Epoche bestätigt dabei seine Hypothese. Mit der Entwicklung moderner Staatlichkeit und des modernen Kapitalismus, dem Abbau traditioneller Ordnung und der beruflichen Differenzierung setzt ein bis dahin beispielloser Prozess der Individualisierung ein. Befördert durch die Freundschaftsdichtung der Romantik entsteht eine bis heute nachwirkende Freundschaftsvorstellung: »Die aus eigenständigen Gefühlen emporwachsende und im anderen die Erfüllung der eigenen Individualität suchende und findende und deshalb auch dem anderen wiederum die Erfüllung seiner Individualität schenkende persönliche Beziehung« (Tenbruck 1964: 437) Ähnliche historische Differenzierungsschübe sieht Tenbruck in der griechisch-römischen Antike, welche die Freundschaftsideen von Aristoteles und Cicero hervorbrachte, sowie der Renaissance, die die Freundschaftsideen des Humanismus beförderte. Für die Moderne schließt sich Tenbruck in weiten Teilen Georg Simmels Diagnose »differenzierter Freundschaften« an, die zwar in der Tiefe der Persönlichkeit wurzeln, aber die Freunde nur in bestimmten Daseinsbereichen miteinander verbindet. *(Vincenz Leuschner)*

2.3 Freundschaft bei Siegfried Kracauer

Kracauer (1889-1966) näherte sich dem Freundschaftsthema in der intersubjektiven Perspektive. Für ihn bedeutet Freundschaft den »Zusammenklang der Persönlichkeit«. In der Freundschaft entfaltet und verstärkt sich das Persönliche freier und unabhängiger Menschen.

In seinen Essays »Über die Freundschaft«, die Kracauer 1917 bzw. 1923 verfasste und welche zum einen unter dem gleichen Titel in der Zeitschrift für Philosophie der Kultur und zum anderen unter dem Titel »Gedanken über Freundschaft« in einem Sammelband zum 50. Geburtstags des Rabbiners Dr. Nobel erschienen, betreibt Kracauer die Konstruktion einer Idealtypologie der Freundschaft. Er unterscheidet zwischen Kameradschaft (Zielverbindung), Fachgenossenschaft (Sachverbindung), Bekanntschaft (Gegenwartsverbindung) und Freundschaft. Kameradschaften basieren auf einem gemeinschaftlichen Zielvorhaben, bei dem die Persönlichkeit des Einzelnen eher störend als verbindend wirkt. »Kameraden sind Gleiche vor dem Ziel – aber nichts außerdem. Und die Eigentümlichkeit ihres Verhältnisses besteht darin, dass längeres Zusammenwirken sie nicht innerlich näher bringt, sondern im Gegenteil jede ihrer störenden Besonderheiten entfernt, um sie immer gleicher und eindeutiger zu machen, so wie es der sie einigende Zweck verlangt.« (Kracauer 1990 [1917]: 14) Fachgenossen sind Kollegen im Sinne einer auf Erwerbsarbeit basierenden Gemeinsamkeit. Bekanntschaften sind zunächst zufällige Begegnungen. Als reine Freundschaft fasst Kracauer das engste geistige Verhältnis zwischen Menschen, wobei die »losen Beziehungen der Kameradschaft, Fachgenossenschaft, Bekanntschaft« eingeschlossen sind, zumindest immer in diese Formen zurückfallen können. Freundschaft setzt gemeinsame Entwicklung voraus und ermöglicht als wahre Freundschaft sich einander ganzheitlich zu zuwenden. »Während ich überall sonst genötigt bin, mich in tausenden Lebenskreisen zu zersplittern, hier ein Stückchen zu nehmen, dort ein Quentchen zu geben, darf ich ihm so gesammelt und umfänglich nahen, wie ich bin und wie ich mich fühle.« (Ebd.: 47) Nur wer Denken, Fühlen und Handeln reflektiert, ist zu Freundschaft im Stande. Zu den Bedingungen für Freundschaft gehören demzufolge ein Persönlichkeitsbewusstsein, Liebe und Zuneigung sowie Gemeinsamkeiten bei wesentlichen Vorstellungen.

Neben dieser Form der wahren Freundschaft definiert Kracauer eine weitere Form: die der »mittleren Freundschaft«, die vor allem auf gemeinsamen Neigungen beruht und nicht zwangsläufig eine ganzheitliche Wesensübereinstimmung voraussetzt (ebd.: 66f.). Bekanntschaft und Freundschaft unterscheiden sich vor allem in der Frage nach einer gemeinsamen Entwicklung (vgl. Mewes 2010). Freundschaft »ist die auf vereinter Entwicklung der typischen Möglichkeiten beruhende Gesinnungs- und Idealgemeinschaft freier, unabhängiger Menschen. Sich gemeinsam zu verlieren, sich hinzugeben, um sich erweitert zu besitzen, zu Einheit zu verschmelzen und doch getrennt für sich bestehen zu bleiben: dies ist das Geheimnis des Bundes« (ebd.: 54, Hervorhebung i.O.). Diese Definition beinhaltet zugleich auch die Differenzierung von Freundschaft und Zweierbeziehung als Geschlechtsliebe. Während in Letzterer die Verschmelzung des Einzelnen zu einem Gemeinsamen im Zentrum steht, geht es bei der Freundschaft um den Zusammenklang der Persönlichkeiten. Anders als die Liebe, legt Freundschaft zudem, so Kracauer, keinen Wert auf Äußerlichkeiten und »Berührungen im Alltag« (ebd.: 30). Dies meint, dass Freundschaften anders als Liebesbeziehungen nicht auf die dauernde Anwesenheit der anderen Person angewiesen sind, sondern auch über Distanzen hinweg existiert und bspw. in Briefen ihren Ausdruck finden. *(Sabine Flick)*

2.4 Freundschaft bei George McCall

Einen ersten Versuch, die soziale Dimension von Beziehungen wie Freundschaften stärker zu thematisieren, unternimmt der Soziologe George McCall, der sich in der Tradition von Robert Park und Georg Simmel sieht. Im Unterschied zu Simmel sieht er Freundschaften jedoch nicht als »Wechselwirkung« zwischen Individuen an, sondern begreift sie als eine »soziale Einheit«. McCall (1988) fasst interpersonale Beziehungen und somit auch Freundschaften als eine Form sozialer Organisation auf, welche vier entscheidende Merkmale aufweist: Zunächst zeichnen sich soziale Organisationen dadurch aus, dass in ihnen das Bewusstsein einer objektivierten, institutionalisierten Form vorhanden ist, ihre Mitglieder also bestimmte kulturell vorgegebene und unabhängig von ihnen existierende Vorstellungen besitzen, die ihr Handeln, Denken, Fühlen als Mitglieder dieser besonderen sozialen Einheit anleiten und auf die sie sich stützen, wie beispielsweise Freundschaftsideale oder Freundschaftspflichten.

Des Weiteren besteht in sozialen Organisationen die Vorstellung einer Kollektivität, also Gefühle der Wichtigkeit, Zusammengehörigkeit und des gemeinsamen Schicksals. Soziale Organisationen schaffen weiterhin eine gemeinsame Kultur als eine soziale Konstruktion eines gemeinsamen Wissens über »uns«, eine aus der Kommunikation entstandene gemeinsame Wirklichkeit. Schließlich zeichnen sich soziale Organisationen durch das Vorhandensein einer Rollendifferenzierung aus. Indem sich die Handlungslinien der Mitglieder unterscheiden, spielen sich verschiedene aufeinander bezogene Rollen ein. Wiederum in Anschluss an Simmel bemerkt McCall jedoch auch, dass dyadisch strukturierte Organisationen besondere Merkmale aufweisen, wie die Vorstellung der Einmaligkeit, Intimität, Hingabe, Ungebrochenheit und Wechselseitigkeit sowie die überaus wichtige Vorstellung der Mortalität. Besonders das Merkmal der Mortalität markiert nach Meinung vieler Autoren (Allert 1998; Hildenbrand 2000; Lenz 2003) den grundlegenden Unterschied zwischen dyadisch strukturierten persönlichen Beziehungen und sozialen Organisationen. Während eine soziale Organisation auch dann weiter besteht, wenn Mitglieder ausscheiden, ist die Existenz einer persönlichen Beziehung mit dem Ausscheiden eines Mitgliedes definitiv beendet. Auch wenn dieses Argument gegen McCalls Konzept sehr gewichtig ist, so verdeutlicht seine Theorie doch immerhin, dass neben realen Freundschaftsbeziehungen, die zumeist als Austauschprozess konzeptualisiert werden, auch ein soziokulturell überindividueller Sinnhorizont »Freundschaft« beschrieben werden kann. *(Vincenz Leuschner)*

2.5 Freundschaft bei Shmuel Eisenstadt

In einem kurzen Essay am Ende des Bandes des kanadischen Sozialanthropologen Elliott Leyton »The compact. Selected dimensions of friendship« (1974) fasst Shmuel Eisenstadt (1923-2010) den Stand der Forschung zu Freundschaft seiner Zeit zusammen. Das Besondere dieses Aufsatzes ist, dass er dabei vor allem Ergebnisse der komparativen Forschung referiert und das Allgemeine der Freundschaft beschreibt, ohne einer eurozentristischen bzw. westlichen Perspektive aufzusitzen. Eisenstadt stellt zunächst fest, dass sich in jeder Gesellschaft Formen der Freundschaft finden lassen – meist in enger Nähe zu ritueller Verwandtschaft und Patenschaft. Außerdem lassen sich verschiedene Ausprägungen von Freundschaft in verschiedenen Gesellschaftssektoren finden und keine Gesellschaft kennt nur eine Ausprägung (Eisenstadt 1974: 138). Schließlich ist die Vielfalt unterschiedlicher Freundschaftsformen kein Zufallsprodukt, sondern entspricht dem Charakter und Stand der jeweiligen Gesellschaft. Der Hauptfrage, welcher Eisenstadt in seinem Aufsatz nachgeht, ist, ob es tatsächlich einen gemeinsamen Kern der verschiedenen Verhaltensweisen gibt oder ob Freundschaft letztlich nur als ein semantisches Bild zu betrachten ist, welches entsteht, wenn Forscher mit ihren eigenen kulturellen Erfahrungen ihr Material interpretieren (ebd.: 138). Eisenstadt argumentiert deutlich in Richtung der ersten Hypothese, weshalb er entscheidende Kerncharakteristika von Freundschaften analysiert, die aus seiner Sicht jenseits psychologischer Attribute, formaler Verpflichtungen oder institutioneller Verortung liegen, sondern sich aus einer Kombination quer liegender symbolischer und institutioneller Aspekte ergeben. Im Folgenden sollen diese Charakteristika im Einzelnen kurz dargestellt werden:

Unbedingtheit

Freundschaft und Verwandtschaft ist gemeinsam, dass ihnen ein symbolisch-ideologisches Postulat der »Unbedingtheit« zu Grunde liegt, welches in basalen Vorstellungen persönlicher und kollektiver Identität wurzelt (ebd.: 140-141). Aus diesem Grund werden beide Beziehungstypen von Bildern beherrscht, die den »Einbezug der ganzen Persönlichkeit« oder »ursprüngliche und reine persönliche Qualitäten« betonen und sie damit gegenüber bedingten instrumentellen Beziehungen abgrenzen. Gleichwohl sind sowohl Freundschaft als auch Verwandtschaft in Eisenstadts Sicht keineswegs notwendigerweise nicht-instrumentell. Vielmehr bewegen sie sich zwischen Instrumentalität/Macht und Expressivität/Solidarität. Der spezifische Austauschmodus der Beziehungen unterliegt nicht direkt bestimmten Bedingungen, sondern gestaltet sich indirekt und vermeintlich bedingungslos. Eisenstadt sieht Freundschaft und Verwandtschaft als askriptive Kollektivitäten und somit Teil einer symbolischen Ordnung, die das präkontraktuale Element des sozialen Lebens verkörpert.

Moralische Qualität

Was die verschiedenen Typen von Freundschaft, Verwandtschaft oder anderen Typen institutionalisierter askriptiver Kollektivität unterscheidet, ist die stärkere Orientierung an freiwilligen Aspekten, d.h. die größere Betonung moralischer Qualitäten und Tugenden (ebd.: 141). Dies bedeutet wiederum nicht, dass die verschiedenen Typen von Freundschaften nicht auch instrumentelle Beziehungen einbeziehen, doch meistens wurzeln die gegenseitigen Verpflichtungen in generellen menschlichen oder spirituellen Qualitäten – Tugenden in ihrer reinsten Form. So ist etwa zu beobachten, dass immer, wenn Freundschaft auf Beziehungen zwischen Statusungleichen angewandt wird, ein Moment moralischer Gleichheit zwischen den Beziehungspartnern entsteht. Obwohl die moralische Qualität von Freundschaften nicht stärker ist als die von Verwandtschaft scheint sie doch reiner zu sein – nicht nur aufgrund der freiwilligen Verpflichtung, sondern auch weil sie frei scheint von Interessen, Grenzziehungen und Macht. Freundschaft verkörpert somit reine persönliche Werte und Individuen in ihren persönlichen Kapazitäten als moralische Wesen.

Tiefe Bedeutung und potenzielle Zerbrechlichkeit

Als ein weiteres zentrales Merkmal von Freundschaft sieht Eisenstadt die Kombination aus tiefer Bedeutung und potenzieller Zerbrechlichkeit. Diese Kombination entsteht dadurch, dass jede Freundschaft einerseits zutiefst einzigartig ist, die Selektionsprinzipien für Freundschaft andererseits jedoch weitestgehend universalistisch sind und prinzipiell jeden Menschen einbeziehen. Zudem kommt es in Freundschaft zum Aufeinandertreffen instrumenteller Verpflichtungen und hoher moralischer Anforderungen. Macht- und Interessenkonflikte sind in realen Freundschaften nicht suspendiert. Diese schwierige Vereinbarkeit idealer Anforderungen und instrumenteller Erfordernisse führen zur Fragilität und potenziellen Zerbrechlichkeit der Beziehungen.

Die ambivalente Beziehung zu institutioneller Ordnung

Obwohl sich Freundschaften nach Eisenstadts Auffassung grundsätzlich an den Werten der jeweiligen Gesellschaft anlehnen und nicht wie etwa politische Gruppen auf die Modifizierung der bestehenden sozialen Ordnung gerichtet sind, stehen sie doch in einer ambivalenten Beziehung zur institutionellen Ordnung (Eisenstadt 1974: 142). Aufgrund ihrer besonderen moralischen Qualität und ihren universalistischen Selektionsprinzipien haben Freundschaften das Potenzial, die einer Kultur zugrundeliegenden Widersprüche zu transzendieren.

Vertrauen und Sicherheit

Abschließend geht Shmuel Eisenstadt auf die, aus den erwähnten Merkmalen resultierenden Funktionen der Freundschaft ein. Diese liegen vor allem darin, Vertrauen und Sicherheit zwischen Menschen entstehen zu lassen (ebd. 143). Die gesellschaftlichen Gegebenheiten unter denen sich Freundschaften bevorzugt entwickeln, scheinen genau dort gegeben, wo zwischen und innerhalb von Beziehungen Solidarität und Instrumentalität nicht mehr in einem ausgewogenen Verhältnis zueinander stehen – etwa wenn die Prinzipien institutioneller Ordnung denen von informellen Gruppen und Personen entgegenstehen oder zwischen kulturellen Zielen und den Mitteln zu deren Erreichung eine qualitative Kluft besteht (ebd.: 144). Eisenstadt ist daher der Meinung, dass Freundschaft besonders in denjenigen Gesellschaftsbereichen an Bedeutung gewinnt, in denen gemeinsame Lebenskonzepte in eklatanter Weise abnehmen. *(Vincenz Leuschner)*

2.6 Freundschaft bei Paul Lazarsfeld & Robert K. Merton

Beinahe hat man den Eindruck es handelt sich um ein Nebenprodukt, wenn sich Paul Lazarsfeld (1901-1976) und Robert K. Merton (1910-2003) in Ihrem Aufsatz »Friendship as Social Process: A Substantive and Methodological Analysis« (1954) mit der Freundschaft beschäftigen, denn ihr eigentliches Interesse scheint der Verschränkung von theoretisch-inhaltlicher und methodologischer Analyse zu gelten. Die Beschäftigung mit Freundschaft ist eher als Beispiel angelegt, an dem die Verbindung beider Analysepositionen illustriert werden soll. Dieser Eindruck verdichtet sich, wenn man bemerkt, dass beide Autoren an keiner Stelle genauer darstellen, was eigentlich mit Freundschaft gemeint ist und wie sie beschrieben wird.

Warum ist die Arbeit aber trotzdem als wichtige Studie zum Phänomen der Freundschaft zu bewerten? Als Antwort auf diese Frage kann wohl nur auf den Ansatz einer konsequenten Konzeptualisierung von Freundschaft als interpersonalem Beziehungsprozess in der Zeit verwiesen werden, den die beiden Autoren verfolgen. Dieser Beziehungsprozess, so weisen sie nach, ist in erheblichem Maße von persönlichen Einstellungen geprägt, die wiederum rückgebunden sind, an die gesellschaftlichen Werte und Normen des sozialen Kontextes, indem sich die Personen bewegen, die in Freundschaften engagiert sind.

Als Grundlage ihrer Konzeptualisierung wird eine frühere Studie herangezogen, in der beiden amerikanischen Gemeinden Craftown/New Jersey (ca. 700 Familien) und Hilltown/Pennsylvania (ca. 800 Familien: davon 50 Prozent Afroamerikaner) hinsichtlich ihrer sozialen Beziehungen untersucht und u.a. nach ihren drei engsten Freunden befragt wurden (Lazarsfeld/Merton 1954: 21ff.). Auf dieser Grundlage konnte das jeweilige Freundesnetzwerk der Befragten bzgl. Ähnlichkeiten von Einstellungen und sozialem Status beschrieben werden. Während in Craftown eine große Kohäsion und eine große Ähnlichkeit des erworbenen Status unter den Freunden festgestellt werden konnte, war der Zusammenhalt in Hilltown geringer und die Ähnlichkeiten unter den Freunden folgten eher zugeschriebenen Merkmalen, wie Alter und Herkunft. Die Folgerung der Autoren ist daher, dass die Freundschaftswahl vom lokalen sozialen Kontext beeinflusst wird. Im vorliegenden Fall gehen sie davon aus, dass insbesondere die Einstellungen und Werte zur ethnischen Herkunft eine besondere Bedeutung für die Freundschaftswahlen haben und stellen daher die Frage, wie Werte- bzw. Einstellungsähnlichkeiten auf die Entstehung und Führung von Freundschaften einwirken und ob sich dies möglicherweise in den verschiedenen Phasen einer Freundschaft unterschiedlich gestaltet (ebd.: 22).

Ihre Untersuchung in Hilltown kann zunächst mehrere Typen identifizieren: »Liberale«, die Beziehungen über Rassengrenzen hinweg praktizieren, »Intolerante«, die nur Freundschaften innerhalb ihrer Rasse leben und »Ambivalente«, die zwar ein gemeinsames Zusammenleben zwischen den Rassen nicht gutheißen, aber dennoch auch Freunde mit anderem ethnischen Hintergrund haben (Lazarsfeld/Merton 1954: 26). In der Betrachtung der prozentualen Verteilung wird deutlich, dass Werte-Homophilie grundsätzlich eine stark freundschaftsfördernde Funktion zu haben scheint. Allerdings nimmt Merton an, dass Werte-Homophilie bzw. -Heterophilie innerhalb der verschiedenen Entwicklungsstadien einer Freundschaft auch unterschiedliche Auswirkungen auf den weiteren Verlauf haben. Die Autoren modellieren daher ein längsschnittliches Untersuchungsdesign mit zwei Messzeitpunkten, um dieser dynamischen Entwicklung gerecht zu werden. Ihre Analyse zeigt, dass Werteähnlichkeit, besonders unter der Bedingung eines sozialen Kontextes in dem diese Werte eine große Rolle spielen, zu Anfang einer Freundschaft wichtig und beziehungsmotivierend ist, während Unähnlichkeit eine weitere Vertiefung nach dem ersten Kontakt verhindert. Ist jedoch eine Freundschaft bereits aufgebaut und konnte Werteverschiedenheit unter einer Maske von Höflichkeit verdeckt werden, so lassen sich später auftretende Einstellungsunterschiede leichter tolerieren (ebd.: 56ff.). Zudem können sich auch Prozesse einer Werteangleichung zwischen den Freunden ergeben. Der Einfluss von Werte-Homophilie bzw. Werte-Heterophilie muss also auf das jeweilige Stadium der Freundschaft als sozialem Beziehungsprozess bezogen werden. Zusammenfassend kann festgestellt werden, dass Werteähnlichkeit unter Freunden in verschiedenen sozialen Kontexten variiert, dass jedoch statische Beschreibungen nicht ausreichen, sondern aufgrund der Tatsache, dass Freundschaften soziale Prozesse in der Zeit sind, auch die Frage der Wertähnlichkeit immer dynamisch betrachtet werden muss. *(Vincenz Leuschner)*

2.7 Freundschaft bei Niklas Luhmann

Niklas Luhmann als einen wesentlichen Theoretiker in einer Einführung zur Freundschaftssoziologie zu nennen, mag zunächst verwundern, hatte das Phänomen der Freundschaft doch nie einen zentralen Platz in seinen Arbeiten. Und doch finden sich in seinem breiten Werk immer wieder Texte, die sich mit Freundschaft auseinandersetzen oder Freundschaft als Beispiel benutzen, um einzelne Elemente seiner Systemtheorie zu illustrieren. Eine interessante Auseinandersetzung mit Freundschaft bei Luhmann hat übrigens Catrin Kersten (2008) in ihrem Buch »Orte der Freundschaft. Niklas Luhmann und das Meer in mir« vorgelegt. Als zentrale Texte in denen sich Luhmann der Freundschaft widmet sind zu nennen: »Funktionen und Folgen formaler Organisation«

(1964), »Gesellschaftsstruktur und Semantik« (1981), »Liebe als Passion« (1982), »Inklusion und Exklusion« (1994) und »Kausalität im Süden« (1995). Betrachtet man diese verschiedenen Arbeiten im Überblick, so ergibt sich daraus eine kohärente und originäre systemtheoretische Perspektive, die auf diese Weise von keinem anderen soziologischen Theoretiker beschrieben worden ist.

Luhmann betrachtet Freundschaft in erster Linie als eine Semantik, mit der unterschiedliche Formen von Sozialität bezeichnet werden können. Im Rahmen seiner Theorie der generalisierten Kommunikationsmedien ist Freundschaft als ein Code zu betrachten mit dem Intimität kodiert wird und wodurch bestimmte Kommunikationen wahrscheinlicher werden. Wenn z.B. eine soziale Beziehung als Freundschaft bezeichnet wird, werden Erwartungen aktiviert, die etwa den Austausch gegenseitiger Hilfe, Vertrauen oder Anteilnahme wahrscheinlicher machen, als in Beziehungen ohne diese Bezeichnung.

Diese Auffassung von Freundschaft als Semantik wird in seinem Buch »Gesellschaftsstruktur und Semantik« (1981), insbesondere dem Aufsatz »Wie ist Gesellschaft möglich?« überaus deutlich: Luhmann erläutert dabei am Beispiel der Freundschaft seine evolutionäre Gesellschaftstheorie. Demnach sind für spätarchaische Gesellschaften, die sich in Segmente (Familien, Clans, Stämme) aufteilen, und von ihm als »segmentäre Gesellschaften« bezeichnet werden, spezifische Differenzerfahrungen typisch, die sich in Dichotomien wie Nähe/Ferne, Zugehöriges/Nichtzugehöriges oder eben Freundschaft/Feindschaft ausdrücken. Freundschaft kennzeichnet hier vor allem den »eigenen Sicherheitsbereich, nämlich die Zugehörigkeit zum eigenen Segment« (Luhmann 1981: 213), wohingegen der nicht zum Segment gehörende, der Fremde, auch gleichzeitig der Feind ist. Dieser strukturelle Hintergrund und die Unterstützungsfunktion gegen Not und Gefahr, die sich in der Semantik der Freundschaft äußern, bedingen eine Positivwertung des Begriffs und ermöglichen somit eine Übertragung auf andere Sozialverhältnisse. Luhmanns Analyse zufolge ist die affektive Besetzung des Freundschaftsbegriffs in segmentären Gesellschaften noch eine reine Nebenbedeutung, die sich direkt aus dem strukturellen Rahmen ableitet (ebd.: 213).

Im Zuge der historischen Entwicklung haben sich aus diesen segmentären Gesellschaften stratifikatorische Gesellschaften entwickelt, die über Ränge, insbesondere der Trennung zwischen Ober- und Unterschicht oder Zentrum und Peripherie differenziert sind. In diesen Gesellschaften bezeichnet die Freundschaftssemantik nicht mehr den eigenen Sozialbereich insgesamt, sondern das Besondere innerhalb dieses Sozialbereichs: So können etwa die Männerbünde der *hetairoi* im antiken Griechenland als eine Art politisch-militärischer Querintegration neben den dominierenden verwandtschaftlichen Bindungen angesehen werden, mit denen die Überwindung der häuslich-familiären Segmentierung möglich war. In der Folge wurde deshalb die moralische Konsolidierung größerer städtischer Gemeinschaften mit Freundschaft assoziiert und auf interpersonale Bindungen gegründet.

In dem Maße wie sich mit dem Beginn der Neuzeit die stratifikatorische Differenzierung in eine funktionale Differenzierung verwandelt, verändert sich auch wieder die Semantik der Freundschaft. Während an der Schwelle zur Moderne zunächst immer noch die Liebe zwischen Personen als zentrale und unerlässliche Voraussetzung der Einheit des Sozialen gilt, zeigt sich angesichts der Bedingungen einer komplexer werdenden Gesellschaft eine zunehmende Doppelbedeutung des Freundschaftskonzeptes, welche die Verflochtenheit von Freundschaft und politischer Gesellschaft auflöst (Luhmann 1981: 224). Während in archaischen Gesellschaften Freundschaft das Fundament für die politische Gesellschaft darstellte, verschiebt sich diese Relation, so dass Freundschaft in der Moderne erst durch die politische Gesellschaft ermöglicht wird. Diese unterschiedlichen Bedeutungen können, wie Luhmann meint, nicht mehr unter einem Begriff gefasst werden: »Die Anforderungen der Gerechtigkeit und der persönlichen Freundschaft werden schließlich als inkompatibel begriffen.« (Ebd.) Mit der Einführung des Staates haben alle anderen moralischen Prinzipien, auch Freundschaftspflichten, zurückzutreten, wenn sie einem Prinzip höherer Ordnung Schaden zufügen. Die bis dahin von Freundschaft und Verwandtschaft wahrgenommen Funktionen, wie der Schutz gegen äußere Feinde, werden an den Staat abgegeben. Auf diese Weise wird Freundschaft »zur Perfektionsform sozialer Beziehungen, die angesichts der so lange diskutierten Diskretionsprobleme ins Private zurückgezogen wird. Damit verlagert die Sozialität ihren Kulminationspunkt aus dem Öffentlichen ins Private, es geht ihr jetzt nur noch um die interpersonale Interpenetration als solche, um die Steigerung von Glückseligkeit in der Beziehung zum anderen« (Luhmann 1981: 228). Für die Freundschaftssemantik bleibt also nur noch die Funktion einer möglichen Kodierung privater Intimität, bzw. »intimer Systeme« in der Sprache Luhmanns. In diesem Bereich konkurrieren Freundschaftssemantiken jedoch mit der Semantik der Liebe.

Die Kodierung von Intimität und die Herausbildung intimer Systeme sind Thema von Luhmanns klassischer Arbeit »Liebe als Passion« (1982), in der er die Evolution der Liebessemantik im Rahmen funktionaler Differenzierung beschreibt. Sein Befund ist letztlich, dass die Liebe im Gegensatz zur Freundschaft »das Rennen macht« und zum dominierenden Code für Intimität wurde, was nicht zuletzt daran liegt, dass die Liebe über die Sexualität größere Institutionalisierungsmöglichkeiten (z.B. in der Ehe) bot, als die Freundschaft. Die Freundschaft wiederum ist durch ihre Orientierung an der ganzen Person diffus angelegt, nicht funktional spezifisch und erlaubt damit keine spezifischen Institutionalisierungen. In der funktional differenzierten Gesellschaft wird Freundschaft somit im Grunde überflüssig, da die Gesellschaft in allen Bereichen von »persönlichen Vertrauen« auf »Systemvertrauen« umgestellt hat und es somit für alle früheren Werte der Freundschaft (sich Geld leihen, sich verbünden, persönliche Angelegenheiten besprechen) heute funktionale Äquivalente gibt (Banken, Parteien, Psychotherapeuten). Wie Schinkel (2003: 147) anmerkt, ergibt sich aus Luhmanns Überlegungen letztlich eine »Untergangsthese« der Freundschaft: Freundschaft wird in der funktional differenzierten Gesellschaft nicht mehr benötigt und deshalb hört sie auf zu existieren.

Wie geht Luhmann jedoch damit um, dass auch heute noch Freundschaftsformen fortbestehen und zumindest in der Medienöffentlichkeit auch immer wieder diskutiert werden – sowohl im Kontext von gesellschaftlichen Krisenszenarien (nachlassende familiäre Bindungen) als auch im Rahmen einer Fortentwicklung der Formen des sozialen Lebens? Eine Antwort auf diese Fragen findet man bei Luhmann zunächst mit Rückgriff auf sein erstes Buch »Funktionen und Folgen formaler Organisation« (1964). Luhmann beschreibt dabei, dass von all den faktischen Erwartungen, die ein soziales Handlungssystem, wie z.B. eine Organisation aber auch ein Funktionssystem, orientieren und sinnhaft bestimmen, nur ein geringer Teil formalisiert ist. Die Funktion dieser formalen Erwartungen sieht Luhmann in ihrem Beitrag zum Bestand eines differenzierten sozialen Systems, genauer: in der Festigung eines begrenzten Zusammenhangs generalisierter Orientierung und Motivation sowie einer darstellungsfähigen, einflusskräftigen und elastischen Außendarstellung. Die Bedeutung formalisierter Erwartungen äußert sich eher dadurch, dass man sie zitieren kann, also durch die Präsenz des Möglichen und nicht nur durch ihren sichtbaren Gebrauch. Diese begrenzte Flexibilität erhöht gewissermaßen die Anpassungsfähigkeit des Systems in einer fremden, nicht voll beherrschbaren Umwelt.

Neben dieser formalisierten Erwartungsstruktur, die z.B. Über- und Unterordnungsverhältnisse, Arbeitsteilung usw. festlegt, existiert in jedem Handlungssystem auch immer eine faktische Kontaktstruktur, die sich aus den von ihm so benannten »elementaren Verhaltensweisen« (freiwillige Hilfe und Dank, Tausch, Scherz, persönliche Achtung, persönliche Bekanntschaft usw.) ergibt. Da jeder Mensch nur begrenzt kontaktfähig ist, wird eine Kontaktaufnahme anhand von selektiven Vorzugsgesichtspunkten entschieden und daraus bilden sich Muster und Strukturen, die als organisationsinterne Netzwerke oder informelle Gruppen auf der Grundlage persönlicher Bekanntschaft beschrieben werden können. D.h. auch innerhalb formaler funktional differenzierter Sozialsysteme mit formaler Rollenzuweisung bleiben persönliche Kontaktstrukturen (informale Rollen) bestehen und treten teilweise in Konkurrenz. Luhmann entwickelt dabei die These, dass die Trennung formaler und informaler Rollen umso stärker hervortritt, je stärker die Formalisierung von Erwartungen zunimmt. D.h., je stärker ein bestimmter Verhaltensbereich formal vorgeprägt wird und je stärker Verhaltensweisen zu einem konsistenten Rollensystem verbunden werden, desto weniger können sie dann gleichzeitig andersartigen Erwartungen der Mitglieder (wie z.B. persönlichem Wohlbefinden, Kommunikationsbedürfnissen usw.) gerecht werden. Die faktische Kontaktstruktur wiederum eröffnet Räume abweichenden Verhaltens und erlaubt es dem Funktionssystem in einer widerspruchsvollen Umwelt zu überleben. Bis zu dem Grad, bis zu dem die Abweichungen dem System helfen, sind diese Verhaltensweisen erwünscht, was Luhmann mit dem Begriff der »brauchbare[n] Illegalität« bezeichnet (1964: 305). Brauchbare Illegalität ist dabei mit dem Handeln über Systemgrenzen (sowohl Außengrenzen als auch Grenzen innerer Differenzierung) hinweg verbunden. Zusammengefasst heißt dies, dass Luhmann Beziehungen auf der Basis persönlicher Bekanntschaft auch in der funktional differenzierten Gesellschaft noch vorsieht – jedoch letztlich als Nebenprodukte formal gegliederter Sozialsysteme und nur insofern mit einer positiven Bedeutung soweit sie der Umweltanpassung der Systeme dienlich sind.

Welche negativen Bedeutungen freundschaftliche Beziehungen aus seiner Sicht haben, wird in den beiden Texten »Inklusion und Exklusion« (1994) sowie »Kausalität im Süden« (1995) deutlich. Entsprechend seiner Vorstellung von elementaren Verhaltensweisen bezeichnet er persönliche Netzwerke als »survivals« älterer Gesellschaftsformationen die heute eher störend und höchstens transitorisch nutzbringend sind und fasst darunter Reziprozitätsketten, Nutzfreundschaften als Netzfreundschaften sowie Patron/Klientverhältnisse, in denen Ressourcen funktionaler Teilsysteme für Querverbindungen und für die Aufrechterhaltung des Netzwerkes selbst entfremdet werden (Luhmann 1994: 31). Als Überbleibsel älterer Gesellschaftsformationen gelten sie für ihn besonders deshalb, weil die basale Grundlage dieser Netzwerke die persönliche Bekanntschaft ist (dass man jemanden kennt, der jemanden kennt), die auf Face-to-face-Interaktion aufbaut und davon gekennzeichnet ist, dass die ganze Person (whole-person-relationship) in die Interaktion inkludiert ist. Luhmann geht es dabei um den Fakt, dass nicht die Zugehörigkeit und Interaktion eines Funktionssystems im Mittelpunkt steht, sondern alle funktionssystemischen Zugehörigkeiten eines Akteurs und die Interaktion über die Grenzen von Funktionssystemen hinweg. Luhmann beklagt, dass auf diese Weise immer wieder die funktionale Differenzierung auf Kosten der funktionssystemspezifischen Rationalitätschancen kurzgeschlossen wird. Persönliche Netzwerke organisieren auf höchst effektive Weise Unterstützung, ohne zur Legitimität der Institutionen beizutragen, der sie sich bedienen. Formalen Institutionen wird Legitimität entzogen, weil sie der Fähigkeit beraubt werden, selbst für Unterstützung zu sorgen. Allerdings ist Luhmann der Meinung (1994: 36), dass Netzwerke gegenseitiger Gunsterweise nicht die Kapazität haben, eigene Institutionen zu bilden, da sie ad hoc, auf der Basis dyadischer Beziehungen bzw. persönlicher Vermittler operieren. Dies macht sie ungreifbar und daher auch nicht reformierbar, organisierbar oder zentralisierbar. Selbst Illegalität kann im Netzwerk als Ressource genutzt werden. Insofern also funktionale Subsysteme nicht optimal funktionieren, Organisationen nur als Postenzuteiler fungieren, ihre Mitglieder aber nicht auf interne Solidaritäten verpflichten können bzw. nicht effektiv genug sanktionieren, werden persönliche Kontaktstrukturen und nützliche Freundschaften weiter überleben. Da Luhmann nicht dafür bekannt ist, Utopien nachzuhängen – in diesem Fall der Utopie eines perfekten funktional differenzierten Sozialsystems – ist davon auszugehen, dass ihm die fortdauernde Existenz von Freundschaften im Schatten funktionaler Differenzierung durchaus bewusst war. *(Vincenz Leuschner)*

2.8 Gerald Suttles: Freundschaft als soziale Institution

Gerald D. Suttles' Theorie der Freundschaft findet sich in einem einzigen, kurzen Text, der sich jedoch aufgrund seiner Originalität aus der Freundschaftstheorie der modernen Soziologie heraushebt. In »Friendship as a Social Institution« beschreibt Suttles (1970) Freundschaft als eine Institution der Zwischenräume (»interstitial institution«, Suttles 1970: 97). Was ist damit gemeint? Moderne Gesellschaften sind nach Suttles, anders als traditionelle Gesellschaften sozial unterdeterminiert. In traditionalen Gesellschaften etwa regelt das Verwandtschaftssystem, wer mit wem in welcher Beziehung steht. Die Beziehungen zwischen Verwandtengruppen wiederum sind durch ein umfassenderes verwandtschaftsanaloges System (etwa den Totemismus) geregelt. Moderne Gesellschaften sind dagegen »composite societies« – zusammengesetzte Gesellschaften (Suttles 1970: 96). Solche Gesellschaften zeichnen sich dadurch aus, dass es zwischen den meisten Mitgliedern der Gesellschaft keinen Zusammenhang gibt, der sich durch ein integriertes System aus Normen und Regeln rekonstruieren ließe. Die Einzelnen sind schlicht unverbunden. Eine Konsequenz aus dieser Betrachtung ist die Frage, welcher abstrakte Mechanismus die Entstehung von Beziehungen zwischen verschiedenen sozialen Gruppen, Organisationen, Bevölkerungen oder gesellschaftlichen Subsystemen eigentlich reguliert. Suttles (ebd.: 97) beginnt, um diese Frage zu beantworten, zunächst mit der empirischen Beobachtung, dass Beziehungen, die zwischen allen üblichen sozialen Beziehungskategorien liegen (etwa Kollege, Verwandter, Kamerad usw.) oft als Freundschaften bezeichnet werden. Er abstrahiert aus dieser Beobachtung die Idee, dass Freundschaften über einen breiten und flexiblen Verpflichtungsmechanismus, einen »broad and flexible convenant« (ebd.: 96), verfügen, der es ihnen gestattet in den Zwischenräumen zwischen bereits bestehenden sozialen Institutionen, Organisationen, Gruppen und dergleichen zu entstehen und zu existieren. Die zentrale Frage lautet nun: Wie ist dieser Verpflichtungsmechanismus zu beschreiben? Suttles (1970) rekonstruiert ihn als die Produktion der Distanz zu allgemeinen Normen und Werten durch geteiltes, abweichendes Verhalten:

> Violations of public propriety do not alone make for friendship. They do, however, single the individual out and make known his real self sufficiently well to where others can tell if he is even eligible for friendship. [...]. Violations of public propriety are offensive by and large because they suggest that people will not look after each other's public character with great care or circumspection. Generally, but not invariably, this is so. As an individual diverges off the sure path of propriety he is apt to run into kindred souls who have previously been derailed in the same direction. Between such individuals can develop a fellow feeling not based upon a common set of norms and values but a shared attitude expressed toward norms and values. (Suttles 1970: 106)

Freundschaften entstehen, zwischen Personen, die in gleichem Maße von bestehenden sozialen Normen und Werten abweichen und dies einander zu erkennen geben. Abweichendes Verhalten ist dann keine soziale Anomalie, sondern der Mechanismus, durch den Informationen erzeugt werden, die einen als »real self« (Suttles 1970: 106), als authentische Person, akkreditiert. Die Normen und Werte, die traditionelle soziale Institutionen wie die Familie, die Arbeitsgruppe, den Verein, die Stadt- oder Nationalgemeinschaft erzeugen und reproduzieren, sind in dieser Konzeption folglich eine Art Hintergrund, vor dem sich abstrakte »Zwischenrauminstitution« der Freundschaft triangulieren kann. Die Rolle der Freundschaft ist dabei die einer Art »Metainstitution«, die das Potenzial der stets vorhandenen individuellen Abweichung von institutionellen Normen und Werten nutzt, um Beziehungen im sozialen Nirgendwo zu schaffen. Freundschaft ist also gewissermaßen der Kit, der eine fragmentierte, multikulturelle, nicht mehr normativ integrierte Gesellschaft zusammenhält. *(Janosch Schobin)*

3. Methoden der Freundschaftsforschung

Vincenz Leuschner & Janosch Schobin

Jeder Sozialforscher, der sich mit dem Phänomen der Freundschaft beschäftigen will, muss sich zunächst die Frage stellen, mit welchen Methoden Freundschaft angemessen zu erforschen ist und welche Vor- und Nachteile bei der Auswahl einer Methode zu beachten sind. Mit dem folgenden Kapitel möchten wir für diese Art von Fragen Antworten skizzieren.

Wie bei vielen anderen sozialen Phänomen ist die richtige Antwort auf die Frage nach der Methodenwahl zunächst, dass die Methode immer von der Forschungsfragestellung abhängen sollte, denn die Entscheidung, welche Mess- und Auswertungsmethoden gewählt werden, ist immer von der Zielrichtung der Fragestellung eines Forschungsprojektes abhängig, d.h. der Art von Daten, die zur Beantwortung der Forschungsfrage benötigt werden. Um ein soziales Phänomen bzw. einen sozialen Zusammenhang zu untersuchen, stehen der Sozialforschung verschiedene Methoden zur Verfügung. Dabei wird gemeinhin zwischen qualitativen und quantitativen Methoden unterschieden, wobei beide Bezeichnungen für jeweils unterschiedliche Arten von Methoden der Datenerhebung- und Datenauswertung stehen. Unterschiedliche Arten von Daten erfordern auch unterschiedliche Erhebungs- und Auswertungsmethoden: Möchte ich wissen, wie viele Freunde die Deutschen durchschnittlich haben, ist eine repräsentative Bevölkerungsumfrage die Methode der Wahl; soll jedoch in Erfahrung gebracht werden, welche Bedeutung Freundschaften für die Alltagsbewältigung von ALG II Empfängern hat, sind eher qualitative Interviews oder ethnographische Beobachtungen angezeigt; der Frage wie sich Freundschaft und Verwandtschaft bei australischen Ureinwohnern unterscheiden lassen, ist wiederum am besten mit ethnologischen Methoden wie Beobachtung und Feldtagebuch beizukommen.

3.1 Die methodischen Herausforderungen des Phänomens der Freundschaft

Um genauer zu bestimmen, welche Methoden der empirischen Sozialforschung angewandt werden sollten, ist es zunächst sinnvoll, sich etwas genauer mit der Struktur des sozialen Phänomens der Freundschaft zu beschäftigen. Auf der Grundlage der alltäglichen Erfahrung drängt es sich zunächst auf, von Freundschaft als einem klar abgrenzbaren, nicht zu hinterfragenden Phänomen der sozialen Wirklichkeit auszugehen, mit dem jedermann in etwa dasselbe verbindet. Dies entspricht der Ausgangssituation in quantitativen Befragungen, wenn nach der Zahl der Freunde oder den Gefühlen gegenüber »besten Freunden« gefragt wird. In all diesen Fällen wird ein ähnliches Freundschaftsverständnis vorausgesetzt – was jedoch grundsätzlich problematisch ist. Im Gegensatz zu Verwandtschaftsbeziehungen kann Freundschaft nicht mittels externer Merkmale (Blutsverwandtschaft, Heirat) objektiv identifiziert werden. Vielmehr wird Freundschaft von innen heraus, aus der subjektiven Sicht der Beteiligten selbst definiert, wobei noch nicht einmal gesichert ist, dass wenn Person A Person B als Freund bezeichnet, dies auch vice versa erfolgen würde. Allan (1979: 73) bezeichnet Freundschaft deshalb als »relationales Label« und weist damit darauf hin, dass Freundschaft alles andere als präzise definiert ist, sondern als Bezeichnung zunächst nur eine Beziehungsbewertung ausdrückt. Das Spektrum von Beziehungen, die als Freundschaften gewertet werden, ist jedoch so weit, wie es unterschiedliche mitunter sehr spezielle Konzepte von Freundschaft gibt.

Emisch

Eine emische Herangehensweise versucht, die Binnenperspektive bestimmter Phänomene, hier Freundschaft, nachzuvollziehen. Mit dieser Positionierung erhoffen sich Forscher Erkenntnisse, die durch das Folgen bestehender Definitionen nicht möglich ist. Bei einer Forschung aus der emischen Perspektive müssen Forscher_innen bereit sein, Vorannahmen und bestehende Thesen zu einem Thema zugunsten lokaler Konzepte zu revidieren, oder zu erweitern.

Etisch

Die etische Perspektive sieht von einer Außensicht auf ein Thema. Mitgebrachte Instrumente, Thesen oder auch Vorannahmen spielen bei der Interpretation eine wichtigere Rolle. Die Interpretationsansätze einzelner Akteure werden bestehenden Kriterien untergeordnet.

In ähnlichem Maß ist auch der Personenkreis nicht eingeschränkt, der für Freundschaften in Frage kommt. Statt davon auszugehen, dass Freundschaft intersubjektiv immer das Gleiche bedeutet, muss die Frage, was Freundschaft ist, welches subjektive Konzept damit verbunden wird und welche Personen und welche Arten von Beziehungen mit der Bezeichnung erfasst werden, immer wieder neu empirisch ermittelt werden.

Phänomenologisch setzt sich Freundschaft aus zwei differenten Ebenen zusammen: »Freundschaften« als konkreten empirisch-beobachtbaren Beziehungen zwischen Personen und »Freundschaft« als einem überindividuellen Sinnhorizont oder sozialem Konzept (Schinkel 2003).

Beide Elemente zusammen führen dazu, dass das Phänomen als Ganzes, als soziale Bindung wirkt, also eine dauerhafte Stabilität von Beziehungen hervorruft. »Freundschaft« als überindividuelles Sinnkonstrukt wird dabei nicht durch ein einziges Element bestimmt, sondern kann als ein Bündel von Verhaltenserwartungen und Merkmalen verstanden werden, das bestimmte Verhaltensweisen wahrscheinlich macht, andere ausschließt und dessen konkrete Ausgestaltung und Gewichtung vom jeweils sozialen und kulturellen Kontext stark beeinflusst wird (Adams/Allan 1999; Schinkel 2003). Dieses soziale Konzept der Freundschaft steht in einem sehr allgemeinen Sinne für positiv bewertete, kooperative, gegenseitige Verhaltensweisen und Erwartungen, die unabhängig von äußeren Zwängen ergriffen werden. Die gegenwärtige Freundschaftsauffassung in modernen westlichen Gesellschaften fasst darunter zumeist: Intimität und Selbstoffenbarung, Emotionalität, Vertrauen, soziale und emotionale Unterstützung, freiwillige Gegenseitigkeit und Ähnlichkeit. Zudem wird die Geltung dieses Sinnhorizontes zumeist auf dyadische, nicht-verwandtschaftliche Beziehungen im Privatbereich beschränkt. Andere soziale Kontexte, insbesondere andere kulturelle Kontexte kennen jedoch auch andere Verwendungen in denen z.B. Gruppenbeziehungen (Freundeskreise) oder asymmetrische Beziehungen einbezogen sind.

Von dieser Ebene des soziokulturellen Sinnhorizontes zu unterscheiden sind dann die einzelnen konkreten Beziehungen, die sich als Freundschaften verstehen. Hierbei ist zunächst von dyadischen Beziehungen innerhalb eines bestimmten Kontextes auszugehen, die über die Verknüpfung mit anderen Dyaden in kontextspezifische oder auch kontextübergreifende Netzwerke eingebettet sind. Konkrete Freundschaften zeichnen sich dadurch aus, dass sich die Partner in einem soziokulturell kontrollierten Raum von Kontaktmöglichkeiten freiwillig gewählt haben (Ausnahmen bestehen freilich bei institutionalisierten Freundschaften in best. Kulturkreisen). Über wechselseitige Kommunikation und Interaktion bilden sich in diesen Beziehungen dann spezifische Handlungs- und Erwartungsstrukturen aus. Konkrete Freundschaften sind somit Formen der Wechselwirkung, bei denen sich im zeitlichen Prozess durch wechselseitiges Handeln eine soziale Einheit bildet, die dann wiederum als etwas Äußerliches auf die Individuen zurückwirkt. Aus der Perspektive von »Ich« und »Du« entsteht im Prozess der Freundschaft ein gemeinsames »Wir«. Bei diesem Prozess orientieren sich die beiden Beteiligten jedoch nicht nur am Verhalten des Anderen, sondern legen den gegenseitigen Handlungen und Erwartungen in der Beziehung auch die oben genannten Verhaltensnormen des jeweils dominierenden sozialen Konzeptes von Freundschaft zugrunde. Dabei kommt es immer zu spezifischen Variationen und an den Kontext angepassten Veränderungen des sozialen Konzepts, so dass jede Freundschaft zwischen zwei Menschen eine mehr oder weniger einzigartige Struktur aufweist. Das soziale Konzept Freundschaft wird auf diese Weise immer wieder verändert und angepasst. In jeder Freundschaft entwickeln sich eigene Relevanz- und Äquivalenzregeln, welche die Grenzen erlaubten Verhaltens bestimmen. Diese Relevanz- und Äquivalenzregeln sind zwar durch die Strukturen des Kontextes und den Gehalt der orientierenden sozialen Konzepte beeinflusst, lassen sich aber nicht aus ihnen herleiten, sondern letztlich nur aus der Beziehung selbst. In methodischer Hinsicht lassen sich also mehrere Feststellungen ableiten:

- Freundschaft ist eine relationale Beziehungsbewertung und es lassen sich keine externen Merkmale angeben mit denen Freundschaft objektiv festgestellt werden könnte.
- Freundschaft lässt sich einerseits als konkrete Beziehungsrealität von Menschen untersuchen, andererseits als intersubjektiver Sinnhorizont innerhalb eines bestimmten sozialen Kontextes.
- Der Sinnhorizont von Freundschaft ist flexibel und kontextabhängig und daher auch stark kulturspezifisch.

Vor dem Hintergrund dieser phänomenologischen Bestimmung von Freundschaft möchten wir im Folgenden auf einzelne Methoden eingehen, die in der bisherigen Freundschaftsforschung angewandt wurden. Dabei unterscheiden wir zwischen qualitativen und quantitativen Methoden.

3.2 Freundschaftsforschung mit qualitativen Methoden

Die Anwendung qualitativer Verfahren der Sozialforschung wird immer dann empfohlen, wenn »die Gegenstände und Themen nach allgemeinem Wissensstand, nach Kenntnis des Forschers oder auch nur nach seiner Meinung, komplex, differenziert, wenig überschaubar, widersprüchlich sind oder wenn zu vermuten steht, dass sie nur als ›einfach‹ erscheinen, aber – vielleicht – Unbekanntes verbergen« (Kleining 1995: 16). Gerade der letzte Fall scheint angesichts der eben geschilderten phänomenologischen Bestimmungen auf das

Phänomen der Freundschaft zuzutreffen. Aus der Tradition der qualitativen Sozialforschung lassen sich nun drei Arten von Fragestellungen unterscheiden, die sich auch auf Freundschaft beziehen lassen: erstens solche, die in der Tradition des symbolischen Interaktionismus nach den subjektiven Sichtweisen der Akteure auf ein bestimmtes Phänomen fragen, zweitens solche, die wie etwa in der Ethnomethodologie die interaktive Herstellung sozialer Wirklichkeit fokussieren und drittens Fragestellungen, welche die kulturelle Rahmung sozialer Wirklichkeit zu ergründen suchen (vgl. Flick 2002). Sobald also subjektive Sichtweisen auf Freundschaft rekonstruiert, interaktive Freundschaftsprozesse analysiert oder die Deutungsmuster und latenten Sinnstrukturen von Freundschaften bzw. Freundschaftsdiskursen hinsichtlich ihrer gesellschaftlichen Bedingtheit untersucht werden sollen, sind qualitative Methoden anzuraten. Ihre Gemeinsamkeit besteht darin, dass alle qualitativen Methoden ›Verstehen‹ als Erkenntnismethode anwenden, Fallrekonstruktionen den Ausgangspunkt bilden, die soziale Konstruktion von Wirklichkeit als Grundlage angesehen wird und Texte das empirische Datenmaterial darstellen (Flick 2002: 48ff.). Zudem zeichnen sich alle qualitativen Methoden durch eine weitgehende Offenheit gegenüber dem Forschungsgegenstand und den direkten Einbezug der Forscherperspektive in den Forschungsprozess aus.

Erscheint es also, angesichts der phänomenologischen Gestalt von Freundschaft, äußerst gegenstandsadäquat, mit qualitativen Methoden zu arbeiten, um den subjektiven Unterschieden, der interaktiven Sinnproduktion in Freundschaften und ihrer kontextuellen Einbettung gerecht zu werden, so sei dennoch auch auf einige Probleme hingewiesen, die gleichwohl auch bei anderen Gegenständen qualitativer Sozialforschung zu beachten sind.

Ähnlich wie in der quantitativen Forschung kommt der Frage nach der Auswahl der Untersuchungsgruppe auch innerhalb der qualitativen Sozialforschung eine herausragende Bedeutung zu. Während Probleme des Samplings hier lange Zeit vernachlässigt wurden, da es nicht das Ziel qualitativer Forschung sei »repräsentative Stichproben« zu erzeugen, werden Fragen der Auswahl in den letzten Jahren stärker beachtet. So haben Kelle und Kluge (1999: 39) deutlich gemacht, dass für die Güte einer quantitativen Stichprobe nicht die Repräsentativität bezogen auf alle denkbaren Merkmale entscheidend ist, sondern die Abwesenheit von Verzerrungen. Genau dieses Problem stellt sich jedoch analog auch bei qualitativen Verfahren ein, da auch hier sichergestellt werden muss, dass für die Fragestellung und das Untersuchungsfeld relevante Fälle einbezogen werden. Da bei qualitativen Verfahren die Fallzahlen sehr viel niedriger sind, kann jedoch nicht mit dem Mittel der Zufallsstichprobe gearbeitet werden, da die zufälligen Messfehler zu folgenschweren Verzerrungen führen würden. Kelle und Kluge (1999: 39) machen deshalb deutlich, dass qualitative Forschung Verfahren einer bewussten, kriteriengesteuerten Fallauswahl und Fallkontrastierung einsetzen muss. Hierfür sind mehrere Verfahren bekannt, worunter das theoretical sampling (vgl. Glaser/Strauss 1998 [1967]), die Suche nach Gegenbeispielen (vgl. Cressey 1950; Lindesmith 1968) und qualitative Stichprobenpläne (vgl. Kelle/Kluge 1999) die bekanntesten Verfahren darstellen.

3.3 Qualitative Freundschaftsforschung in der Praxis

Die Gegenstandsangemessenheit qualitativer Methoden innerhalb der Freundschaftsforschung zeigt sich auch daran, dass eine Vielzahl prominenter Studien zur Freundschaft mit diesen Methoden durchgeführt wurde. Im Folgenden sollen einige Methoden früherer Freundschaftsstudien vorgestellt werden:

Qualitative Interviews

Die wohl gebräuchlichste Methode der Freundschaftsforschung besteht in der Durchführung qualitativer Interviews, in denen die Forschungssubjekte aufgefordert werden, über ihre subjektiven Freundschaftskonzepte zu sprechen. Je nach Art der Fragestellung und des Forschungszugangs lassen sich dabei verschiedene Arten qualitativer Interviews anwenden (für einen Überblick vgl. Mey/Mruck 2007). Die Durchführung von qualitativen Interviews kann auch kombiniert werden mit Zeichnungen (vgl. Kolip 1993) oder Netzwerkkarten (vgl. Hollstein/Pfeffer 2010). Studien zur Freundschaft, in denen mit qualitativen Interviews gearbeitet wurde sind äußerst zahlreich (vgl. Alleweldt/Leuschner 2004; Kolip 1993; Lang 1997; Leuschner 2011; Schmidt-Mappes 2001; Valtin/Fatke 1997)

Gruppendiskussion

Eine ebenfalls gebräuchliche Methode ist neben dem Interview, die der Gruppendiskussion. In der Untersuchung von Krosta/Eberhard (2007) wurden z.B. auf der Grundlage einer vorgängigen Fragebogenuntersuchung Mitglieder des Selbstverwirklichungs- und des Unterhaltungsmilieus ermittelt. Danach wurden vier Gruppendiskussionen (jeweils eine Männer- und eine Frauengruppe in beiden Milieus) durchgeführt, die jeweils mit einem Erzählimpuls »Welche Erfahrungen verbinden Sie mit Freundschaften?« begonnen wurden. Die gewonnenen Daten wurden sowohl inhaltsanalytisch als auch psychodynamisch-interaktional ausgewertet.

Ethnographische Beobachtung

Immer dann, wenn man an den Praktiken der Freundschaft interessiert ist, liegt es nahe, die ethnographische Beobachtung als die qualitative Methode der Wahl heranzuziehen, da sich Praktiken weder schlicht abfragen, noch über Dokumente rekonstruieren lassen. In der Regel können Akteure ihr routiniertes Wirken kaum reflektieren und explizieren, da zahlreiche Fertigkeiten und selbstverständlich gewordene Automatismen in ihre Körper gleichsam ›eingeschrieben‹ sind (Hitzler 2008: 4). Die ethnographische Feldarbeit beginnt damit das eigene, fraglose Vorwissen über das interessierende Phänomen zu explizieren und eine »Befremdung der eigenen Kultur« (Hirschauer/Amann 1997: 12) zu unternehmen, die darin besteht, die Fremdheit des Bekannten und Vertrauten in der ›eigenen‹ Gesellschaft zu suchen. Als Methoden der Datengewinnung werden neben der teilnehmenden Beobachtung und dem Feldtagebuch auch alle Arten von Gesprächen und Dokumentenanalysen verwendet. Ein Klassiker dieser Form der Forschung, der auch interessante Aspekte hinsichtlich Freundschaft enthält, ist immer noch William Foote Whyte's Street Corner Society (vgl. Whyte 1943).

Netzwerkkarten

Eine neuere Methode, die auch bereits in der Erforschung von Freundschaften angewandt wurde, entstammt der qualitativen Netzwerkanalyse (vgl. Hollstein/Straus 2006). Hierbei werden qualitative Interviews mit der Erhebung von Netzwerkkarten verbunden. Ein bekanntes und oftverwendetes Instrument ist dabei die »hierarchical mapping technique« von Kahn/Antonucci (1980), die auch als Methode der konzentrischen Kreise bezeichnet wird. Den Forschungssubjekten wird ein Blatt Papier vorgelegt, auf dem vier konzentrische Kreise abgebildet sind. Im inneren Kreis steht das Wort ›Ich‹ und die Befragten sollen die Initialen von Personen, die ihnen persönlich wichtig sind, differenziert nach dem Grad der emotionalen Nähe in dieses Diagramm eintragen. Einige Netzwerkkarten weisen noch verschiedene Sektoren auf, die die wichtigen Lebensbereiche von Ego abbilden sollen (z.B. Familie, Arbeit, Freizeit) und in vielen Anwendungsfällen werden zu den genannten Personen noch weitere Informationen erfragt (z.B. Geschlecht, Alter, Wohnort, Rollenbeziehung, Dauer der Beziehung, Kenntnis untereinander). Je nach Art der Netzwerkkarten ist zwischen strukturierten, unstrukturierten und halbstrukturierten Karten zu unterscheiden (Hollstein/Pfeffer 2010). Vorteile dieser Form der Erhebung von Freundschaftsnetzwerken ist, dass die Sequenzialität der Befragungssituation um die Gleichzeitigkeit der bildlichen Darstellung ergänzt wird, die Netzwerkkarte als zusätzlicher Erzählstimulus wirkt und als kognitive Stütze die Fokussierung auf bestimmte Lebensbereiche oder Personengruppen vereinfacht.

Doppeltagebuch

Eine weitere interessante qualitative Methode ist die des Doppeltagebuchs, die Ann Elisabeth Auhagen in Ihrer Untersuchung »Freundschaft im Alltag« angewendet hat (Auhagen 1991). Achtzehn Freundschaftspaare und achtzehn Geschwisterpaare wurden aufgefordert, ihre Beziehung jeweils sechzig Tage lang in Form eines Tagebuchs zu dokumentieren. Die Vorlageblätter des Tagebuchs waren dabei in geringem Maße, nach Art des Kontaktes, vorstrukturiert. Die gewonnenen Textdaten wurden hinterher sowohl mit Verfahren der qualitativen Inhaltsanalyse, als auch mit statistischen Verfahren der Nominaldatenanalyse ausgewertet.

3.4 Quantitative Freundschaftsforschung

Die Erforschung von Freundschaftsbeziehungen mittels quantitativer Methoden steht vor anderen Problemen als die mittels qualitativer Methoden. In der qualitativen Feldforschung fällt in der Regel bei der Befragung und Beobachtung genügend zusätzliches Analysematerial an, um die emischen Konzepte (also das Freundschaftsverständnis aus Binnenperspektive der Befragten) und die etischen Konzepte des Forschers (also die Freundschaftskonzepte eines »kulturfremden« Beobachters) zu kontrollieren. Durch sinnverstehende und sinnrekonstruierende Verfahren lässt sich ermitteln, was die Befragten und die Fragenden mit ihren Freundschaftskonzepten meinen und wie beides in der konkreten Situation der Befragung aufeinander einwirkt. Quantitativen Methoden steht diese Möglichkeit in der Regel nicht zur Verfügung. So müssen bei ihrem Einsatz die Antworten der Befragten fast immer in vorgefertigte, etische Beobachterkategorien eingepasst werden, um aufgezeichnet zu werden. Zwar ist es heute durch computergestützte inhaltsanalytische Verfahren einfacher geworden auch offene Fragen quantitativ auszuwerten. Ohne vorgeschaltete (häufig nicht explizit deklarierte) sinnverstehende und sinnrekonstruierende Einzelfallanalysen kommen solche Analysen aber auch nicht aus. Zudem sind quantitative Inhaltsanalysen repräsentativer Surveydaten aufgrund des enormen Aufwands und den noch immer vorhandenen Schwächen der Analyseverfahren bis heute selten. Praktisch fallen sie in der quantitativen Feldforschung nicht ins Gewicht. Es stellt sich also die Frage, wie die Probleme, die durch die etische Kategorisierung in der Regel entstehen, zu lösen versucht werden. Für eine quantitative Messung ergeben sich für die Frage der Freundschaft vor allem Validitätsprobleme (Reliabilitäts- und Objektivitätsprobleme seien aus den folgenden Betrachtungen ausgeklammert, da es eine Vielzahl statistischer Methoden gibt, um diese effektiv zu kontrollieren): Sie resultieren aus dem allgemeinen Problem, dass die Vorgegebenen etischen Kategorien von den Befragten erkannt und akzeptiert werden müssen. Um dieses Problem plastisch zu machen, soll es an einer typischen Surveyfrage erläutert werden. In vielen Untersuchungen wird die Frage gestellt: Wie viele enge Freunde haben Sie? Gefragt wurde diese Frage (mit einigen kleineren Variationen im Wortlaut) im International Social Survey Programm (vgl. ISSP 2001), der Studie Aufwachsen in Deutschland: Alltagswelten (vgl. AID:A 2009), dem Sozioökonomischen Panel (vgl. SOEP 2008) und vielen anderen Erhebungen. Das Adjektiv ›enge‹ kommuniziert dem/der Befragten, dass das Wort ›Freund‹ hier in einer anspruchsvollen Bedeutung gemeint ist. Die Frage ist nun: Wie genau die Befragten es mit dem Ideal nehmen (hier sei vereinfachend angenommen, es gäbe in der befragten Bevölkerung nur ein einziges, von allen geteiltes Freundschaftsideal) und wie unkonventionell ihr emischer Alltagsbegriff der Freundschaft ist. Ist ihre Anhänglichkeit an das Ideal sehr stark und ihr Freundschaftsverständnis sehr konventionell, ist zu erwarten, dass sie sehr wenig Freunde nennen. Handelt es sich eher um ein flexibles gehandhabtes Ideal und ein unkonventionelles Alltagsverständnis der Freundschaft, werden es in der Regel mehr sein. (Und dies sind nur zwei der vier möglichen Paarungen von emischem Alltagsverständnis und Stärke der Haftung des Freundschaftsideals.) Nun rufe man sich in Erinnerung, was die Frage, die ja zumeist zur Erhebung von Sozialkapital verwendet wird, eigentlich wissen wollte: die Anzahl der besonders wichtigen Freund_innen. Praktisch erhebt sie aufgrund ihrer etischen Kategorievorgabe aber eine zusammengesetzte Größe aus der Anzahl der Freund_innen, die eine Person nennt, wenn man ihr emisches Freundschaftskonzept und ihre Reaktion auf eine etische Idealformzumutung zu Grunde legt. Was misst das Befragungsinstrument also: Die Verbindlichkeit des Ideals, die Weite des emischen Freundschaftsverständnisses oder die Anzahl der relevanten Freund_innen? Das ist so nicht zu entscheiden. Das Messinstrument ist folglich nicht inhaltsvalide, weil es nicht misst, was es zu messen vorgibt. Ein auf den ersten Blick weniger gravierendes Problem entsteht, wenn die Studien versuchen, bestimmte exklusive, scharf zugeschnittene etische Freundschaftskonzepte vorzugeben. Der üblichste Fall ist folgender: Es wird versucht den Befragten Freundschaft als eine nicht-verwandtschaftliche, nicht-vertragliche, nicht-sexualisierte Restkategorie interpersoneller Beziehungen anzubieten. Dass Freundschaft in diesem eingeschränkten Sinn gemeint ist, muss also durch die standardisierte Befragung auf irgendeine Weise kommuniziert werden. Eine übliche Weise dies zu gewährleisten, ist, Freundschaft als Option in einer umfangreichen Liste mit Beziehungsbezeichnungen als Antwort anzubieten. An einer üblichen Survey-Frage (dem sogenannten Burt-Generator) illustriert: Mit wem haben Sie in den letzten sechs Monaten persönliche wichtige Dinge besprochen? Der/die Befragte nennt daraufhin die Namen der Betreffenden und wird aufgefordert die Art der Beziehung zu den Genannten anzugeben, die sie/er von einer umfangreichen Liste wählen soll. Auf der Liste sind typischerweise Familien- und Verwandtschaftsbeziehungen (etwa Partner,

Bruder, Mutter usw.), funktionale Vertragsbeziehungen (etwa Betreuer, Trainer usw.) und informelle Beziehungen (etwa: Nachbarn, Kollegen, Mitschüler und Freunde) aufgelistet. Mehrfachantworten werden untersagt. Kommunikativ suggeriert dies dem Befragten, dass die Option ›Freund‹ hier als eine Art Restkategorie gemeint ist. Aus Sicht der anthropologischen und ethnographischen Feldforschung ist eine solche exklusive Kategorisierung natürlich nicht sachangemessen (siehe Kapitel Freundschaft und Kultur). Aber selbst in westlichen Gesellschaften geht die Verwendung des Wortes ›Freund‹ darüber hinaus, wie verschiedene Studien wiederholt gezeigt haben (siehe I.4.2 oder Kapitel zu Kultur und Freundschaft). Demnach wäre zwar die Inhaltsvalidität gegeben, wenn die Befragten das etische Konzept, das in die Liste implizit eingelagert ist, korrekt erkennen würden. (Diese Annahme wird aber in der Regel nie methodisch überprüft.) Aus theoretischen Gründen führen derartige Erhebungsverfahrenauf Dauer jedoch dazu, die soziale Funktion der Freundschaft systematisch zu unterschätzen, da relevante Phänomenbereiche vollständig ausgeklammert werden. Die Konstruktvalidität der Messinstrumente muss also in Zweifel gezogen werden. Es geht nicht um Freundschaft, wie sie emisch verstanden und im Alltag gelebt wird, sondern um eine technische Kategorie: um die nicht-verwandtschaftlichen, nicht-sexualisierten und nicht-vertraglichen interpersonellen Beziehungen. Richten ließe sich dieses Problem zumindest teilweise durch ein einfaches methodisches Vorgehen, das Fischer (1982) entwickelt hat. Er erhob zusätzlich zu spezifischen Beziehungsbezeichnungen und Beziehungsinhalten, ob die genannte Person ein Freund/eine Freundin ist. Freundschaft wird so als eine Art transversaler Begriff angeboten, der verschiedene andere Beziehungsformen (verwandtschaftliche und nicht-verwandtschaftliche, sexualisierte und nicht-sexualisierte, vertragliche und nicht vertragliche) verschieden stark überlagert und durchdringt, der aber auch mitunter seine eigene exklusive soziale Sphäre haben kann. Leider ist diese Verfahrensweise bis heute nicht die gängige Praxis in quantitativen Erhebungen.

3.5 Quantitative Freundschaftsforschung in der Praxis

Nach dieser Einführung in die Problematik der Validität quantitativer Erhebung von Freundschaftsdaten soll nun etwas konkreter auf die Fragen eingegangen werden, die in öffentlich zugänglichen repräsentativen Studien wiederholt gestellt worden sind. Vorausgeschickt sei, dass es eher selten vorkommt, dass repräsentative Surveys sich explizit mit der Frage der Freundschaft befassen. In der Regel fallen Daten zur Freundschaft als Nebenprodukt in familien- und jugendsoziologischen Studien, Sozialkapitalstudien oder bei der Erhebung sozioökonomischer Daten an. Inwiefern der Kontext der Studien das

Antwortverhalten auf Freundschaftsfragen beeinflusst, ist nach bestem Wissens des Autors eine unbeantwortete Frage.

Um das Ganze zu systematisieren, werde ich zwei Arten von Fragen unterscheiden: Solche die sich indirekt mittels Generatorfragen auf Freundschaft beziehen und solche die direkt Sachverhalte zur Freundschaft erheben. Letzteren haften (siehe oben) besondere Probleme an. Zudem werden Fragen, die direkt auf Freundschaft abzielen, nur sehr selten systematisch (in verschiedenen Studien wiederholt und somit vergleichbar) gestellt. Die Verwendung von Generatorenfragen in repräsentativen Umfragen dagegen hat mittlerweile einen gewissen Grad an systematischer Standardisierung erreicht, der es erlaubt Vergleiche zwischen Studien, Ländern und Zeitpunkten zu ziehen. Ihnen wird daher hier mehr Aufmerksamkeit gewidmet.

3.6 Generatorfragen zur Erhebung von Netzwerkdaten

In Studien zu sozialen Netzwerken werden sogenannte Ressourcen-, Namens- und Positionsgeneratoren verwendet. Das Ziel dieser Fragen besteht in der Regel darin, das Sozialkapital von Personen aus der Egoperspektive abzubilden (van der Gaag/Snijders 2005). In repräsentativen Surveys werden daher nahezu ausschließlich egozentrierte Netzwerkdaten und nicht ganze Netzwerke erhoben. Generatorenfragen können aber auch verwendet werden, um die Beziehungsstruktur eines Gesamt-Netzwerkes zu ermitteln (Jansen 1999). Dieser Fall ist praktisch aber sehr selten. In der Praxis hat die Erhebung quantitativer Netzwerkdaten nahezu ausschließlich in Schulstudien Anwendung gefunden (vgl. Knecht 2008). Beginnen wir daher bei einem Beispiel zu Ressourcengeneratoren, wie sie in repräsentativen Surveys üblich sind. So stellte etwa das Sozioökonomische Panel 2006 (vgl. SOEP 2006) folgende Fragen:

- Mit wem teilen Sie persönliche Gedanken oder Gefühle?
- Wen würden Sie bei langfristiger Pflegebedürftigkeit um Hilfe bitten z.B. nach einem Unfall?
- Wer unterstützt Sie in Ihrem beruflichen Fortkommen oder Ihrer Ausbildung?
- Wer kann Ihnen auch mal eine unangenehme Wahrheit sagen?

Auf die Fragen konnten bis zu drei Personen (nicht-namentlich) angegeben werden. Anschließend wurde die Art der Beziehung zu den »Genannten« grob abgefragt. Unter der Kategorie »Andere Personen« konnte hier die Option Freunde/Bekannte gewählt werden. Besonders die erste Frage hat in repräsentativen Surveys Tradition. Man bezeichnet sie als Burt-Generator, nach Roland

S. Burt,der die Frage für das General Social Survey 1985 (GSS) vorschlug (Burt 1984). Der Burt-Generator wird allerdings auch oft als Namensgenerator verwendet. Man sieht hieran, dass sich Namensgeneratoren und Ressourcengeneratoren nicht immer klar voneinander abgrenzen lassen. Eine umfangreiche Liste solcher Ressourcengeneratoren findet man bei van der Gaag und Snijders (2005). Neben Ressourcengeneratoren werden in der quantitativen Umfrageforschung Namensgeneratoren verwendet. Namensgeneratoren unterscheiden sich von Ressourcengeneratoren darin, dass sie nicht nach spezifischen Beziehungsinhalten, sondern nach relativ vagen Personengruppen fragen. Etwa: »Bitte nennen Sie uns Ihre engsten Freunde und Bekannten.« Im Anschluss werden dann bestimmte Eigenschaften der genannten Personen abgefragt (z.B. Geschlecht, Alter, ethnische Herkunft usw.). In der Soziometrie haben Namensgeneratoren seit Jakob Moreno eine lange Tradition. Moreno fragte nach den Personen, die einem wichtig sind, um das zu erheben, was er das »Social Atom« nannte (vgl. Fox 1987). Namensgeneratoren werden bis heute häufig in Schulstudien eingesetzt, um die Netzwerke von Schulklassen zu erheben. Gefragt wird dann z.B.: Wer sind deine besten Freunde in der Klasse? (etwa bei Knecht 2008: 32). In repräsentativen Surveys sind Namensgeneratoren unüblicher geworden, da sie verglichen mit Ressourcengeneratoren einerseits sehr unspezifisch sind und es daher häufig fraglich ist, was Namensgeneratoren genau messen (Wolf 2009: 11). Anderseits führen sie oft zu sehr langen Interviews, wenn die Anzahl der benennbaren Personen nicht stark eingeschränkt wird, was wiederum andere Interpretationsprobleme erzeugt (siehe hierzu van der Gaag et al. 2008). Trotzdem gehören Daten von Namensgeneratoren zu den wenigen Ausnahmen, in denen seit Jahrzehnten systematisch Daten zur Freundschaft erhoben werden und sollten daher bei allen Schwierigkeiten und Schwächen weiterhin erhoben und gewürdigt werden. Um diesen Sachverhalt an einem für die deutsche Forschung relevanten Beispiel zu illustrieren. Die Allgemeine Bevölkerungsumfrage der Sozialwissenschaften (ALLBUS) verwendet seit 1980 alle zehn Jahre folgenden Namensgenerator:

> »Wir haben jetzt einige Fragen zu den Personen, mit denen Sie häufig privat zusammen sind. Es kann sich dabei sowohl um Verwandte als auch um nicht-verwandte Freunde oder Bekannte handeln, nur nicht um Personen, die mit Ihnen im selben Haushalt wohnen.« (Zitiert nach Wolf 2009)

Im Anschluss an die Frage werden Geschlecht, Alter, Verwandtschaftsgrad und Ähnliches erhoben. Zwar mögen hier viele Ambiguitäten die Qualität der Daten einschränken, trotzdem gibt die Konstanz ihrer traditionellen Erhebungen einen guten Grund, diese Daten auch weiterhin zu erheben, etwa um Veränderungen in der Zusammensetzung der genannten Personen zu erkennen (die natürlich einer sorgfältigen Analyse und theoretischer Interpretation bedürfen).

Die letzte Art von Generatoren, die in repräsentativen quantitativen Umfragen häufig verwendet werden und Daten zur Freundschaft liefern, sind sogenannte Positionsgeneratoren (vgl. hierzu van der Gaag et al. 2012). Hier wird zunächst gefragt, ob man eine Person persönlich kenne, die eine bestimmte soziale Position einnimmt (etwa einen Arzt/eine Ärztin, eine Anwältin/einen Anwalt, einen Geschäftsmann/eine Geschäftsfrau usw.). In einem zweiten Schritt wird dann gefragt, ob diese Person ein Familienmitglied oder ein Freund sei. Positionsgeneratoren gehören zu den am häufigsten verwendeten Instrumenten in Sozialkapitalstudien. Eine Liste mit Studien, die Daten dieser Art erhoben haben, findet sich bei Bartelski (2010).

3.7 Direkte Fragen zu Freundschaftsvorstellungen und Freundschaftspraktiken

Fragen, die Freundschaft direkt betreffen, werden weitaus seltener systematisch gestellt. Besonders vergleichbare, kulturübergreifende Daten zu Freundschaftsvorstellungen sind selten. Eine große Ausnahme hierzu sind die Daten des International Social Survey Programms, die zum Thema der sozialen Unterstützung durch soziale Netzwerke von 1986 und 2001 in einer Vielzahl von Ländern erhoben wurden (vgl. ISSP 1986 u. ISSP 2001). Die nächste Welle dürfte im Jahr 2016 anstehen. Das ISSP hatte z.B. nach Hilfserwartungen und bestimmten Idealformerwartungen von Freundschaften mittels Einstellungsskalen gefragt (etwa: »Es ist in Ordnung sich mit jemanden anzufreunden, nur weil man glaubt, dass diese Person einem nützlich sein könnte« oder »Ein enger Freund ist jemand, der einen wirklich versteht«) (vgl. ISSP 2001). Neben dem ISSP werden in vielen Studien (allerdings häufig mit einer stark variierenden Methodik) Daten zur Alters-, Geschlechts- und ethnischen Homophilie (siehe I.8) von Freundschaften erhoben. Teils fallen diese Daten als Nebenprodukt von Ressourcengeneratoren und Namensgeneratordaten an, teils werden sie separat erhoben. Auch hier wäre das ISSP 2001 zu nennen, dass nach dem Geschlecht des engsten Freundes/der engsten Freundin fragte (vgl. ISSP 2001).

Eine andere Frage, die sich wiederholt, betrifft den Zugang zu Information zu Arbeitsplätzen. Seit Granovetters Studie »The Strength of Weak Ties« (Granovetter 1973) ist es üblich geworden, zu erfragen, ob man die Information über einen neuen Arbeitsplatz über einen Freund oder Bekannten erhalten hat. So fragt etwa das SOEP Arbeitslose regelmäßig, was sie in den letzten vier Wochen unternommen hätten, um eine andere Stelle zu finden. Über Freunde, Bekannte und Angehörige gesucht zu haben, ist eine mögliche Antwort (etwa SOEP 2005, 2006, u. 2007). Andere übliche Fragen zu Freunden betreffen das

Freizeitverhalten und gesellige Treffen. Ob man etwas, wie viel und was man mit Freunden unternimmt, wurde wiederholt in Studien gefragt. Besonders die Freizeitgestaltung steht dabei im Mittelpunkt der Befragung. Zu nennen wären hier etwa das World Value Survey, das in einer Vielzahl von Ländern fragte, ob man Freizeit mit Freunden verbracht habe (World Value Survey 2010-2014). Daten zur Kontaktfrequenz zu Freunden wurden z.B. durch das ISSP erhoben, fallen aber auch gelegentlich als Nebenprodukt von Namens- und Ressourcengeneratoren an, beispielsweise im Familiensurvey des Deutschen Jugendinstituts (vgl. DJI-Familiensurvey 1988, 1994 u.2000). Alles in allem ist zu konstatieren, dass es eine Bandbreite an öffentlich verfügbaren und zumindest teilweise vergleichbaren quantitativen Daten zu Freundschaftsvorstellungen und Freundschaftspraktiken gibt.

3.8 Exkurs: Freundschaft und soziales Kapital

Freundschaft wird in der Literatur häufig als soziales Kapital bzw. Sozialkapital beschrieben. Was genau ist damit gemeint? Ein erstes Konzept sozialen Kapitals entwickelte Pierre Bourdieu. Bourdieu lehnt sich dabei an Marx' Kapitalkonzept an, generalisiert dieses jedoch, um nicht nur ökonomisches Kapital, sondern alle Erscheinungen des Kapitals erfassen zu können (Müller 1986: 165). Aus seiner Sicht wird die soziale Praxis durch drei Kapitalsorten strukturiert: dem ökonomischen Kapital (Finanzmittel, Eigentum), dem kulturellen Kapital (Bildung und Wissen) und dem Sozialkapital (Beziehungen), wobei Letzteres nicht individuell akkumuliert werden kann, sondern nur durch Beziehungen zu anderen zustande kommt (Bourdieu 1982). Neben diese drei Kapitalsorten stellt Bourdieu noch das symbolische Kapital, für das sich vielfältige Erscheinungsformen finden lassen. Symbolisches Kapital kann aus jeder beliebigen Eigenschaft oder Kapitalsorte erwachsen, so es soziale Akteure gibt, die es wahrnehmen und anerkennen können, also über gemeinsame inkorporierte Wahrnehmungskategorien verfügen. Das Konzept des sozialen Kapitals hebt auf die Verfügbarkeit und Nutzbarkeit von Ressourcen durch die Einbettung in soziale Netzwerke ab. Dabei trennt Bourdieu strukturell das jeweilige Beziehungsnetz von den daraus erwachsenden Effekten. Als Sozialkapital bezeichnet Bourdieu (1982: 190f.) »die Gesamtheit der aktuellen und potenziellen Ressourcen, die mit dem Besitz eines dauerhaften Netzes von mehr oder weniger institutionalisierten Beziehungen gegenseitigen Kennens oder Anerkennens verbunden sind; oder, anders ausgedrückt, es handelt sich dabei um Ressourcen, die auf der Zugehörigkeit zu einer Gruppe beruhen.« Wie Albrecht (2004: 199ff.) treffend analysiert, liegen in dieser Definition zwei Ebenen des Sozialkapitals versteckt. Zunächst die Ebene des sozialen Kapitals, das auf Gruppenzugehörigkeiten beruht: Gruppenmitglieder können sich gegenseitig Ressourcen zur Verfügung stellen oder gemeinsam Ressourcen erwerben. Die zweite Ebene des Sozialkapitals betrifft die Einbindung einer Person in ein dauerhaftes Netzwerk von Beziehungen (z.B. Freundschaften), in dem sie direkt materiell oder symbolisch von den einzelnen Beziehungen und ihren solidarischen Leistungen profitiert. Beziehungen werden dann zu sozialem Kapital, wenn sich aus ihnen Verpflichtungen ergeben, auf die die beteiligten Akteure bei Bedarf zurückgreifen können (Albrecht 2004: 206). Hierfür lassen sich zwei Grundlagen finden: erstens Reziprozitätsnormen, die aus wechselseitigen Tauschhandlungen entstehen, bei denen die ausgetauschten Ressourcen nicht eindeutig bemessen werden können, weshalb sich ein Schuldgefühl einstellt, und zweitens die gefühlsmäßige Verbundenheit zwischen Partnern einer Beziehung, die sich intrinsisch begründet, wie etwa enge Freundschaften. Beide Grundlagen entstehen nur über die Zeit, weshalb allein relativ dauerhafte Beziehungen soziales Kapital hervorbringen können. Außerdem entwickeln sich die beiden Grundlagen nur, wenn ihnen kein instrumenteller Zweck wie z.B. im Fall einer bewussten Akkumulation von sozialem Kapital zugrunde liegt. Sozialkapital ist somit ein relativ schwer zu kalkulierender Nebeneffekt dauerhafter sozialer Beziehungen. In diesem Zusammenhang hat Müller (1986: 166) darauf hingewiesen, dass Sozialkapital drei endemische Risiken beinhaltet: Erstens ist nicht-vertraglichen Sozialbeziehungen immer das Risiko der Undankbarkeit eingeschrieben, was Müller (1986: 166) als »Beziehungsfalle« bezeichnet. Zweitens besteht insbesondere in Sozialbeziehungen zwischen Statusungleichen das Risiko asymmetrischer Reziprozität, d.h., dass ein Beteiligter ein größeres Interesse an der Beziehung hat, als der andere. Drittens besteht immer das Risiko der Unzumutbarkeit, wenn mit dem Maße der Verschleierung des instrumentellen Kerns auch zunehmend Freundschaftsnormen aktiviert werden, die eine Artikulation erwarteter Rückzahlungen geleisteter Gefallen nicht mehr möglich erscheinen lässt. Die Nutzung von Beziehungen als Sozialkapital setzt demnach voraus, dass man nicht in eine Beziehungs-, Status- oder Freundschaftsfalle gerät.

Mit dem Begriff des sozialen Kapitals wird also vor allem der instrumentelle Charakter sozialer Beziehungen hervorgehoben; er dient der Untersuchung, wie Handlungsmöglichkeiten und kognitive Erwartungen individueller Akteure durch die Strukturen des sozialen Netzwerkes, genauer die darüber erfolgende Bereitstellung sozialer Ressourcen, beeinflusst werden. In diesem Sinne wird das Konzept des sozialen Kapitals vor allem innerhalb der Sozialen Netzwerkanalyse (SNA) gebraucht.

4. Zur Vertiefung

Agnes Brandt, Vincenz Leuschner & Janosch Schobin

4.1 Mark Granovetter: »The Strength of Weak Ties«

Eine der meistzitierten Arbeiten in der Freundschaftssoziologie ist sicherlich Mark Granovetters »The Strength of Weak Ties« aus dem Jahre 1973. Die Studie zielte darauf ab zu zeigen, wie die Stärke interpersonaler Beziehungen und der Netzwerke, die sich aus ihnen bilden, mit makrostrukturellen Phänomenen wie sozialer Mobilität, politischer Organisation oder gesellschaftlichem Zusammenhalt zusammenhängen (Granovetter 1973: 1360). Unter der Stärke einer Beziehung verstand Granovetter dabei eine theoretische Größe, die sich aus dem Zeitaufwand, der emotionalen Intensität, dem Grad der Intimität und dem Umfang gegenseitiger Dienste innerhalb der Beziehung zusammensetzt (Granovetter 1973: 1361). Starke Beziehungen sind also für Granovetter vor allem familiäre Bindungen, Partnerschaften, aber auch enge, intime Freundschaften. Unter die schwachen Beziehungen fallen bei ihm instrumentelle Freundschaften, Bekanntschaften, Kollegen, Nachbarn und viele andere informelle Beziehungsarten. Das Argument der Studie nimmt seinen Ausgang bei einer Beobachtung zu Freundschaftsnetzwerken. Sie lautet wie folgt: Je stärker die Freundschaftsbeziehung zwischen Person A und Person B ist, umso stärker werden sich ihre Freundeskreise überlappen. In anderen Worten: Mit der Stärke der Beziehung zwischen zwei Personen nimmt die Wahrscheinlichkeit zu, dass sie schwache oder starke Beziehungen zu den Freunden des Freundes pflegen. Besonders die Theorie kognitiver Balance hatte folgenden Zusammenhang nahegelegt (vgl. Heider 1958; Newcomb 1961): Wenn Person A eine starke Beziehung zu zwei Personen B und C pflegt, ist es (gemessen an der Anzahl zufällig zu erwartender Vorfälle) unwahrscheinlich, dass es keine Beziehung zwischen B und C gibt. Daraus folgert Granovetter, dass starke Beziehungen in der Regel keine Brücken zwischen lokal unterscheidbaren und voneinander abgegrenzten interpersonellen Beziehungsnetzwerken sind: »*[...] it follows that, except under unlikely conditions, no strong tie is a bridge.*« (Granovetter 1973: 1364). Unter einer Brücke verstand er dabei einen Weg über den und nur über den eine indirekte Beziehungen zwischen zwei Personen im lokalen Netzwerk herstellbar ist. Diese Überlegung kann anschaulich so erläutert werden: Damit eine enge Freundschaft (starke Beziehung) zwischen A und B eine Brücke sein kann, dürfen zwischen den engen Freunden von A und Person B und den engen Freunden von B und Person A überhaupt keine Beziehungen entstehen. Und eben das hatte sich als unwahrscheinlich erwiesen. Aber wie erhellen diese Überlegungen den Zusammenhang von der Mikroebene der interpersonellen Beziehungen und der Makroebene sozialer Mobilität, politischer Organisation und gesellschaftlicher Kohäsion?

Die Studie trägt folgende Argumentation vor: Zunächst macht Granovetter eine vereinfachende aber plausible Annahme die er von Davis (1969: 549) übernimmt: Die Informationsübermittlungs-wahrscheinlichkeit zwischen zwei Personen A und B in einem Netzwerk interpersoneller Beziehungen ist direkt proportional zur Anzahl der möglichen Verbindungswege zwischen ihnen und umgekehrt proportional zur sozialen Distanz zueinander (Granovetter 1973: 1365). Fügt man dieser Annahme den Umstand hinzu, dass starke Beziehungen in der Regel keine Brücken sind, ergibt sich Folgendes: Informationen, die über schwache Beziehungen weitergegeben werden, haben meist eine größere soziale Reichweite, als Informationen, die über starke Beziehungen weitergegeben werden, weil Brücken kurze Übermittlungswege gewährleisten (ebd.: 1366).

Die Studie gibt nun zwei Beispiele an, in denen dieser Sachverhalt für die Dynamik sozialer Phänomene auf der Makroebene relevant ist: Erstens werden auf Arbeitsmärkten Jobinformationen häufig über schwache Beziehungen vermittelt. Die Wahrscheinlichkeit der Berufsmobilität und hierdurch vermittelt die Beteiligung einer Person am Erwerbssystem hängt folglich mit ihrer Einbettung in ein Netz schwacher Beziehungen zusammen (ebd.: 1369-1371). Zweitens können Wohnviertel (Granovetters Beispiel ist das Bostoner West End der 1960er Jahre, dessen Charakter als lokale Quartiersgemeinschaft durch die Stadterneuerungspolitik damals praktisch verschwand) mit dichten, kaum untereinander verbundenen Cliquen nur schlecht politischen Widerstand leisten. Der Mangel schwacher Brückenbeziehungen verhindert die politische Organisation, weil er die Übermittlung glaubwürdiger Informationen schwerfällig macht. Deshalb schließt Granovetter müsse man annehmen, dass politische Organisation und sozialer Zusammenhalt von der Struktur interpersoneller Netzwerke abhängig sind (ebd. 1373-1377). *(Janosch Schobin)*

4.2 Claude S. Fisher: »What Do We Mean by ›Friend‹. An Inductive Study«

Was mit dem Wort »Freund« bezeichnet wird, ist vielfältig (siehe Einleitung). Da das Wort keine präzise Anwendung hat, stellte Fischer (1982) sich die Frage, was die Personen, die als Freunde bezeichnet werden, nicht immer aber doch in der Regel auszeichnet: *»The question we ask is, What is a friend? By the logic discussed earlier, I translated that question into: What is correlated with someone being called a friend?«* (Fischer 1982: 291) Zu diesem Zweck führte er im Jahr 1977 eine quantitative Untersuchung mit 1050 Befragten in Kalifornien durch (Fischer 1982). Erhoben wurden egozentrierte Netzwerkdaten mittels Ressourcengeneratoren (siehe Methodenkapitel). Gefragt wurde etwa, wen man fragen würde, um auf das Haus aufzupassen, mit wem man über Hobbies oder persönlich wichtige Dinge spricht, von wem man Rat bekommt, wer einem Geld leihen würde und mit wem man gesellige Aktivitäten teilt. Zusätzlich wurde gefragt, ob man die genannten Personen als Freund bezeichnen würde (Fischer 1982: 290). Die multivariate Regressionsanalyse der Eigenschaften der genannten Netzwerkpartner ergab folgendes Bild: Als Freund werden in der Regel Personen bezeichnet, mit denen man soziale Aktivitäten teilt und die keine Verwandten oder Familienmitglieder sind (ebd.: 295). Die nicht erklärte Varianz der berechneten Regressionsmodelle blieb aber in allen Fällen sehr hoch. Um ein Beispiel zu nennen: Etwa wurden 34 Prozent der genannten Ehefrauen auch als Freund bezeichnet (ebd.: 305). Unter dem Vorbehalt des starken Ausmaßes der unerklärten Restgrößen gelangt Fischer zu folgendem Fazit: *»... ›friend‹ is to some extent a residual label, a description applied to almost all associates for whom no more specific title is available.«* (Fischer 1982: 305). Er kommt also zu dem Schluss, dass das Wort Freundschaft eine Art zweite Semantik für Beziehungen ist, die besonders – aber nicht ausschließlich – dort zur Anwendung kommt, wo keine präzisere Bezeichnung der Beziehung vorhanden ist. *(Janosch Schobin)*

4.3 Michael Argyle und Monica Henderson: »The Rules of Friendship«

Die Sozialpsychologen Michael Argyle und Monica Henderson rekonstruieren in ihren Arbeiten Freundschaft als einen Komplex informeller Regeln, die überindividuell gültig sind. Im Jahr 1984 veröffentlichten sie im Journal of Social and Personal Relationships die Ergebnisse von vier Studien, in denen sie teilweise kulturvergleichend (in England, Italien, Japan und Hongkong) untersuchten, welche Verhaltensregeln zwischen »gleichgeschlechtlichen guten Freunden« gelten. Als Ausgangsbasis verwenden sie in ihren Befragungen eine Liste von 43 möglichen Verhaltensregeln für Freundschaften, die sie zuvor aus einer qualitativen Pilotstudie gewonnen haben. Ihre Untersuchungen sind durch mehrere Hypothesen geleitet, die darauf abzielen, unter anderem kulturelle, geschlechtsspezifische, altersabhängige und graduelle Unterschiede in Freundschaftsregeln zu überprüfen (Argyle/Henderson 1984: 213-216). Die Ergebnisse ihrer ersten Studie (England: N = 60) zeigten, dass sich tatsächlich ein spezifisches Set von 21 Regeln extrahieren ließ, die mit Freundschaft verbunden wurden (ebd.: 218). In ihrer zweiten Studie wurde die gleiche Regelliste in drei weiteren Ländern (Italien: N = 76, Japan: N = 100 und Hong Kong: N = 94) repliziert. Hierbei zeigten sich erhebliche Unterschiede der Zustimmung zu einzelnen Regeln. Insgesamt ließen sich nur vier Regeln extrahieren, die in allen vier Kulturen in hohem Maße mit Freundschaft verbunden wurden (ebd.: 221):

- Respektierung der Privatheit
- Vertrauen und Verlässlichkeit in den anderen
- Freiwillige Hilfe in Zeiten wo es nötig ist
- Keine Eifersucht und Kritik an dritten Beziehungen

In der dritten Studie (N = 102, 64 Männer, 38 Frauen zw. 18 und 25 Jahren) konnten Argyle und Henderson zeigen, dass sich Unterschiede in den Freundschaftsregeln für enge und weniger enge Freunde finden lassen und sich einzelne Regeln abzeichnen, die vor allem über die Qualität der Freundschaft Aufschluss geben (ebd.: 224). Die vierte Studie schließlich (N = 156, 59 Männer, 97 Frauen, zw. 17 und 34 Jahren) beschäftigte sich damit, herauszufinden, welche Regeln für den Abbruch von Freundschaften entscheidend sind. Auf der Grundlage aller vier Studien entwickelten Argyle und Henderson vier Kriterien nach denen sie das Regelset erneut überprüften (ebd.: 231): erstens, die generelle Bestätigung als Freundschaftsregel, zweitens die Bedeutung der Regel für die Unterscheidung aktueller und früherer Freundschaften, drittens die Bedeutung der Regel für den Abbruch von Freundschaften bei Verstoß, und viertens die Bedeutung der Regel für die Qualität der Freundschaft. Auf dieser Grundlage beschreiben sie schließlich 13 Regeln in vier Kategorien, die aus ihrer Sicht für Freundschaften besonders wichtig zu sein scheinen:

Austauschregeln

- Gemeinsam Erfolgsneuigkeiten teilen
- Emotionale Unterstützung zeigen
- Freiwillige Hilfe, wenn sie benötigt wird
- Sich beim Zusammensein darum bemühen, dass der Andere glücklich ist
- Schulden zurückzahlen und sich für Gefälligkeiten erkenntlich zeigen*

Intimitätsregeln

- Einander vertrauen, sich aufeinander verlassen

Verhaltensregeln gegenüber Dritten

- Sich für den Anderen in dessen Abwesenheit einsetzen
- Tolerant gegenüber den Freunden des Anderen sein*
- Einander nicht öffentlich kritisieren
- Geheimnisse wahren
- Keine Eifersucht auf oder Kritik an den Beziehungen des Anderen

Interne Koordinationsregeln**

- Nicht nörgeln*
- Die Privatsphäre des Freundes respektieren

ohne * = Regeln, die für alle vier Kriterien wichtig sind.
* = Regeln, die für drei Kriterien wichtig sind, aber nichts über die Qualität der Freundschaft aussagen
** = Regeln, die zwar eine generelle Bestätigung finden und beim Verstoß auch zum Abbruch führen, aber für die anderen beiden Kriterien keine Rolle spielen. Zudem gelten diese Regeln auch in anderen Beziehungen.

In einer späteren Veröffentlichung (Argyle/Henderson 1986: 121) haben die beiden Autoren dieses Regelset um vier weitere Freundschaftsregeln ergänzt:

- Während der Unterhaltung dem anderen in die Augen sehen
- In persönlichen Dingen um Rat fragen
- Mit dem Freund scherzen und frotzeln
- Dem Freund persönliche Gefühle und Probleme offenbaren

Auch wenn die Ableitung von generellen Freundschaftsregeln auf der Grundlage der empirischen Basis der Untersuchungen zweifelhaft scheint, so liegt der generelle Verdienst der Arbeiten von Argyle und Henderson sicherlich darin, dass sie darauf verweisen, dass Freundschaften überindividuelle regelgeleitete Interaktionen und somit eine soziale Struktur beinhalten, die kulturspezifisch variiert und somit auch Wandlungsprozessen unterliegen kann. *(Vincenz Leuschner)*

4.4 Liz Spencer und Raymond Pahl: »Rethinking Friendship. Hidden Solidarities Today«

Zu den neueren Versuchen, die Freundschaft soziologisch zu fassen, gehörten die Arbeiten der britischen Soziologen Raymond Pahl sowie Liz Spencer, die auf Basis unterschiedlicher Studien zur Freundschaft in Großbritannien einen theoretischen Ansatz entwickelt haben, in der Freundschaft als persönliche Gemeinschaft (›personal community‹) verstanden wird.

In »Rethinking Friendship: Hidden Solidarities Today« (Spencer/Pahl 2006) entwickelten die Autoren das von Pahl in »On friendship« (2000) entwickelte Verständnis von Freundschaft als eine Form des sozialen Zusammenhalts in der zunehmend fragmentierten modernen Gesellschaft weiter. Sie legten in dieser qualitativen Studie einen Ansatz vor, der Freundschaft als kontextuelles und situatives Phänomen begreift, und der die Diversität freundschaftlicher Bindungen betont (vgl. Pahl/Spencer 2010). Die weitere soziale Bedeutung von Freundschaft sehen Spencer und Pahl in ihrer Funktion als sozialen Kleber (›social glue‹), der in Zeiten zunehmender Individualisierung dem oftmals befürchteten Kollaps der Gemeinschaft entgegenwirkt und der Freunde, Familienmitglieder, Partner und andere signifikanten Beziehungen in bedeutsamer und bis dato unterschätzter Art und Weise zusammenbringt und -hält.

Die Beziehungen, die Menschen zu signifikanten Anderen in ihren mikrosozialen Welten eingehen und leben sind die persönlichen Gemeinschaften (›personal communities‹), die Spencer und Pahl in ihrer qualitativen Studie in den Blick nehmen (vgl. Pahl/Spencer 2010). Der Begriff ›personal community‹

geht auf Arbeiten im Bereich der Analyse sozialer Netzwerke zurück, insbesondere auf Hirsch (1981), Wellman/Carrington/Hall (1988) sowie Wellman (1990). Er unterstreicht die Flexibilität sozialer Praktiken ebenso wie die Komplexität und Diversität mikrosozialer Lebenswelten.

Ausgangsbasis der Studie ist die Einsicht, dass der Begriff »Freund« oder »Freundin« (›friend‹) sehr unterschiedliche Beziehungen bezeichnen kann, ein Problem das in vielen anderen Studien entweder dadurch gelöst wird, dass der Begriff gar nicht definiert wird oder aber indem lange Listen der Merkmale eines Freunds oder einer Freundin aufgelistet werden. Im letzteren Fall führt dies häufig zu einer Auflistung kultureller Stereotype und Idealtypen von Freundschaft und eben nicht zu einer Erhellung der Arten auf denen Menschen ihre Freundschaften (er)leben (Spencer/Pahl 2006: 4). Die Studie von Spencer und Pahl soll hier Abhilfe schaffen, indem sie einen qualitativen Ansatz verfolgt. Die Studie basiert auf einer Reihe offener qualitativer Interviews (N = 60) mit Männern und Frauen unterschiedlichen Alters, die sich in unterschiedlichen Lebensphasen befanden, aus verschiedenen sozio-ökonomischen und ethnischen Hintergründen kamen, und die in unterschiedlichen Teilen Großbritanniens zu Hause waren. Auf Basis dieses heterogenen Samples widmeten sich die Autoren dann der Bandbreite und der Komplexität der Sozialbeziehungen und Lebenswelten unterschiedlicher Akteure in ihrem jeweiligen Kontext, indem sie ihre persönlichen Gemeinschaften analysierten. Spencer und Pahl unterschieden dabei drei grundlegende Konzepte:

- Freundschaftsrepertoires (›friendship repertoires‹),
- Freundschaftsmodi (›friendship modes‹) und
- Suffusionsmuster (›patterns of suffusion‹).

Freundschaftsrepertoires bezeichnen dabei die Bandbreite der Freundschaften, die Personen haben, Freundschaftsmodi die Art und Weise, auf der sie Freundschaften im Laufe ihres Lebens eingehen und aufrechterhalten und Suffusionsmuster das Ausmaß, in dem die Grenzen zwischen Freundschaft und Familie verschwimmen.

Auf Basis dieser Konzepte und der empirischen Daten entwickelten sie eine Typologie persönlicher Gemeinschaften. Sie unterschieden dabei zwischen freundbasierten (›friend-based‹), familienbasierten (›family-based‹), nachbarbasierten (›neighbour-based‹), partnerbasierten (›partner-based‹) und berufsbasierten (›professional-based‹) Gemeinschaften. Wie Spencer und Pahl selbst bemerkten, ist diese Typologie letztlich aus den empirischen Daten abgeleitet. Ein anderes Sample, z.B. in einer nicht-westlichen Gesellschaft, könnte hier durchaus andere Arten von Gemeinschaft hervorbringen. Es wäre durchaus möglich, dass der stark individuen-zentrierte Ansatz in anderen sozio-kulturellen Kontexten nur einen Teil der Dynamik sozialer Bezogenheiten abbilden kann. Hier ist weitergehende Forschung gefragt. Die Studie verstand sich als ein erster Schritt auf dem Weg zu einem weitergehenden Verständnis dessen, inwiefern unser Wissen über die Komplexität persönlicher Gemeinschaften Aufschluss über soziale Kohäsion und Integration in zunehmend komplexen Gesellschaften geben kann. In jedem Fall stellte sie einen wichtigen Schritt in der wachsenden theoretischen Auseinandersetzung über dieses soziale Phänomen Freundschaft dar. *(Agnes Brandt)*

5. Geschichte der Freundschaft

Christian Kühner

5.1 Einführung

Die Beschäftigung mit dem Thema Freundschaft hat im Westen eine lange Tradition; sie reicht mindestens bis in die klassische Antike zurück. Philosophische und literarische Texte fragen nach dem Wesen der Freundschaft, nach dem Unterschied von wahren und falschen Freunden, nach den Pflichten, die Freunde gegenüber einander haben.

Nähert man sich den Texten dieser Denktradition, so wird deutlich, dass Freundschaft nicht eine überzeitliche Essenz darstellt, sondern vielmehr eine Sozialbeziehung ist, die selbst historischen Wandlungen unterworfen ist. Autoren unterschiedlicher Zeiten denken nicht allein jeweils anders über das Verhältnis der Freundschaft zu anderen Themen, sondern sie verstehen unter dem Begriff der Freundschaft selbst nicht dasselbe. Eine Geschichte der Freundschaft lässt sich also nicht als eine Geschichte schreiben, in der ein unwandelbares Objekt »Freundschaft« im Verhältnis zu sich ändernden historischen Kontexten beschrieben würde, sondern sie muss die Freundschaft selbst als historisch veränderbar begreifen; andernfalls riskiert man anachronistische Fehldeutungen, die dann entstehen, wenn Freundschaften früherer Epochen an spezifisch modernen Verhaltensnormen für Freundschaften gemessen werden.

Die theoretische Beschäftigung mit Freundschaft durch die Denker einer bestimmten Epoche darf natürlich nicht umstandslos mit der sozialen Praxis von Freundschaft in der betreffenden Gesellschaft gleichgesetzt werden. Theoretische Texte über Freundschaft thematisieren oft Idealformen der Freundschaft und dürfen daher nicht einfach für Beschreibungen der Freundschaftspraxis zur Zeit ihres Autors gehalten werden; manchmal sind sie sogar, gerade weil sie eine Idealform beschreiben, implizite Kritiken an der Freundschaftspraxis ihrer Zeit. Ebenso, vielleicht noch mehr als die Ideen, sind die Freundschaftspraktiken historisch wandelbar. Die Erforschung der Freundschaftspraktiken erfordert zudem ein ausgefeiltes methodisches Instrumentarium: anders als die Theorien über Freundschaft sind die Praktiken oft nicht in Texten über Freundschaft klar beschrieben, sondern müssen durch die Analyse anderer Quellengattungen (beispielsweise Selbstzeugnisse oder auch bildliche Darstellungen) erforscht werden. Des Weiteren sind nicht alle Arten von Freundschaftsbeziehungen gleich gut greifbar: soziale Eliten hinterlassen mehr Quellenmaterial als unterprivilegierte Schichten; und Freundschaften zwischen Männern lassen sich leichter rekonstruieren als solche zwischen Frauen, für die oft nur sehr spärliches Quellenmaterial vorliegt. Die Kombination dieser beiden Faktoren bedeutet, dass die Quellenlage über Freundschaft traditionell zugunsten männlicher Elitenfreundschaften verzerrt ist.

In der Geschichtswissenschaft trat das Thema Freundschaft lange Zeit nicht in Erscheinung. So sah etwa der Historismus des 19. und frühen 20. Jahrhunderts in bedeutenden Einzelpersonen die wichtigsten Subjekte der Geschichte, während die Wirtschafts- und Sozialgeschichte, deren Aufstieg in den 1960er Jahren begann, den Schwerpunkt auf gesellschaftliche Großgruppen mit ihren vielfältigen inneren und äußeren Konflikten legte. Freundschaft als Phänomen der gesellschaftlichen Mikroebene geriet angesichts dieser Paradigmen lange nicht in den Blick. Erst in den 1970er Jahren nahm sich die historische Netzwerkanalyse des Themas der interpersonalen Beziehungen an. Diese Forschungsrichtung nahm innerhalb der Geschichtswissenschaft von der Frühneuzeitforschung ihren Ausgang. Der Schwerpunkt der Analyse lag dabei zunächst auf Patronage- und Klientelbeziehungen; in diesem Kontext geriet Freundschaft jedoch als verwandte Thematik bereits in den Blick. Die historische Netzwerkforschung führte darüber hinaus das Konzept des Gabentausches nach Marcel Mauss in die Diskussion der Geschichtswissenschaft ein. Kurz darauf setzte in den 1980er Jahren der Aufstieg der Neuen Kulturgeschichte ein, die stärker als zuvor nach zeitgenössischen Vorstellungswelten, Symbolen und symbolischen Formen, Sitten und Gebräuchen, aber auch nach Vokabular und Rhetorik der Zeitgenossen fragte. Die historische Netzwerkforschung griff diese Anregungen auf und konnte Normen und Rhetorik der Patronage offenlegen. Dabei aber geriet der Diskurs der Freundschaft in den Blick, der stark in das Feld der Patronage- und Klientelbeziehungen hineinragt. Parallel dazu hatte sich die mediävistische Forschung des Themas Freundschaft angenommen; hier geriet Freundschaft im Kontext von Diskussionen über Verwandtschaft, Liebe und Sexualität in den Blick. Die aktuelle historische Freundschaftsforschung ist geprägt von der Kombination dieser beiden Forschungstraditionen.

In der folgenden Darstellung liegt der Schwerpunkt auf der Ideengeschichte der Freundschaft, wobei hier wiederum diejenigen Texte privilegiert wurden, die ihrerseits in darauffolgenden Jahrhunderten besonders intensiv gelesen und kommentiert wurden, mithin in späteren Abschnitten der Denktradition über Freundschaft zum Objekt produktiver Auseinandersetzungen wurden. Dennoch muss die Auswahl der Texte ein Stück weit willkürlich ausfallen, und dies gilt umso mehr, je stärker sich die Darstellung der Gegenwart nähert; Grund dafür ist die insbesondere seit der Erfindung des Buchdrucks stetig zunehmende Menge der produzierten und überlieferten Texte. Während es somit relativ einfach ist anzugeben, was die wichtigsten (überlieferten!) Texte der klassischen Antike zur Freundschaft sind, ist dies für die Sattelzeit in dieser Eindeutigkeit nicht möglich. Das 20. Jahrhundert, dessen Freundschaftsformen intensiver von den modernen Sozialwissenschaften als von der Geschichtswissenschaft erforscht worden sind, wurde in die Betrachtung nicht miteinbezogen.

5.2 Eine kurze Geschichte der Freundschaft

Antike

Unter den Traditionen der Antike haben die biblische, griechische und römische Tradition der späteren europäischen Reflexion über Freundschaft wichtige Grundlagentexte geliefert. Andere antike Texte zur Freundschaft – etwa das Gilgamesch-Epos, in dem Gilgamesch und Enkidu ein Freundespaar bilden – waren aufgrund von Schrift- und Sprachbarrieren vor dem 19. Jahrhundert in Europa nicht zugänglich.

Unter den Quellen, die der westlichen Tradition Bilder, Motive und Ideen über Freundschaft geliefert haben, ist die Bibel zu nennen. Sie kennt sowohl Geschichten über Freundespaare wie David und Jonathan (1 Sam, 18-20; 2 Sam, 1), als auch die Reflexion über Freundschaft (So Sir, 6,5-17, wo bereits das später immer wiederkehrende Motiv auftaucht, dass der wahre Freund sich in Zeiten der Not als solcher herausstellt).

In der griechischen Tradition ist zunächst Homer zu nennen. Die Freundespaare der homerischen Epen verbindet eine heroische Kriegerfreundschaft. Aber auch wenn diese Kampfgefährten durch äußerliche Umstände, nämlich den Krieg, aneinander gebunden sind, so finden sich dennoch unter ihnen auch Freundespaare, deren Bindung besonders eng ist. Das bekannteste dieser Paare istAchilles und Patroklos. Zwar besteht zwischen beiden eine deutliche Ungleichheit – es ist klar, dass Achilles der Anführer und Patroklos der Gefolgsmann ist – doch sind sie einander durchaus auch ähnlich. Einen Höhepunkt erreicht diese Ähnlichkeit in jener Szene der Ilias, als Patroklos die Rüstung des Achilles anlegt, in ihr zum Kampf gegen die Troer auszieht und in der Schlacht umkommt. In der Forschung ist das Verhältnis von Achilles und Patroklos bei Homer als Ursprung des Motivs vom Freund als »alter ego« gewertet worden, das bei Aristoteles ausformuliert wird und in der Ideengeschichte der Freundschaft fortan einflussreich gewesen ist (Konstan 1997: 41; Schinkel

2003: 164). Ein weiterer Aspekt der Freundschaft, der sich in der Ilias und insbesondere – angesichts der Irrfahrten des Odysseus, während derer er oft in der Fremde um Aufnahme bitten muss – in der Odyssee findet, ist die Gastfreundschaft. Hier wird sie als eine Bindung porträtiert, die weit über das Gewähren von Verpflegung und Nachtlager hinausreicht; der zum Gastfreund gewordene Fremde erhält zum Abschied Geschenke. Damit ist ein Gabentausch eingeleitet. Die gastfreundschaftliche Verbindung war auf Dauer angelegt und konnte sogar an die Nachkommen vererbt werden (Schinkel 2003: 164-167).

> Nicht gleich werde der Freund wie der leibliche Bruder geachtet. Doch wenn du einen erkohrst, dann nimmer zuerst ihn beleidigt, gleit auch nimmer ein Lug von der Zunge dir. Aber beginnst du, ihm mit Worten das Herz zu belästigen, oder mit Thaten; Zwiefach dann ihm büßen, gedenke du. Wenn er zuerst nun wieder zur Freundschaft kehrt, und Ersatz anbiethet, wie recht ist; Nimm ihn auf. [...] (Hesiod 1871: 40-41)

Auch in der griechischen Mythologie finden sich vorbildliche Freundespaare, wie etwa Orest und Pylades, die etwa bei Euripides gegenseitig mit ihrem Leben füreinander einstehen (Schinkel 2003: 174) oder Theseus und Peirithoos. Bei Hesiod findet sich die Freundschaft ebenfalls thematisiert. Im Gegensatz zu Homer, dessen Helden vor allem der kriegerischen Oberschicht entstammen, sind Hesiods »Werke und Tage« jedoch in einer bäuerlichen Lebenswelt verortet. Freundschaft erscheint hier vor allem als pragmatische Nachbarschaftshilfe (Schinkel 2003: 168-170).

Bestimmend für die spätere Beschäftigung mit Freundschaft ist insbesondere die Behandlung der Freundschaft in der griechischen Philosophie geworden; hier sind vor allem Plato und Aristoteles zu nennen. Im »Lysis«, einem Dialog, in dem Plato Sokrates und seinen Schüler Lysis über die Freundschaft diskutieren lässt, wird die Frage nach dem Grund der Freundschaft gestellt. Dabei stellt sich heraus, dass weder der Nutzen noch die Zuneigung Grund der Freundschaft sind; als dieser Grund erscheint vielmehr das Streben nach dem Guten. Das Gute selbst ist das erste Geliebte, das »proton philon«. Dadurch wird zum einen verständlich, warum der vollkommen Gute keine Freunde braucht, und zum anderen, warum der Nutzen in der Freundschaft nicht unbedingt schlecht ist, nämlich dann, wenn er darin besteht, dass man von den Qualitäten des Freundes lernt und somit selbst dem Guten näherkommt (Schinkel 2003: 179-183; Rapsch 2004: 24-26).

Die »Nikomachische Ethik« des Aristoteles ist der eigentliche Grundlagentext der westlichen Tradition der Beschäftigung mit dem Thema Freundschaft. Der Philosoph entwickelt hier die Einteilung in drei Formen der Freundschaft. Der auf der Lust und der auf dem Nutzen beruhenden Freundschaft steht die auf der Tugend beruhende gegenüber; nur die Letztere gilt als die wahre, vollkommene Freundschaft. Der Begriff des Nutzens ist bei Aristoteles deutlich enger gefasst als bei Platon: es geht um einen klar materiellen Nutzen, nicht um andere Formen wie die seelische Bereicherung durch die Beziehung zum Freund. Die Wirkung von Aristoteles' Freundschafts-konzeption auf die Ideengeschichte der Freundschaft im Westen kann kaum überschätzt werden. Besonders wichtige Aspekte seiner Auffassung, die fortgewirkt haben, sind die Einteilung der Freundschaft in verschiedene Formen, von denen manche höher, manche geringer zu schätzen sind; die Abwertung des Nutzenaspekts in der Freundschaft; und die Idee, dass wahre Freundschaft nur zwischen Tugendhaften möglich sei.

> Die vollkommenste Zuneigung aber ist die, die Menschen von edler Art und gleicher sittlicher Gesinnung verbindet. Diese wünschen einander als Menschen von edler Gesinnung gleichmäßig alles Gute, und von edler Gesinnung zu sein macht ihr Wesen aus. Das aber bezeichnet die innigste Freundschaft, den Freunden alles Gute zu wünschen rein um ihrer selbst willen; denn da gilt die Zuneigung der Persönlichkeit selbst abgesehen von Nebenrücksichten. Zwischen ihnen bleibt darum die Freundschaft bestehen, solange sie edel gesinnt sind; sittliche Gesinnung aber ist beständig. (Aristoteles 1909: 171-173)

Unter den Schriften zur Freundschaft, die die römische Antike hervorgebracht hat, ist insbesondere Ciceros »Laelius de amicitia« zu nennen. Scipio und Laelius stellen ein weiteres jener idealisierten Freundespaare dar, die in der europäischen Denktradition immer wieder auftauchen und von späteren Epochen nach Belieben aufgegriffen werden können, wenn von vorbildlicher Freundschaft die Rede sein soll. Weitere Denker der klassischen Antike, die sich mit dem Thema Freundschaft befassen, sind Plutarch, der in den »Moralia« sowohl das Problem aufwirft, wie der Freund vom Schmeichler zu unterscheiden sei, als auch die Frage, wie viele echte Freunde man haben kann; und im weiteren Sinne auch Seneca, der in »De Beneficiis« über das Erweisen und Vergelten von Wohltaten nachdenkt. Diese antike Denktradition brach mit der Christianisierung des Römischen Reiches durchaus nicht ab; vielmehr wurde sie in der Spätantike christlich überformt und umgeformt und somit zur Basis des mittelalterlichen Denkens über Freundschaft.

Mittelalter

Im Mittelalter findet sich Freundschaft zum einen in literarischen, zum anderen in philosophischen Texten thematisiert – wobei diese zwar einerseits die antike Denktradition zur Freundschaft fortsetzen, sie aber andererseits umformen, indem sie sie in den Kontext der christlichen Theologie stellen. Insbesondere in den literarischen Texten der früheren Phasen des Mittelalters findet sich – den Epen der Antike letztlich nicht unähnlich – oft eine heroische Kriegerfreundschaft beschrieben. Als Beispiel können Roland und Olivier im Rolandslied dienen. Diese in der Zeit der Kreuzzüge verfasste *Chanson de geste* schildert die Feldzüge Karls des Großen gegen die muslimischen Herrscher Spaniens; entsprechend dem Klima der Zeit sind die Rollen klar verteilt, die Sarazenen werden als hinterhältige, Abgötter anbetende Bösewichte dargestellt. Roland und Olivier sichern die Nachhut des aus Spanien nach Frankreich heimkehrenden fränkischen Heeres; dabei werden sie von den Sarazenen überfallen. Roland und Olivier kämpfen Seite an Seite; der tödlich verwundete Olivier stirbt in Rolands Armen – kurze Zeit später stirbt Roland selbst im Kampf gegen die Übermacht der Feinde. Der mit dem Hauptheer zurückkehrende Karl der Große kann zwar die entscheidende Schlacht gewinnen, findet aber seine Nachhut tot vor. Die Freundschaft zwischen Roland und Olivier hat nichts von einer gegenseitigen Seelenöffnung, sie ist nicht empfindsam.Sie ist auch nicht unbedingt eine Tugendfreundschaft im antiken Sinne, die Freunde diskutieren nicht miteinander und lernen nicht voneinander. Freundschaft manifestiert sich in der geschilderten kriegerischen Lebenswelt, in der Bewährung im Kampf gegen einen gemeinsamen Feind – notfalls, wie im Fall von Roland und Olivier, bis zum Tod.

> Dank sei daher dem Herrn, daß er endlich die Gnade gewährte, Dich mir zum Freund zu machen. Nun besteht nämlich zwischen uns eine »Übereinstimmung in irdischen und göttlichen Dingen mit Wohlwollen und Liebe« in Christus Jesus, unserem Herrn, unserem wahrhaftigen Frieden. Dieser faßte mit zwei Weisungen alle göttlichen Verkündigungen zusammen, indem er sagte: »Du sollst den Herrn, Deinen Gott, aus Deinem ganzen Herzen und aus Deiner ganzen Seele und aus Deinem ganzen Verstand lieben« und: »Du sollst Deinen Nächsten lieben wie Dich selbst; an diesen beiden Weisungen hängt das ganze Gesetz und die Propheten.« Auf jenem ersten [Gebot] beruht die Übereinstimmung mit Wohlwollen und Liebe in göttlichen, auf diesem zweiten die in irdischen Dingen. Wenn Du mit mir sehr beharrlich an diesen beiden [Geboten] festhältst, wird unsere Freundschaft wahrhaftig und ewig sein und wird uns nicht nur gegenseitig verbinden, sondern auch mit dem Herrn selbst. (Augustinus, Brief 258, zitiert nach: Stefan Ihli, 2002: o.S.)

Neben der literarischen Behandlung der Freundschaft läuft die philosophische Reflexion über Freundschaft weiter, die nun aber anders als in der Antike auch eine theologische Reflexion über Freundschaft ist. Dabei sind das Freundschaftsbild der mittelalterlichen Literatur und jenes der mittelalterlichen Philosophie und Theologie kaum auf einen Nenner zu bringen; dies mag als – besonders deutliches – Beispiel dafür dienen, dass die Rede von der

Freundschaftskonzeption eines bestimmten Zeitalters eine Vereinfachung zu heuristischen Zwecken darstellt. Konzeptionen und Praktiken von Freundschaft variieren nicht nur in der Zeit (und im Übrigen auch im Raum), sondern können sich auch zwischen verschiedenen sozialen Milieus innerhalb einer Gesellschaft radikal unterscheiden. Es ist daher nicht erstaunlich, dass die Vorstellungen von Freundschaft im adligen Milieu des Mittelalters, die militärisch geprägt sind, von den philosophischen Konzeptionen abweichen, die von Klerikern erarbeitet wurden.

In der philosophischen Tradition stellt der Kirchenvater Augustinus die Schnittstelle zwischen antiker und mittelalterlicher Freundschaftsauffassung dar. Der Bischof von Hippo ist derjenige Denker der Spätantike, der die antike Denktradition zur Freundschaft aufnimmt, sie im Sinne der christlichen Theologie umformt und damit das Grundmodell vorgibt, innerhalb dessen sich die mittelalterliche philosophisch-theologische Reflexion über Freundschaft bewegt. Augustinus schließt insofern an Aristoteles und Cicero an, da auch er sich gegen die Nutzenfreundschaft wendet. Er weicht dann aber vom Modell der klassischen Antike dadurch ab, dass bei ihm die vollkommene Freundschaft nicht mehr durch die Tugend begründet ist, sondern durch die Liebe zu Gott. In der Freundschaft finden bei Aristoteles Gottes- und Nächstenliebe zueinander; die Liebe der beiden Freunde zueinander wird überwölbt durch die gemeinsame Liebe beider Freunde zu Gott (Schinkel 2003: 211-219; Rapsch 2004: 35-38). Die wichtigsten beiden Autoren, die im weiteren Verlauf des Mittelalters das Thema Freundschaft aufgreifen, sind Aelred von Rieval und Thomas von Aquin.

Im 12. Jahrhundert reflektiert der Zisterzienserabt Aelred von Rieval über die Freundschaft in seiner Schrift »De spirituali amicitia«. Bei Aelred gibt es wie schon bei Aristoteles drei Formen der Freundschaft. Am niedrigsten steht die fleischliche Freundschaft, die auf Vergnügen und gemeinsamen Genuss zielt. Etwas höher rangiert die weltliche Freundschaft, die ein Bündnis ist, das auf den Nutzen abzielt; wenn dieser gerecht unter den Freunden verteilt ist, wohnt ihr wenigstens ein gewisser Wert inne. Die höchste Form der Freundschaft aber ist die geistliche Freundschaft. Auch bei Aelred taucht der schon bei Augustinus eingeführte Begriff der *caritas* auf. Aelred aber scheidet nun die Sphären: während die Freundschaft (*amicitia*) nur unter denen möglich ist, die gläubig und tugendhaft sind, gilt die *caritas* allen Menschen. Auch bei Aelred ist die wahre Freundschaft eingebettet in die Liebe zwischen Gott und Menschen; die Freundschaft findet ihre Vervollkommnung in der *unio mystica*, der gemeinsamen Freundschaft beider Freunde mit Christus (Schinkel 2003: 224-230).

Im 13. Jahrhundert widmet Thomas von Aquin der Freundschaft im Rahmen der »Summa Theologiae« eine Betrachtung, wobei er auf Aristoteles, Augustinus und die bisherige mittelalterliche Reflexion über Freundschaft zurückgreift. Der Aquinat differenziert die Unterscheidung in verschiedene Arten der Freundschaft weiter aus als viele seiner Vorgänger, und zwar gibt es in seinem Modell sechs Arten der Freundschaft. Die höchste ist – wie schon bei früheren mittelalterlichen Denkern – die Freundschaft des gläubigen Menschen mit Gott. Darunter folgen als die drei Arten der Menschenfreundschaft, die Tugend-, Nutzen- und Lustfreundschaft, wie sie bei Aristoteles beschrieben werden. Des Weiteren gibt es die Nächstenliebe, die sich auf alle Menschen erstreckt, und schließlich die Freundlichkeit (*affabilitas*), die eine Tugend im gesellschaftlichen Umgang ist (Schinkel 2003: 230-235; Rapsch 2004: 38-40).

Mit dem Ende des Mittelalters endet die auf die Theologie zentrierte Diskussion über Freundschaft zwar nicht; die prominentesten Texte über Freundschaft kommen aber fortan aus anderen Richtungen. Von der Renaissance an schreiben mehr und mehr gebildete Laien, und nicht mehr nur Kleriker, über Freundschaft; es sind vor allem ihre Texte, die in der Moderne als wichtige Reflexionen über Freundschaft in der Frühen Neuzeit wahrgenommen wurden. Auch die Genres verändern sich somit; neben Abhandlungen in der Tradition der Scholastik treten nun Essays, Maximen und Aphorismen in den Vordergrund.

> Aphorismus 113: Sich in den guten Zeiten auf die schlechten vorbereiten. Der Schiedsspruch lautet, im Sommer mit größerer Gemächlichkeit die Vorsorge für den Winter zu treffen. Preiswert sind dann die Gefallen und Freundschaften gibt es im Überfluss. Gut ist es für die schlechten Tage einzuwecken, denn dann sind Widrigkeiten kostspielig und es fehlt an allem. Habe Rücklage an Freunden und Dankesschuldigen, denn was heute nicht gebraucht wird, daran wird es eines Tages fehlen. Die Schurkerei dagegen hat niemals Freunde: Im Wohlstand nicht, weil sie sie verleugnet, in der Widrigkeit nicht, weil man sie verleugnet.
> (Gracián y Morales 1647: o.S. Passage übersetzt von Janosch Schobin)

Frühe Neuzeit

Von den Texten, die die europäische Renaissance zur Freundschaft hervorgebracht hat, hatte Michel de Montaignes Essay über die Freundschaft den bei Weitem intensivsten Einfluss auf spätere Epochen. Montaigne wendet sich in diesem Text von der traditionellen Idee der Tugendfreundschaft ab und gründet die Freundschaft auf eine radikale Subjektivität. Zur Begründung, warum er und Etienne de La Boétie Freunde wurden, schreibt er lapidar: »Parce que c'était lui, parce que c'était moi.« (»Weil er es war, weil ich es war.«) Freundschaft hat hier keine Begründung in den Vorzügen des Freundes mehr; zwei Seelen, die füreinander bestimmt sind, finden einander. Montaignes Text ist immer wieder als repräsentativ für die Freundschaften seiner Zeit missverstanden worden; der Autor betont jedoch, dass er die Freundschaft zu La Boétie nicht nur als etwas sieht, was ihm selbst nur einmal im Leben begegnet sei, sondern der Ansicht sei, dass solche Freundschaften nur alle dreihundert Jahre einmal vorkämen. Von dem, was gemeinhin Freundschaft genannt wird, grenzt er sie scharf ab. Welche Beziehungsformen Montaigne dabei im Auge hat, verdeutlicht ein Blick auf die Hofmannstraktatistik der Frühen Neuzeit, die ein wesentlich pragmatischeres Verständnis von Freundschaft pflegt. Die Hofmannstraktate – zu nennen sind als einflussreiche Texte etwa Baldassare Castigliones »Il Cortegiano«, Giovanni Della Casas »Il Galateo« und später Nicolas Farets »L'Honnête homme ou l'Art de plaire à la cour« – sind nicht primär Abhandlungen über die Freundschaft; vielmehr geben sie Anleitungen, wie ein Adliger am Hof zu einem erfolgreichen Höfling werden kann. Es geht darum, die Gunst des Herrschers zu erlangen, womöglich sogar zu seinem Favoriten zu werden. Ziel des Höflings ist es, die Freundschaft des Fürsten zu gewinnen: Aber kann es eine Freundschaft zwischen Herrscher und Untertan überhaupt geben? Zugleich ist der Hof aber auch die Gesellschaft der anderen Höflinge: hier gilt es, geschickt Allianzen zu knüpfen, einen guten Ruf zu erlangen, aber auch, sich vor den Intrigen seiner Feinde zu schützen. In Baltasar Gracián y Morales' »Oráculo manual y arte de la prudencia« steigert sich dieses pragmatische Programm der Hofmannstraktate zum Zynismus. Freundschaft bei Hofe erscheint nur noch als Kunst der Verstellung; es geht darum, die falschen Freunde zu durchschauen und zu entlarven, sich vor ihren Machenschaften zu schützen. Konzeptuell ist Freundschaft für die stark politisierten Beziehungen der Adligen und Höflinge einerseits das positive Gegenstück zur Feindschaft, andererseits ein politisches Bündnis. Erst wenn man Montaignes Text in der Zusammenschau mit der Hofmannstraktatistik sieht, wird klar, wie sehr sein Text eine idealisierte Ausnahme-Freundschaft beschreibt. Allen Idealisierungen zum Trotz fällt zudem ein Aspekt auf, der die abendländische Denktradition zur Freundschaft manchmal explizit, noch öfter aber implizit durchzieht: Der Text ist offen misogyn. Montaigne argumentiert, dass die Liebe zwischen Mann und Frau theoretisch der Freundschaft noch überlegen sein könnte, weil der vollkommene Einklang der Seelen dann noch ergänzt würde durch das körperliche Begehren; in der Praxis sei dies aber nicht möglich, da Frauen zur echten Freundschaft nicht fähig seien.

Hierzu kommt dann noch, daß, die Wahrheit zu sagen, das schöne Geschlecht gewöhnlicherweise nicht hinlänglichen Stoff zur Unterhaltung besitzt, um dem Bedürfnis der Ideenmitteilung im täglichen Umgang, der Stärkung dieses heiligen Bandes, zu entsprechen; dabei scheinen ihre Seelen nicht fest genug zu sein, um den Druck eines so scharf geschürzten und dauerhaften Knotens auszuhalten. Und wahrlich, wenn ohne diese Unbequemlichkeiten ein solches freies ungezwungenes Bündnis geschlossen werden könnte, in welchem die Seelen nicht nur diesen völligen Genuß hätten, sondern wo auch die Körper ihren Teil an

> der Vereinigung nähmen und wo also der ganze Mensch in Wirksamkeit wäre – so ist gewiß, daß die Freundschaft dadurch an Fülle und Vollkommenheit gewinnen müßte. Aber die schöne Hälfte der Schöpfung ist noch durch kein Beispiel bis dahin gelangt und ist von den Schulen des Altertums davon ausgeschlossen. (Montaigne 1793: o.S.)

So formuliert Montaigne etwas aus, was vielen klassischen Texten zur Freundschaft unausgesprochen zugrunde liegt: Echte Freundschaft wird in der abendländischen Tradition als Männerfreundschaft gedacht, und zwar ist das vielen Denkern so selbstverständlich, dass es gar nicht eigens ausgesprochen werden muss. Die Frage der Freundschaft zwischen Mann und Frau taucht selten auf; über die Freundschaft zwischen Frauen schließlich herrscht weitgehend Schweigen. Bei der Analyse der Denktradition über die Freundschaft ist somit zu berücksichtigen, dass die Tatsache, dass die Reflexion über die Freundschaft oft eigentümlich geschlechtslos erscheint, so gedeutet werden kann, dass den Autoren der Umstand, dass von Männerfreundschaft die Rede ist, selbstverständlich erscheint (Zur Geschlechterthematik in der Geschichte der Freundschaft Vincent-Buffault 2010: 201-257).

Montaignes Text war bereits unter seinen Zeitgenossen einflussreich; so nennt Francis Bacon sein 1597 erstmals erschienenes und 1612 und 1625 erweitertes Werk in Anschluss an Montaigne »Essais«; er greift auch das Thema der Freundschaft wieder auf. Dabei diskutiert er die Frage nach dem Nutzen in Freundschaften ebenso wie er die Frage nach der Unterscheidung von Freunden und Schmeichlern wieder aufnimmt, die schon bei Plutarch auftaucht. Bacons Sicht der Freundschaft ist positiv: er rühmt die vielen positiven Aspekte, die es mit sich bringt, wenn man einen wahren Freund findet. Gegenüber dem Lob auf die wahre Freundschaft, das Montaigne und Bacon anstimmen, trübt sich die Sicht auf die Freundschaft im weiteren Verlauf des 17. Jahrhunderts merklich ein. Im 17. Jahrhundert entsteht insbesondere in Frankreich im Umkreis der höfischen Gesellschaft eine Maximen- und Aphorismenliteratur. Wichtige Vertreter dieser Richtung sind La Rochefoucauld, Autor der »Maximen und Reflexionen«, und La Bruyère, Autor der »Charaktere«. Diese Literatur zeichnet – im Anschluss an die Hofmannstraktatistik – ein düsteres Bild der Freundschaft. Sie erscheint im Wesentlichen als Heuchelei und Verstellung, als Bemäntelung egoistischer Karriereambitionen.

Den pessimistischen und düsteren Freundschaftskonzeptionen des 17. Jahrhunderts setzt die Aufklärung des 18. Jahrhunderts ein nüchterneres Bild entgegen. Freundschaft soll fortan auf Vernunft gegründet sein. Dieser Wandel der Sichtweise auf die Freundschaft entspricht der Verschiebung des Menschenbildes weg von der Konzeption des Barock, die menschliche Schwächen und Laster als dauerhafte Charakterzüge gesehen hatte, hin zur aufklärerischen

Auffassung, die dem Menschen vielmehr eine Fähigkeit zur Selbstverbesserung zuschreibt. So begegnet etwa Christian Thomasius der pessimistischen Freundschaftsauffassung des Barock in seinem Traktat »Kurzer Entwurf der politischen Klugheit« (1728) mit einer Freundschaftslehre, die zugleich pragmatisch und abgeklärt ist, und dies obwohl sie in Teilen noch in der Tradition der Hofmannstraktatistik steht. Auch Thomasius kennt weiterhin den Typus der vornehmlich nutzenorientierten Freundschaft, die auf materielle Hilfeleistung abzielt; nur sei hier der Charakter des Freundes von untergeordneter Bedeutung. Dagegen stellt er die Freundschaft unter den Klugen; allein diese ziele auf gegenseitige charakterliche Vervollkommnung ab (Schinkel 2003: 298-305).

> §.2. Denn wie auf dieser Welt kein ganz vollkommener weiser Mann zu finden, also findet sich auch kein ganz vollkommener Freund. Und wie derjenige, bey dem sich wenig Thorheit findet, die Stelle des Weisen vertreten muß, also fängt derjenige, der die wenigste Feindschaft gegen mich heget, an, mein Freund zu heissen,welche Freundschaft dergestalt durch Conversation zu unterhalten, daß sie mehr und mehr zunehme. (Thomasius 1728: 173)

Am Fall Thomasius lässt sich Folgendes ablesen: In der Aufklärung verschränkt sich das humanistische und das höfische Modell der Freundschaft indem auf die antike Tradition der Tugendfreundschaft zurückgegriffen wird. Das lässt sich etwa daran erkennen, dass Thomasius sich ausführlich mit dem traditionellen Problem beschäftigt, wie man den Freund vom Schmeichler unterscheidet und wie man wahre und falsche Freunde auseinanderhält, das spätestens seit Plutarch (siehe oben) zum diskursiven Erbe der Tugendfreundschaft gehört. Im weiteren Verlauf des 18. Jahrhunderts treten jedoch tiefgreifende Verschiebungen der Freundschaftsauffassung auf, die die hergebrachten Problematiken der Hofmannstraktatistik in den Hintergrund und neue, zunehmend auf den Bereich des Gefühls zielende Fragen in den Vordergrund rücken.

Von der Sattelzeit über die Romantik zur Moderne

Das späte 18. und frühe 19. Jahrhundert bringen mit dem empfindsamen Freundschaftskult eine wichtige neue Form des Verhältnisses zur Freundschaft hervor. Die vernunftbetonte Freundschaftstheorie der Aufklärung lädt sich in den Epochen des Sturm und Drang und der Romantik stärker mit gefühlsbetonten, irrationalen Elementen auf. Hatte die Antike die Tugend als Grundlage der Freundschaft betont, das Mittelalter den gemeinsamen Glauben in den Mittelpunkt gestellt und die Frühe Neuzeit in Auseinandersetzung mit diesem Erbe und unter dem Eindruck der höfischen Gesellschaft Freundschaftstheorien entwickelt, in denen neben den charakterlichen Vorzügen des Freundes auch strategische Elemente eine große Rolle spielten, so betont die Romantik nun die irreduzible Individualität der Freunde. Einen wahren Freund, so sehen es die Romantiker, erkennt man nicht an seinen Tugenden, sondern man findet ihn intuitiv, weil man sich aufgrund der Seelenverwandtschaft zu ihm hingezogen fühlt.

> Rahel Varnhagen an Frau von Boye in Stralsund, Berlin, Mitte Juli 1800:
> Wie kömmst du darauf, meine liebe Freundin, nicht zu wissen, daß ich von deiner Treue und Liebe überzeugt bin?! – Jeder Mensch trägt sein Schicksal in sich: das sind Wünsche, nach Dingen, ohne die wir nicht weiter leben können. So, mußtest du fort; und mich verlassen; oder vielmehr aus den Augen lassen.[...]. (Varnhagen 2010: 78)

Das von Montaigne im 16. Jahrhundert vorgedachte (und von ihm selbst als große Ausnahme konzipierte) Freundschaftsmodell wird nun im literarisch-philosophischen Diskurs über Freundschaft hegemonial. Als Essenz der Freundschaft gelten nun gegenseitige Seelenöffnung und das Bekennen der Gefühle. Man erzählt dem Freund auch und gerade die eigenen Ängste und Selbstzweifel. Es ergibt sich somit eine Verschiebung weg von einem frühneuzeitlichen Freundschaftsmodell, das einen starken Akzent auf Loyalität als Prüfstein der Freundschaft gelegt hatte, hin zu einem romantischen Modell, in dem Intimität als Hauptcharakteristikum der wahren Freundschaft gilt (dazu: Kühner 2013). Jean-Jacques Rousseau betont in diesem Sinne, in der Freundschaft interessiere ihn ausschließlich das Gefühl, nicht die Freundschaftsdienste (Vincent-Buffault 2010: 121-122).

Man kann diese Verschiebung in der Freundschaft einem unspezifischen »Zeitgeist« zuschreiben (wodurch sie aber nicht erklärt wird). Dagegen ist in der Forschung die Ansicht geäußert worden, die moderne, materiell weitgehend zweckfreie Freundschaft werde erst durch bestimmte technische und organisatorische Neuerungen der Sattelzeit überhaupt möglich. In dieser Perspektive ermöglichen erst der Aufstieg des modernen Staates und mit ihm des Marktes den wirtschaftlichen Austausch unter Fremden oder weitgehend Fremden, ohne dass dieser durch persönliches Vertrauen abgesichert werden muss. Wirtschaftliche Transaktionen würden somit versachlicht und im Gegenzug die Freundschaft von der Funktion entlastet, wesentliche Komponente eines Netzwerks gegenseitiger Hilfeleistung zu sein; innerhalb dieser von ihren materiellen Aufgaben weitgehend befreiten Freundschaftsbeziehungen würde nun die emotionale Vertiefung der Beziehungen möglich (vgl. Silver 1997).

Mit der Betonung der emotionalen Vertiefung der Freundschaft in der Romantik schwindet auch die Bedeutung des Themas Feindschaft in der Reflexion über die Freundschaft; mit der Verengung der Freundschaft auf den Seelenverwandten verschwindet die Symmetrie der Beziehungen Freundschaft und Feindschaft. Erst die Sattelzeit bringt auch die Verklärung der Jugendfreundschaft hervor, die im Zuge einer allgemeineren Romantisierung der Jugend aufkommt. Frühere Zeitalter weisen Jugendfreundschaften keinen besonderen Platz zu; die idealisierten Freundschaften sind für gewöhnlich Freundschaften zwischen erwachsenen Männern. Nun aber kommt die Idee auf, dass das Erwachsenwerden auch bedeutet, moralische Kompromisse eingehen zu müssen und sich an vorgegebene gesellschaftliche Ordnungen anzupassen, die man vielleicht ablehnt. Im Umkehrschluss heißt das, dass die Freundschaft in der Jugendzeit, in der man sich noch nicht kompromittieren muss und sich gesellschaftlichen Zwängen mehr entziehen kann als später, am schönsten blüht (zur Jugendfreundschaft seit der Sattelzeit Vincent-Buffault 2010: 53-200).

Viele der Ausdrucksformen der empfindsamen und romantischen Freundschaft erscheinen aus heutiger Sicht exaltiert, etwa wenn Tempel der Freundschaft errichtet werden. Freundschaft wird in Briefen an den Freund sentimental ausgestaltet, und eine neue empfindsame Briefkultur der Freundschaft entsteht (Vincent-Buffault 2010: 111-112). Sie ist gekennzeichnet durch sentimentales Vokabular und durch eine bewusste Durchbrechung der zeremoniellen Höflichkeitsformeln, die die Briefkultur der Frühen Neuzeit bis dahin ausgezeichnet hatten. In Deutschland zelebrieren diese empfindsame Freundschaft insbesondere die beiden Dichter Johann Wilhelm Ludwig Gleim und Johann Georg Jacobi. Sie führen einen Freundschaftsbriefwechsel voller überschwänglicher Bekundungen der Zuneigung, der schon zu ihren Lebzeiten veröffentlicht wird.

> Herr Jacobi an Herrn Gleim. Halle den 24. August 1767.
> Ja mein lieber Freund, Freundschaft ist nicht weit von Liebe. Alles hab' ich bey Ihrem Abschiede empfunden, was ein Liebhaber empfinden kann, selbst die kleinen Umstände nicht ausgenommen, die für ihn so interessant sind. Wie traurig war der letzte Abend, da Sie uns verließen! [...](Gleim/Jacobi 1768: 12)

In den »Monologen« aus dem Jahre 1800 entwirft Friedrich Schleiermacher (1978) eine eigene Anschauung der Freundschaft. Er betont ebenfalls die Innerlichkeit in der Freundschaft, nicht den äußerlichen Nutzen. Er kritisiert vielmehr die auf materielle Hilfeleistung gerichteten Freundschaften, in denen der Blick auf das Innere des Freundes fehle. In den Freundschaften, die Schleiermacher hochschätzt, herrscht hingegen eine rückhaltlose Offenheit gegenüber dem Freund und eine Hingabe des eigenen Empfindens an ihn, das keine Vorsichtsmaßregeln kennt. Die beiden Freunde erhöhen sich gegenseitig, indem sie sich gegenseitig geistig-seelisch bereichern. Schleiermacher legt einen starken Akzent auf die Mannigfaltigkeit, Reichhaltigkeit und Vielgestaltigkeit des Seelenlebens des Einzelnen; aus dieser Perspektive wird klar, dass die Freundschaft als Begegnung zweier innerlich reicher Persönlichkeiten ein großes Potenzial zur gegenseitigen charakterlichen Bildung und Bereicherung hat. Freundschaft ist für Schleiermacher eine Gemeinschaft der Freunde; dabei sind gegenseitige innerliche Bereicherung und Gemeinschaft nicht eine Abfolge von Ursache und Wirkung, sie sind vielmehr Teile des größeren Ganzen der Freundschaft (Schinkel 2003: 355-366).

Fast zeitgleich mit Schleiermacher gibt Friedrich Hölderlin der empfindsamen Freundschaftsauffassung Ausdruck. In dem Roman »Hyperion« aus den Jahren 1797-1799 beschreibt er die leidenschaftliche Freundschaft der beiden Freunde Hyperion und Alabanda, die miteinander an dem erfolglosen griechischen Aufstand des Jahres 1770 gegen die osmanische Herrschaft teilnehmen (Hölderlin 1995). Anders als die Kriegerfreundschaften der literarischen Zeugnisse früherer Epochen ist diese Beziehung jedoch nicht ausschließlich auf den gemeinsamen Kampf zentriert, sondern die beiden Freunde öffnen sich einander tiefgreifend. Der Roman thematisiert zudem eine zweite charakteristische Problematik, die mit der Verschiebung der Beziehungskonzepte der Sattelzeit aufkommt, nämlich die Spannung zwischen romantischer Freundschaft und romantischer Liebe. Nachdem Hyperion und die schöne Diotima ein Paar geworden sind, verlässt Alabanda Hyperion: er erläutert ihm, dass er das Glück des Paares nicht stören möchte (Schinkel 2003: 366-384). Frühneuzeitliche Konzeptionen, die die Liebe im Sinne von Niklas Luhmanns »Liebe als Passion« als ohnehin vergängliche Leidenschaft konzeptualisiert hatten, sehen hier selten ein Problem: die Frage, wie man dem Freund und dem Liebespartner gleichzeitig gerecht werden kann oder ob man zwischen Freundschaft und Liebe wählen muss, stellt sich erst, als beide Beziehungen in der Romantik emotional und moralisch hoch aufgeladen werden.

Hölderlins Helden, die gemeinsam kämpfen, weisen bereits auf eine andere Ausformung der Freundschaft hin, die an der Wende vom 18. zum 19. Jahrhundert entsteht: die revolutionäre Brüderlichkeit. Ihren vielleicht radikalsten Ausdruck findet sie in Saint-Justs »Fragments sur les institutions républicaines«, in denen der Autor eine neue Ordnung der Freundschaft entwirft: jeder Erwachsene soll öffentlich erklären, wer seine Freunde sind; Freunde sollen im Kampf nebeneinander platziert werden; wer keine Freunde hat, wer sich gegenüber seinen Freunden undankbar verhält oder wer erklärtermaßen nicht an die Freundschaft glaubt, soll verbannt werden. Die empfindsame und romantische Freundschaft muss somit nicht zwingend eine entpolitisierte, biedermeierliche Innerlichkeit zum Kontext haben; eine mögliche Konsequenz aus der neuen Betonung der wahren und aufrichtigen Freundschaft kann auch sein, die Veränderung als überlebt angesehener gesellschaftlicher Strukturen zu fordern.

Die Freundschaftsauffassung, die in der Romantik ausgebildet worden war, wird in der Moderne zwar pragmatisch redimensioniert, dennoch bleibt das

Ideal einer vorwiegend auf Aufrichtigkeit und Zuneigung, nicht Interessen und gegenseitige Hilfe gegründeten Freundschaft seither dominant. Die Sattelzeit bildet in dieser Hinsicht eine Wasserscheide; die Interpretation der vor ihr liegenden Freundschaftsformen erfordert daher die Dekonstruktion der modernen Freundschaftsauffassung als vorgängigen Schritt.

5.3 Ausblick

Abschließend sollen einige Themen skizziert werden, die die historische Freundschaftsforschung derzeit beschäftigen oder als neue Forschungsprobleme auftauchen. Schwerpunkte der bisherigen Freundschaftsforschung waren die Ideengeschichte der Freundschaft (wobei an Vorarbeiten und parallele Forschungen aus Philosophie und Literaturwissenschaft angeknüpft werden konnte), der Gabentausch und die Einbindung der Freundschaft in Netzwerke, insbesondere in solche der Patronage (durch die historische Netzwerkanalyse), sowie die Praktiken, Symbole, Gesten und Rhetorik der Freundschaft (in der Stoßrichtung der Neuen Kulturgeschichte). Bisherige Forschungen haben sich aber stark auf Freundespaare konzentriert. Die Forschung wendet sich in jüngster Zeit stärker Freundesgruppen, Bünden und ähnlichen Strukturen zu, die mal weniger (Freundeskreise, Zirkel), mal mehr (Männerbünde, Freimaurerlogen, Geheimgesellschaften) organisiert und institutionalisiert sind. Das berührt eine weitere Frage, nämlich diejenige, wie generell Institutionen und Organisationen die Freundschaftsbindungen beeinflussen, die zwischen Individuen innerhalb dieser Strukturen entstehen. Wie beeinflussen z.B. der Hof, das Kloster oder die Schule als organisatorischer Rahmen Freundschaften unter Höflingen, Mönchen oder Schülern? Das lenkt den Blick auf ein drittes Forschungsproblem, dem zunehmend Bedeutung zukommt: aufgrund der Quellenlage hatten sich bisherige Forschungen zur Freundschaft schwerpunktmäßig auf Eliten konzentriert – seien es politische Eliten, die oft umfangreiches Archivmaterial hinterlassen, oder intellektuelle Eliten, die theoretische Reflexionen über die Freundschaft produzieren. Je weiter diese Forschungen voranschreiten, desto drängender aber stellt sich die Frage, wie sich die vorgefundenen Formen von Freundschaft zu Freundschaft innerhalb anderer Schichten in der Gesamtgesellschaft verhalten. Wie sehen Freundschaftsbindungen innerhalb unterprivilegierter Schichten aus? Gibt es Unterschiede zwischen urbaner und ruraler Freundschaft? Diese Fragen zielen auf eine nicht mehr nur epochale und geographische, sondern auch soziale Differenzierung der historischen Freundschaftsforschung. Schließlich stellt sich, je mehr die Geschichtswissenschaft über Freundschaft als historisches Phänomen eruieren kann, in einem nächsten Schritt die Frage, wie sich die Freundschaft zu anderen Sozialbeziehungen, die ebenfalls historisiert werden können, verhält. Diese Frage stellt sich zum einen komparativ (wie unterscheidet sich z.B. die Geschichte der Liebe von derjenigen der Freundschaft?), zum anderen aber insbesondere auch als Frage nach der Verflechtung verschiedener Beziehungen innerhalb einer untersuchten Gesellschaft. Wie verhält sich Freundschaft beispielsweise zu Verwandtschaft, zu Taufpatenschaft (die oft als verwandtschaftsanaloge Beziehung konstruiert wird) oder zu Nachbarschaft? Da derartige Beziehungen z.B. in der französischen Geschichtswissenschaft intensiv erforscht worden sind (wo eine auf Claude Lévi-Strauss zurückgreifende historische Verwandtschaftsforschung entstanden ist), verspricht die zunehmend in Gang kommende Internationalisierung der historischen Freundschaftsforschung hier neue Erklärungspotenziale.

6. Kultur und Freundschaft

Agnes Brandt & Eric A. Heuser

6.1 Einführung

Bis heute wird Freundschaft in westlichen Gesellschaften als wichtiger sozialer »Kleber« betrachtet, der – jenseits verwandtschaftlicher Beziehungen – Menschen miteinander verbindet, ihnen Trost spendet und Halt gibt. Aber auch in anderen Teilen dieser Welt finden wir ähnliche Überlegungen: Bei den neuseeländischen Maori ist ein Freund (*hoa*) eine prinzipiell gleichgestellte Vertrauensperson, die materielle als auch emotionale Unterstützung bietet und mit der man sich affektiv verbunden fühlt. Auch in Indonesien zeigt sich diese Verwobenheit von Freundschaft, Emotion und materiellen Aspekten des sozialen Lebens. Hier stellen *teman* und *sahabat* die zentralen Freundschaftskategorien, wobei *sahabat* grundsätzlich die engere Freundschaftsform bildet und teilweise idealtypische Charakteristika annimmt. Verschiedene adjektivische Suffixe markieren die Dimensionen sozialer Näher oder definieren die Beziehung u.a als eher materielle Austauschbeziehung. Freundschaftskonzeptionen aus Ghana verweisen wiederum auf eine andere Form von Intersektionalität, die vielen Freundschaftsbeziehungen inhärent ist: die von Freundschaft und körperlicher Nähe. So gibt es unter den süd-ghanaischen Nzema heiratsähnliche Rituale, die Männerfreundschaften besiegeln; die Freunde verlieben sich in einander und teilen später sogar oft das Bett – sexuelle Handlungen werden hier jedoch nicht ausgetauscht (siehe Kapitel II.5).

In der neueren Forschung wird daher davon ausgegangen, dass »Freundschaft« eine soziale Universalie darstellt. Ethnologische Befunde weisen jedoch darauf hin, dass die Erscheinungsformen sowie die Bedeutung der Freundschaft je nach Gesellschaft stark variabel sind. Bevor diese kulturelle Variabilität sozialer Beziehungen neue Bedeutungshorizonte eröffnen kann, stellt das Problem der kulturellen sowie semantischen Übersetzung lokaler Freundschaftskonzeptionen eine erkenntnistheoretische Herausforderung dar. Die ethnologischen Methoden der stationären Langzeitforschung samt teilnehmender Beobachtung sind Instrumente mit denen Forscher_innen versuchen, emische (siehe I.4) lokalkulturelle Freundschaftsverständnisse nachzuempfinden, um sie anschließend schriftlich fixieren zu können. So kann es gelingen, kulturell fremde und von einer Außensicht (etische Perspektive) eventuell nicht als Freundschaft klassifizierbare Sozialbeziehungen dennoch als lokale Freundschaftsformen zu erschließen. In der soziologischen Freundschaftsforschung wurde die Perspektive der kulturellen Varianz von Freundschaftsbeziehungen hingegen bisher vernachlässigt. Wirft man einen Blick in die bestehende Literatur, so fällt eine nahezu ausschließliche Beschäftigung mit europäischen und nord-amerikanischen Gesellschaften auf. Soziologische bzw. soziologienahe Forschungen zu »nicht-westlichen« Freundschaftspraxen bleiben bisher die Ausnahme (vgl. z.B. Argyle/Henderson 1984; Bell/Coleman 1999a; Brandt 2013; Desai/Killick 2010; Grätz et al. 2003; Guichard 2007; Heuser 2010, 2012).

Dieser blinde Fleck liegt u.a. an der definitorischen Unschärfe von Freundschaft, zum anderen an dem Problem der Übersetzung des Freundschaftsbegriffs in fremdkulturelle Kontexte. In einer Zeit fortgeschrittener Globalisierung wollen wir die Frage nach der kulturellen Varianz von Sozialbeziehungen am Beispiel »Freundschaft« im Folgenden in den Mittelpunkt unserer Darstellung rücken und fragen: Wie konstruieren andere Kulturen den Zusammenhang von Freundschaft, Nähe und Intimität? In welchen Kontexten werden welche Freundschaften relevant? Und wie verhalten sich Freundschaften zu familiären Beziehungen?

6.2 Freundschaft und Kultur: ein vernachlässigtes soziologisches Thema

Die Soziologie der Freundschaft hat sich bisher fast ausschließlich mit europäischen und nordamerikanischen Gesellschaften beschäftigt (vgl. Allan 1979, 1989; Gareis 2000; Rawlins 2006). Dies ist, bedenkt man das klassische Betätigungsfeld der Soziologie, nicht verwunderlich. In Zeiten vorangeschrittener Globalisierung und immer größer werdenden Migrationsströmen stellen sich jedoch neue Anforderungen an die Soziologie. Vor dem Hintergrund der zunehmenden Diversifizierung der Gegenwartsgesellschaft plädieren wir für eine Erweiterung des soziologischen Betätigungsfeldes und für eine Soziologie, die stärker die kulturellen Bedeutungen von Sozialität in den Blick nimmt, ebenso wie die durch die erhöhte Mobilität der Akteur_innen entstandenen sozio-kulturellen Mischformen sozialer Beziehungen. Eine »globale Soziologie« kann hier unserer Meinung nach das benötigte Instrumentarium bereitstellen und einen geeigneten Bezugsrahmen für eine Betrachtung der Bedeutung von Kultur in und für Freundschaft schaffen (Rehbein/Schwengel 2008). Man könnte einwenden, dass es etwa in der Sozialpsychologie die oft zitierte Studie von Argyle und Henderson zu den Regeln der Freundschaft (1984) gibt. Die Autoren versuchen darin kulturvergleichend (in England, Italien, Japan und Hongkong) Verhaltensregeln zum Umgang zwischen »gleichgeschlechtlichen guten Freunden« zu erschließen und stellen eine Reihe von Regeln auf, die sie kulturübergreifend antreffen, für die sie aber gleichzeitig unterschiedliche kulturspezifische Ausprägungen bzw. Geltungsbereiche feststellen. In der Ethnologie, einer weiteren Nachbardisziplin der Soziologie, finden wir zudem die Arbeiten von Autoren wie Cora Du Bois (1974) oder Eric Wolf (1974), die versuchen, kulturübergreifende Gemeinsamkeiten ebenso wie Unterschiede in der Konstruktion und Ausgestaltung von Freundschaften (und »verwandten« Sozialbeziehungen wie etwa der Patronage und/oder Verwandtschaft) auszumachen. Doch auch Du Bois' (1974) Unterscheidung von *exclusive, close* und *casual friends* oder Wolfs (1974) Einordnung in *expressive/emotional* und *instrumental ties* scheint nur bedingt nützlich, wenn man sich den lokal anzutreffenden Binnenansichten von und zu Freundschaft nähert. Denn – wie die Ethnologin Martine Guichard (2007) überzeugend herausgearbeitet hat – auch wenn Vertrauen und Intimität in vielen Kulturen wesentliche freundschaftsdefinierende Faktoren zu sein scheinen, so sind sie keine verlässlichen Indikatoren für Nähe. Des Weiteren gilt es zu bedenken, dass in vielen kulturübergreifenden Untersuchungen (so auch in der Studie von Argyle und Henderson) in erster Linie Freundschaftsideale erhoben werden (das, was Menschen mit Freundschaft verbinden) und nicht die tatsächlichen Freundschaftspraxen (das, was die Menschen in ihrem Alltag tun). Eine »globale Soziologie«, die sich sowohl den Innen- als auch den Außenansichten von Freundschaft widmet, sollte über eine bloße Auflistung idealtypischer Typologien hinausgehen, indem sie sowohl die Idealkonzeptionen als auch die Alltagspraxen von Freundschaften in den Blick nimmt. Was ist nun bei einer Untersuchung des Zusammenhangs zwischen Kultur und Freundschaft zu betrachten? Folgenden Fragen werden wir genauer nachgehen, da sie uns hierbei zentral erscheinen:

- Welche Konzeptionen und emischen Bedeutungshorizonte (Binnenperspektiven) von Freundschaft gibt es in verschiedenen Gesellschaften? In welche lokalkulturellen Idealdiskurse ist Freundschaft eingebunden? Welche Stellung hat die Freundschaft in Bezug zu anderen Nahbeziehungen in einer bestimmten Gesellschaft? Welche Funktionen nimmt sie im jeweiligen sozio-kulturellen Gefüge ein?
- Welches Freundschaftsbild finden wir in einer zunehmend kulturell heterogenen bzw. in der sogenannten »multikulturellen« Gesellschaft? Und was passiert eigentlich, wenn unterschiedliche Freundschaftskonzeptionen und -praxen aufeinandertreffen?

6.3 Lokale Konzeptionen und Praxen von Freundschaft

Freundschaften variieren sowohl innerhalb einer Gesellschaft (z.B. in Abhängigkeit von Faktoren wie Alter, Geschlecht und Klassenzugehörigkeit), aber auch zwischen unterschiedlichen Gesellschaften. Diese Grundeinsicht wurde bereits in der Einleitung dieses Buchs ausführlich dargelegt. Empirische Studien zu Freundschaft weisen außerdem darauf hin, dass Vorstellungen von Freundschaft, also das, was in einer bestimmten Gruppe, Gesellschaft oder Kultur mit Freundschaft in Verbindung gebracht wird, in moralisch aufgeladene Idealdiskurse über ›gutes‹ und ›richtiges‹ Verhalten eingebettet ist. Dies gilt für westliche, ebenso wie für nicht-westliche gesellschaftliche Kontexte (z.B. Brandt/Heuser 2011). In nicht-westlichen Gesellschaften rekurrieren diese Diskurse nicht, wie in Europa und Nordamerika üblich, auf Ideale des antiken Griechenlands (Aristoteles) oder der Aufklärung (Kant), sondern reflektieren indigene und lokale Konzeptionen einer kulturellen Ideengeschichte. Im direkten Vergleich mit europäisch-amerikanischen Idealvorstellungen können viele dieser lokal als Freundschaften klassifizierten Sozialbeziehungen nicht als »Freundschaft« im Sinne westlicher Kategorien eingestuft werden. Anders gesagt: Das was z.B. »wir« im gängigen deutschen Sprachgebrauch als »Freundschaft« verstehen, ist nicht unbedingt das, was etwa Nomadenhirten bei den Fulbe in Westafrika unter Freundschaft verstehen. Und daher ist auch das Verhalten, das wir in unseren Freundschaften als gute freundschaftliche Praxis an den Tag legen, nicht etwa das, was für westafrikanische Nomadenhirten angemessenes Freundschaftsverhalten wäre. Denn wo Letztere von ›echten Freunden‹ in der Regel die Leihe von Gütern und Geld erwarten (Pelican 2003), gilt hierzulande oftmals der alte Spruch: »Bei Geld hört die Freundschaft auf.« Ähnliches kann gesagt werden für Freundschaftsformen, die vornehmlich auf Ko-Residenz beruhen, und die, verglichen mit unseren ideell aufgeladenen Freundschaftsvorstellungen, oftmals nicht sonderlich viel gemeinsam haben. Zumindest nicht, wenn man sich Dimensionen emotionaler Nähe ansieht. In Indonesien sind diese Freundschaften gekennzeichnet durch einen regen Austausch von Waren und verschiedensten Hilfeleistungen. Die Freundschaftskategorie *teman kerja* (Arbeitsfreund, Freund von der Arbeit) aus Indonesien verweist auf die wichtige Praxis kontinuierlichen Austausches und gemeinsamen Arbeitens. Dies schließt emotional enge Bindung nicht dezidiert aus, gründet sich aber oftmals nicht hierauf.

Es gilt daher, die lokalkulturellen Historien westlicher und nicht-westlicher Gesellschaften für eine Analyse von Freundschaftskulturen zugänglich zu machen (das worin Freundschaft begründet ist), um in einem nächsten Schritt herausarbeiten zu können, inwiefern Idealdiskurs (das was Freundschaft idealerweise sein soll) und soziale Praxis (das was Menschen tatsächlich tun) jeweils miteinander zusammenhängen. Neuere ethnologische Literatur verweist auf dieses Spannungsverhältnis von Idealdiskurs und Freundschaftspraxen (Carrier 1999), sowie auf die Dynamik zwischen kulturell konfigurierten Freundschaftsformen und westlichem Idealdiskurs (Smart 1999). Eine genauere Betrachtung des Wechselverhältnisses zwischen lokal-philosophischen Idealdiskursen und der sozialen Praxis eröffnet dann die Möglichkeit, kulturelle Konzeptionen und Varianzen von Freundschaft soziologisch fundiert aufzuarbeiten. Damit dies gelingen kann, muss die Position von Freundschaft im sozialen Gefüge einer jeden Gesellschaft bestimmt werden, zumindest wenn wir unsere vorherige Forderung nach einer »globalen Soziologie« ernst nehmen. Dafür ist es von Bedeutung, die verschiedenen Überschneidungen von Freundschaft und anderen Nahbeziehungen auszuloten. Diese Überschneidungen verweisen ebenfalls auf spezifische sozio-kulturelle Praxen, die in den oben benannten moralischen Idealdiskursen aufgehen. Wir gehen hier exemplarisch auf die Verbindung von Freundschaft und Verwandtschaft ein, zumal diese in unserer Gesellschaft die offensichtlichste Überschneidung darstellt.

6.4 Freundschaft und Verwandtschaft

Im Vergleich zur Verwandtschaft bleiben die kulturspezifischen sozialen Regeln, Prinzipien und Komponenten der Freundschaft in der Regel unklar und oft widersprüchlich, so dass es in den meisten Fällen einfacher ist, die Verwandten einer Person zu definieren, als ihre Freunde (Allan 1979: 30). Das liegt vor allem daran, dass Verwandtschaftsterminologien in der Regel deutlicher abgrenzbare Definitionen mit klaren Rollen- und Verhaltenserwartungen anbieten. Die Rhetoriken und Praxen der Freundschaft sind weniger klar umrissen und ihre Rollenerwartungen offener. z.B.: In der deutschen Sprache dient die Bezeichnung »Freund_in« in der Praxis vielfach als eine Art Restkategorie, ein Beziehungslabel, das in sozialen Kontexten und zu unterschiedlichen Zeiten auf die verschiedensten Personen und Beziehungen angewandt wird (vgl. Guichard 2007, Fischer 1982, Kühner 2013). Gleichzeitig bezeichnen wir unsere Freunde manchmal auch als Verwandte (z.B. der/die Freund_in als Bruder/Schwester) und Verwandte als Freunde (z.B. bezeichnen sich Lebenspartner vielfach als »beste Freunde«). Allein auf diesen kulturellen Kontext beschränkt lässt sich erahnen, wie variabel das Label Freundschaft eingesetzt werden kann. Trotz, oder vielleicht aufgrund, ihrer definitorischen Flexibilität gewinnt die Freundschaft in den Alltagswelten von Menschen aus unterschiedlichen Kulturen und in unterschiedlichen Gesellschaftsgruppen zunehmend an Bedeutung (Bell/Coleman 1999b; Nötzoldt-Linden 1994). Wie der Beitrag zu Freundschaft und Fürsorge in diesem Handbuch zeigt, kommt der

Freundschaft dabei oftmals eine Ersatzfunktion für die sich wandelnden verwandtschaftlichen Bindungen zu.

Ein wichtiger Punkt bei der Betrachtung von Freundschaft und Verwandtschaft ist die Einsicht, dass die beiden keine sich ausschließenden Beziehungsformen sind. Nicht umsonst wird das Thema Freundschaft in der Soziologie oftmals unter dem Oberbegriff »Familiensoziologie« behandelt. Allerdings wird damit auch die Besonderheit dieser Sozialform verschleiert, wie der einleitende Beitrag dieses Handbuchs ausführlich darlegt. In jedem Fall muss eine Soziologie der Freundschaft (ebenso wie eine Soziologie der Familie) *differenziert* die Verwobenheit sozialer Kategorien in den Blick nehmen.

6.5 Freundschaft in der multikulturellen Gesellschaft

Wie andere soziale Beziehungen auch, wird die kulturelle Komplexität von Freundschaft u.a. durch die Migrationsbewegungen der Akteure mitgeprägt (vgl. Appadurai 1998). Migration, Transnationalismus und Globalisierung sind soziologische Schlagworte die auf die neuen Mobilitäten, sozio-kulturellen und national-staatlichen Grenzziehungen und Grenzüberschreitungen aufmerksam machen, die in einer zunehmend vernetzten Welt die Lebenswelten und Sozialformen von Menschen prägen.

Ausgehend von der Annahme, dass aus der Interaktion neue Sozialformen entstehen können, ist die Frage nach der Existenz unterschiedlicher Freundschaftskulturen gleichzeitig die Frage nach der sozialen Integrationskraft freundschaftlicher Bindungen. Mit Tenbruck (1964) sehen wir Freundschaft als eine Sozialbindung, die zur gesellschaftlichen Kohäsion beiträgt und damit gesellschaftlicher Desintegration entgegenwirkt. Besonders vor diesem Hintergrund wollen wir auf die Dringlichkeit verweisen, Freundschaft in einem Einwanderungsland wie Deutschland samt ihrer kulturellen Komplexität zu betrachten. Dieser kulturelle Fokus in Kombination mit dem integrativen Charakter, der Freundschaft von Tenbruck zugeschrieben wird, kann sie neue Integrationsräume öffnen und einen Beitrag zu einer offeneren und pluralistischeren Gesellschaft leisten. Nach unserem Plädoyer für die kulturelle Variabilität von Freundschaft bleibt zu fragen, ob Freundschaft auch in einer interkulturellen Gesellschaft weiterhin der soziale Kleber bleibt, durch den Menschen miteinander in Kontakt treten können? Diese Frage ist umso dringlicher, als dass Homophilie, also Gleichartigkeit oder Ähnlichkeit, zu den zentralen Freundschaftsmerkmalen zählt. In Deutschland wird diese Komplexität des gesellschaftlichen Miteinanders i.d.R. unter dem Thema Integration (seit einiger Zeit auch Akkulturation) und der Frage nach dem Verhältnis unterschiedlicher Kulturansprüche in der multikulturellen Gesellschaft subsummiert. Während sich die Politik noch mit der Definition der multikulturellen Lebensweisen verliert, ist das dem Multikulturalismusbegriff inhärente unverbundene Nebeneinander in der jüngeren soziologischen Auseinandersetzung längst durch Begriffe wie Inter- oder Transkulturalismus abgelöst worden. Letztere betonen die Variabilität und Dynamik von kulturellen Mischformen, durch deren Aufeinandertreffen neue (und alte) Kulturformen entstehen können, Grenzen (de)konstruiert und gleichzeitig verwischt werden.

Hier ist eine Betrachtung interkultureller bzw. gruppen-überschreitender Freundschaften weiterführend. Denn wenn man annimmt, dass freundschaftliche Bindungen ein Mindestmaß an Gemeinsamkeit hinsichtlich der zu tauschenden Qualitäten und Verhaltenserwartungen erforderlich machen, stellt sich schnell die Frage, inwiefern Menschen mit sehr unterschiedlichen, zum Teil sogar widersprüchlichen Freundschaftskulturen überhaupt in freundschaftliche Beziehung treten können und was dies für die jeweiligen Freundschaftsinhalte und -praktiken bedeutet. Wie bereits in dem Beispiel der unterschiedlichen Freundschaftserwartungen von Fulbe-Hirten auf der einen und Deutschen auf der anderen Seite angedeutet, sind es insbesondere grenzüberschreitende Beziehungen, in denen die jeweiligen Inhalte und Praktiken von Freundschaft sichtbar werden (vgl. Beer 2012). In der Sozialtheorie wurden interkulturelle bzw. interethnische Freundschaften bislang in der Regel hinsichtlich ihrer Anwendbarkeit auf die Kontakthypothese oder die Konflikttheorie hin untersucht: Wo die Kontakthypothese argumentiert, dass vermehrter Kontakt zwischen den Angehörigen unterschiedlicher Gruppen tendenziell zu einer Zunahme von Vertrauen und dem Abbau von Vorurteilen zwischen Mehrheiten und Minderheiten führt (vgl. Allport 1954), geht die Konflikttheorie vom Gegenteil aus, nämlich einem Anstieg des Misstrauens (vgl. Forbes 1997). Allerdings haben Jackman und Crane (1986) dabei für Freundschaften zwischen schwarzen und weißen US-Amerikaner_innen herausgefunden, dass Intimität eine untergeordnete Rolle spielt. In jüngerer Zeit haben Putnams Arbeiten (vgl. Putnam 2000, 2007) für Aufsehen gesorgt, in denen der Autor eine signifikante Korrelation zwischen erhöhter Diversität und der Abnahme von Vertrauen sowohl innerhalb als auch zwischen Gruppen festgestellt hat.

Neuere Arbeiten nehmen insbesondere das Phänomen der Migration in Augenschein. In Deutschland finden wir hier z.B. die explorativ angelegte Studie von Heinz Reinders (2003). Der Autor untersucht darin interethnische Freundschaften zwischen türkischen und deutschen Jugendlichen. Ein zentrales Ergebnis betrifft das Vorhandensein geeigneter geteilter sozialer Räume außerhalb der Familie, die das Knüpfen freundschaftlicher Bande (er spricht von Netzwerken) überhaupt erst ermöglichen (Reinders 2003: 102). Reinders zieht Verbrugge's Konzept des *»meeting and mating«* zu Rate und erweitert es um *»moving«*, um erklären zu können, warum Jugendliche bestimmte Orte aufsuchen (*moving*), an denen sie Leute treffen (*meeting*), mit welchen sie dann Freundschaften schließen können (*mating*) (ebd.: 107). *Moving* sieht er dabei als stark von sozialen Rollen, Lifestyles und Einstellungen geprägt. In einer neueren Publikation (vgl. Reinders 2010) diskutiert er das Konzept der Co-Kulturaltion, welches auf der Idee beruht, dass in Peer-Beziehungen soziale Co-Produktion möglich ist (vgl. Youniss 1980). Die zugrunde liegende Annahme ist, dass in bestimmten (!) Gruppenkonstellationen so etwas wie gleichgestellte Peer-Interaktion möglich ist, durch die neue kulturelle Formen hervorgebracht werden können. Als Beispiele nennt er die Entstehung bestimmter Ethnolekte oder auch Musikstyles (Reinders 2010: 125). Das bedeutet, dass aus der interethnischen oder interkulturellen Begegnung neue kulturelle Formen, und somit auch neue kulturelle Beziehungsformen hervorgehen können, die dann wiederum auf die Lebenswelten und Identitäten der Menschen rückwirken. Allerdings ist das nur bei bestimmten, durch Egalität geprägten Interaktionen der Fall. In jedem Fall können wir an dieser Stelle festhalten, dass in einer Gesellschaft, in der unterschiedliche soziokulturell geprägte Freundschaftsformen aufeinandertreffen, einerseits bestimmte Freundschaftsvorstellungen und -praktiken weiterbestehen, aber dass andererseits in dynamischen Prozessen kultureller Vermischungen neue Freundschaftskulturen hervorgebracht werden können. Daher gehen wir von einer »Kreolisierung der Freundschaft« aus, in der durch die zunehmende Mobilität verschiedenster Akteursgruppen unterschiedliche Freundschaftskonzeptionen und -praxen miteinander in Bezug gesetzt werden. Der Begriff der Kreolisierung betont hier die Prozesse komplexer Überlagerungs-und Vermischungsprozesse, aus denen fortwährend neue kulturelle Formen hervorgehen können, während einige Elemente erhalten, verfestigt oder verändert, bzw. ausgetauscht werden.

6.6 Ausblick

Ausgehend von einer Kreolisierung der Freundschaft plädieren wir für eine »globale Soziologie«, die Diversität und Prozesshaftigkeit von Freundschaftskonzepten und -praktiken stärker in den Blick nimmt, als dies in der bisherigen Forschung der Fall ist. Diese Diversität schlägt sich unserer Meinung nach in erforschbaren Kulturen von Freundschaft nieder. In verschiedenen Gesellschaften kontextualisiert diese Kultur soziales Verhalten, sie gewichtet es und macht es als geteiltes kulturelles Wissen für ihre Mitglieder nachvollziehbar. Eine »globale Soziologie«, die sich auch nicht-westlichen Gesellschaften verstehend annähert, indem sie deren kulturspezifische Charakteristika erforscht, ist gut ausgerüstet, um vermittelnd auf interkulturelle Konflikte und Debatten einzuwirken.

In Zeiten vorangeschrittener Globalisierung gehen wir jedoch nicht mehr von klar abgrenzbaren Kulturen aus. Vielmehr hat sich die Ansicht durchgesetzt, dass Kultur an sich immer schon eine Mischform darstellt, die sich flexibel weiterentwickelt. Dies hat sich u.a. durch den verstärkten Flugreiseverkehr und Tourismus sowie durch global verfügbare Darstellungen bestimmter Kulturformen durch die neuen Medien intensiviert. Als Resultat können wir von einer Multivokalität kultureller Einflüsse sprechen, die soziales Handeln konfigurieren. Dies hat, wie wir oben am Beispiel verschiedener Traditionen von Moralvorstellungen umrissen haben, erheblichen Einfluss auf Freundschaftskonzeptionen und die hierzugehörigen Alltagspraxen. Hieraus ergeben sich folgende Implikationen für die Freundschaftsforschung:

- Verschiedene Gesellschaften haben unterschiedliche Idealdiskurse ausgebildet, auf die in Freundschaften rekurriert wird. Welche sind diese?
- Welche Spannung gibt es zwischen Idealdiskurs und Alltagspraxis?
- Welche Veränderungen, Transformationen und/oder Revitaliserungen kultureller Praxen gibt es?

Achtung Kultur!

Freundschaft wird in der jüngeren soziologischen Theorie oftmals als Universalie definiert, die jedoch kulturell stark variiert. Doch was genau ist mit »kulturell« gemeint? Denn wenn in der Literatur von »Kultur« die Rede ist, kann dies ganz unterschiedliche Bedeutungen haben. Darüber hinaus ist die Abgrenzung von Kultur und anderen Kategorien oftmals unklar. Insbesondere die Abgrenzung zu »Ethnie« bzw. ethnischer Zugehörigkeit, in manchen Fällen aber auch zu »Nationalität« oder »Staatsangehörigkeit« ist hier oftmals problematisch, beispielsweise wenn von deutsch-türkischen Freundschaften in der multikulturellen Gesellschaft die Rede ist.

In der Alltagssprache wird unter »Kultur« in der Regel all das subsumiert, was den Mitgliedern einer Gruppe gemein ist hinsichtlich der Art und Weise wie sie denken, fühlen, interagieren usw. Kultur wird dabei oftmals Natur gegenübergestellt, eine Annahme, die insbesondere in der westlichen Welt verbreitet ist. Der damit verbundene Kulturbegriff ist ein hierarchischer. Spätestens seit dem sogenannten ›cultural turn‹ liegt der Akzent nicht mehr auf der Hochkultur einer gesellschaftlichen Elite, sondern auf den Alltagkulturen der Menschen in unterschiedlichen sozio-kulturellen Kontexten. Der Kulturbegriff ist somit nicht länger mit einer Vorstellung von Kultur als einheitlich, statisch und abgeschlossen verbunden, sondern Kultur wird in den neueren Debatten als prozesshaft, widersprüchlich, fragmentiert und multipel konzipiert. Diese dynamische Sicht auf Kultur ermöglicht eine dynamische und kontextualisierte Analyse von Sozialität und Identität. Ein und dieselbe Person kann sich dabei mehreren Kulturen zugehörig fühlen, Zugehörigkeiten können mal mehr und mal weniger in den Vordergrund rücken.

Die Unterscheidung von anderen sozialen Kategorien wie etwa Ethnie ist dabei wichtig, wenngleich nicht immer trennscharf definierbar. Die folgende Arbeitsdefinition von »Ethnie« stammt von der Ethnologin Bettina Beer (2012): »›Ethnie‹ kann als eine überwiegend endogame familienübergreifende Gemeinschaft definiert werden, deren Mitglieder in der gegenseitigen Abgrenzung von anderen Menschen ein ›Wir-Gefühl‹ entwickelt haben und die eine gemeinsame, sich von anderen unterscheidende (auch angenommene) Abstammung, eine gemeinsame Geschichte und meist einen gemeinsamen Kanon an Werten und Normen teilen. Bei Endogamie (Binnenheirat) werden Heiratspartner überwiegend innerhalb dieser Gemeinschaft gesucht.« (Beer 2012: 63)

Die Begriffe »Ethnie« und »Ethnizität« beziehen sich also auf eine Gruppe, die sich aufgrund gemeinsamer kultureller und/oder biologischer Gemeinsamkeiten zueinander zugehörig fühlt (vgl. Barth 1969). Kultur und Ethnizität überschneiden sich, beschreiben aber nicht das gleiche Phänomen, denn was genau als gruppenkonstituierendes Merkmal ausgewählt wird, variiert und Kultur ist nur eine von vielen anderen Möglichkeiten (z.B. Religion, Sprache, Abstammung, Geschichte). In Deutschland, wo Migrant_innen nur schwer an einen deutschen Pass kommen, wird auch die Frage der Staatsangehörigkeit häufig mit »Kultur« vermengt. Auch hier ist Vorsicht angebracht, wenn wir von interkulturellen oder interethnischen Freundschaften sprechen (und lesen). Was genau meint der/die Autor_in, wenn er/sie diese Begriffe verwendet und wie passen sie zu unserem Alltagsverständnis? Dies sollte die/der aufmerksame Leser_in im Hinterkopf behalten, wenn er/sie sich dem Studium von Sozialität (und Identität) widmet. *(Agnes Brandt)*

Multi-, inter-, trans-kulturell?

In den neueren Kultur- und Sozialwissenschaften finden wir eine ganze Reihe von Begriffen, die die kulturelle Vermischung, Durchmengung oder Verschmelzung bis hin zur Schaffung neuer kultureller Formen beschreiben. In der heutigen gesellschaftlichen Debatte findet sich zunächst der Begriff der Multikulturalität bzw. des Multikulturellen. Der Begriff der Multikulturalität stellt sich dabei zunächst der Koexistenz unterschiedlicher Kulturen innerhalb ein und derselben Kultur. Wenngleich dieser in der öffentlichen Debatte nach wie vor bemüht wird, ist er in der soziologischen Auseinandersetzung vielfach für seine Unfähigkeit kritisiert worden, über die Feststellung kultureller Pluralität als ein unverbundenes Nebeneinander hinauszugehen. Wie bspw. Wolfang

Welsch herausstellt, kann der Begriff des Multikulturellen sogar zur Rechtfertigung und verstärkten Berufung auf Angrenzungen herhalten, da er Einzelkulturen noch immer als »homogen und wohlabgegrenzt« im Stile Herders denkt (Welsch 1998: 49; Welsch 2005). Sowohl die Idee des Inter- als auch des Transkulturellen will über das Multikulturelle hinausgehen, indem sie davon ausgeht, dass durch die Variabilität und Dynamik kultureller Mischformen – durch deren Aufeinandertreffen neue (und alte) Kulturformen entstehen können – Grenzen (de)konstruiert und gleichzeitig verwischt werden. So widmet sich das Interkulturelle nicht länger einem unverbundenen Nebeneinander, sondern es weist explizit auf die Verflochtenheit und Vermischung von Kulturen hin. Für den postkolonialen Theoretiker Homi Bhabha ist das ›inter‹ in diesem Zusammenhang als ein kultureller Zwischenraum (in-between space) oder Drittraum (third space) zu verstehen, in dem Kultur kreativ verhandelt wird und so potenziell neue kulturelle Formen entstehen können (vgl. z.B. Bhabha 1994, 1996). Bhabha bemüht in diesem Zusammenhang auch den Begriff der Hybridität. Einige Autor_innen kritisieren auch das Interkulturelle dafür, dass es letztlich in der Idee unterscheidbarer kultureller Einheiten verhaftet bleibt, die sich zwar vermischen können, aber als Bezugsgrößen weiter erhalten werden. Dieses Problem sucht der Begriff des Transkulturellen zu überkommen, der die gegenwärtige Durchdringung der Kulturen hervorhebt (Welsch 1998: 51), eine Position, die insofern umstritten ist, als dass sie die Selbstdefinition und Abgrenzung bestimmter Gruppen nicht ausreichend wahrnimmt, die sich selbst als spezifische kulturelle Gruppe oder Entität wahrnehmen (vgl. z.B. das Argument von Drechsel 1998). Andere Autoren haben darauf aufmerksam gemacht, dass solche Konzepte wie Hybridität auch real existierende Machtbeziehungen verschleiern, und somit potenziell verstärken, statt sie zu untergraben (vgl. Thomas 1996, siehe auch die Analyse von Kapchan/Strong 1999). *(Agnes Brandt)*

Kontakt- und Konflikthypothese

Die Kontakt- und Konflikthypothese wird in der Sozialtheorie im Zusammenhang von Freundschaft in erster Linie zur Erklärung des (Nicht-)Vorhandenseins gruppen- bzw. grenzübergreifender Freundschaften herangezogen. Der Kontakthypothese von Allport (1954) zufolge führt vermehrter direkter Kontakt zwischen den Angehörigen unterschiedlicher Gruppen tendenziell zu einer Zunahme von Vertrauen und dem Abbau von Vorurteilen und Feindseligkeit zwischen Mehrheiten und Minderheiten. Dazu bedarf es jedoch vier Bedingungen: (1) institutionelle Unterstützung/Norm der Toleranz, (2) Möglichkeit des persönlichen Kennenlernens und der Schaffung gleicher Ziele, (3) Statusgleichheit, (4) Kooperation zwischen den Gruppen (vgl. Pettigrew 1998). Allports Hypothese stieß auf großes Interesse in der Wissenschaft und wurde

Gegenstand reger Forschung (vornehmlich experimentell) und Debatten. Ein Hauptkritikpunkt dabei ist, dass die Reduktion von Vorurteilen nicht langfristig ist und dass sie stark kontextuell variiert. Im Gegensatz dazu geht die Konflikttheorie davon aus, dass vermehrter Kontakt zwischen Gruppen zu einem Anstieg des Misstrauens führt (vgl. Forbes 1997). Putnam (2000, 2007) hat in seinen Arbeiten eine signifikante Korrelation zwischen erhöhter Diversität und der Abnahme von Vertrauen sowohl innerhalb als auch zwischen Gruppen festgestellt. Kritiker mahnen jedoch an, dass in den von ihm durchgeführten quantitativen Studien weder informellere Bindungen noch multiple Zugehörigkeiten und Interessen ausreichend berücksichtigt werden. *(Agnes Brandt)*

7. Sozialstrukturierung von Freundschaft und soziale Ungleichheit

Erika Alleweldt

Freundschaften, so könnte man meinen, sind die passenden sozialen Beziehungsformen moderner individualisierter Gesellschaften: Freundschaften sind freiwillig, wen wir uns als Freund wählen, wie wir die Beziehung ausgestalten und wie lange wir die Beziehung führen, obliegt ganz uns selbst. Ein festgeschriebener institutioneller Rahmen besteht zumindest in westlichen Gesellschaften nicht. Mehr noch, scheinen die institutionellen Möglichkeiten und Räume in der modernen Gesellschaft für Freundschaften gewachsen zu sein: »[...]seit den sechziger Jahren des 20. Jahrhunderts, ist die Freundschaft zu einer schichtübergreifend genutzten Form der persönlichen Beziehung geworden [...]« (Honneth 2011: 245) »Damit hat, so lässt sich vermuten, die große Stunde der rein privaten Freundschaft in den westlichen Gesellschaften geschlagen; denn jetzt erst sind Frauen und Männer aller Schichten kulturell dazu in der Lage, untereinander die schon lange bereitstehende Sozialform der vertrauensvollen, freundschaftlichen Zweierbeziehung zu praktizieren [...]« (ebd.: 245) Dennoch scheinen wir diese Möglichkeiten und Spielräume für Freundschaften nicht auszunutzen, wie der Blick auf die Freundschaftsrealität zeigt. Hier ist vielmehr ein Widerspruch zu erkennen: wachsende Freiheitsversprechen einerseits, Überraschungslosigkeit der Freundschaftswahlen und -praktiken andererseits. In der Praxis bleiben Freundschaften in der Regel an die gleiche Schichtzugehörigkeit gebunden und in den Freundschaftspraktiken reproduzieren sich soziale Ungleichheiten, wie empirische Studien zeigen. Warum ist das so? Trotz der Vielfalt an Freundschaftspraxen bleibt die Freundschaftsführung an strukturelle Opportunitätsstrukturen gebunden und diese sind ungleich verteilt: sozialstrukturelle Differenzierungen werden bis in das »private« Phänomen der Freundschaft hinein wirksam. Die Herausforderung einer sozialstrukturellen Betrachtung von Freundschaft liegt deshalb darin, bei all der Vielfalt freundschaftlicher Praxis, strukturelle Bedingungen, d.h. Möglichkeiten und Zwänge nicht außer Acht zu lassen. Der Zusammenhang von Freundschaft und sozialen Strukturen wird zumeist mit Blick auf sozialen

Wandel gefasst (7.1). In der Forschungsliteratur haben sich zentrale Dimensionen der Sozialstrukturierung von Freundschaft herausgeschält (7.2). Die Ungleichheitsrelevanz von Freundschaft zeigt sich nicht nur in der Abhängigkeit von Ressourcen, sondern auch darin, dass durch freundschaftliche Praxen soziale Ungleichheiten reproduziert werden (7.3).

7.1 Gesellschaftliche Vermitteltheit der Bedingungen und Formen von Freundschaft

Überlegungen zur gesellschaftlichen Prägung von Freundschaft reichen bis in die Anfänge der Soziologie zurück. Bereits Georg Simmel hat Freundschaften unter den Strukturbedingungen moderner Gesellschaften betrachtet. Für die Veränderung der Freundschaftsformen unter den Bedingungen zunehmender Differenzierung und Individualisierung kann deshalb Georg Simmels Konzept der »differenzierten Freundschaft« als wegweisend gelten. Zunächst konstatiert Simmel, dass »die moderne Gefühlsweise [...] eine andere Art von Freundschaft herauszubilden [scheint], differenzierte Freundschaften« (Simmel 1997: 83). Im Vergleich zur klassischen romantischen Freundschaftsvorstellung, die auf völliger Vertrautheit beruhte, stellen differenzierte Freundschaften solche dar, »die ihr Gebiet nur an je einer Seite der Persönlichkeiten haben und in die die übrigen nicht hineinspielen. Damit kommt ein ganz besonderer Typus der Freundschaft auf [...]. Diese differenzierten Freundschaften, die uns mit einem Menschen von der Seite des Gemütes, mit einem andern von der der geistigen Gemeinsamkeit her, mit einem Dritten um religiöser Impulse willen, mit einem Vierten durch gemeinsame Erlebnisse verbinden« (Simmel 1992: 401). Durch die wachsende Differenzierung und Individualisierung verliert die romantische Freundschaftsvorstellung ihre Voraussetzung: »Die strengere Vertrautheit der Freundschaft [...] scheint mit der wachsenden Differenzierung immer schwieriger zu werden.« (Simmel 1997: 83) »[...] vielleicht sind die Persönlichkeiten auch [...] zu eigenartig individualisiert, um die volle Gegenseitigkeit des Verständnisses, des bloßen Aufnehmens, zu dem ja immer so viel ganz auf den andern eingestellte Divination und produktive Phantasie gehört, zu ermöglichen« (Simmel 1992: 401). Angesichts der Komplexität und Differenziertheit moderner Gesellschaft gewinnt demnach ein Typus von Freundschaft an Aktualität, der sich innerhalb dieser Strukturen am besten realisieren lässt: »die differenzierte Freundschaft«.

Im Anschluss an Simmel entwirft Friedrich H. Tenbruck (1964) ein allgemeines »Gesetz der Freundschaft«, wonach er einen Zusammenhang zwischen sozialer Differenzierung, Individualisierung und Freundschaft annimmt (Schinkel 2003: 115). Tenbruck geht es dabei aber weniger darum, die Veränderung von Freundschaftsformen zu erklären, als darum, ihre Bedeutung im Zuge gesellschaftlichen Wandels aufzuzeigen. Ihm zufolge werden Freundschaften immer dann wichtig, wenn tradierte Beziehungen und Rollen aufbrechen und damit individuellen Handlungen nur noch unzureichend Orientierung bieten können. Freundschaft wird zur »Ergänzung einer inkompletten Sozialstruktur« (Tenbruck 1964: 453).

Simmel und Tenbruck stellen aufgrund der sozialen Differenzierung und Individualisierung eine allseitige Entsprechung und Ergänzung der Persönlichkeiten zweier Freundschaftspartner – gemäß dem aristotelischen Ideal – in der modernen Gesellschaft in Frage. Die Einzelnen seien in einem solche Maße freigestellt und nuanciert, dass sie »kaum noch der einen oder der wenigen Freundschaften fähig sind, in denen sich unser ganzes Dasein stabilisieren lässt« (Tenbruck 1964: 454). Freundschaften bleiben in diesem Sinne auf einzelne, punktuelle Gemeinsamkeiten reduziert. Diese Tendenz scheint sich auch gegenwärtig weiter fortzusetzen: Eine Studie zu Frauenfreundschaften zeigt, dass Ausdifferenzierung und Pluralisierung von Alltagswelten und Lebenspraxis die Herstellung von Gemeinsamkeiten in der Freundschaftsführung erschweren, weil sie weder ausreichend Überschneidungsfelder, noch miteinander geteilte Inhalte, noch verbindliche Begegnungsfelder bieten. Vielmehr wird die Tatsache, dass jeder etwas anderes macht oder jeder sein eigenes Lebensprojekt verfolgt, zur Grundlage der Freundschaftserfahrungen der Untersuchten, so dass das Gemeinsame in der Freundschaft immer wieder neu hergestellt werden muss, was nicht nur einen hohen Organisationsaufwand für die Aufrechterhaltung der Freundschaften mit sich bringt, sondern auch die Herstellung eines eigenen thematischen Gegenstandsbezugs erfordert (vgl. Alleweldt 2013).

7.2 Dimensionen sozialstruktureller Spezifik von Freundschaften

Die neuere Freundschaftsforschung unterscheidet soziale Struktur in Klasse, Schicht oder Milieu und fragt nach dem Zusammenhang der gesellschaftlichen Position des Individuums und seinen Freundschaften. Ebenso werden geschlechtliche und ethnische Unterschiede thematisiert sowie der Zusammenhang von Alter und Freundschaft in den Blick genommen. Lassen sich Unterschiede zwischen den Klassen oder den Geschlechtern finden? Wie unterscheiden sich Freundschaften zwischen Schichten, Geschlechtern und Klassen sowie verschiedenen Altersphasen?

Hier ist zunächst auf das Phänomen der Homophilie hinzuweisen. Im Rahmen der Homophiliethese (vgl. Lazarsfeld/Merton 1954) wird der Frage nachgegangen, weshalb Individuen dazu neigen, solche Personen als Freunde oder Liebespartner zu wählen, die ihnen selbst möglichst ähnlich sind. Eine solche Homophilie ist sowohl hinsichtlich des persönlichen Geschmacks und Stils, als auch hinsichtlich der jeweiligen sozialstrukturellen Position, hierbei insbesondere Bildungsstand und beruflicher Status, feststellbar (vgl. Bottero 2005). Diese soziale Formierung steht einem starken subjektiven Gefühl gegenüber, dass man sich seine Freunde individuell auswählt. Sozialpsychologische Ansätze deuten dies im Rahmen von Attraktionstheorien, nach dem Sprichwort: »Birds of a feather flock together« (Gleich und Gleich gesellt sich gern). Dagegen versuchen soziologische Ansätze dies weniger an individuellen Merkmalen als an sozialstrukturellen Merkmalen festzumachen. In diesem Sinne ist der Grund für die homogene Freundschaftswahl weniger in individuellen Präferenzen begründet, als in dem Umstand, dass Freundschaften typischerweise in ähnlichen Settings und in sich überschneidenden Aktivitätsfeldern entstehen. Da die sozialen Lebenskreise bereits sozial differenziert sind, ist es auch wahrscheinlich, dort auf Menschen zu treffen, die hinsichtlich sozialstruktureller Merkmale ähnlich sind.

Klasse und Freundschaft

Mit Blick auf den Zusammenhang von Klasse und Freundschaft wird von der These ausgegangen, dass Freundschaften klassenspezifische Formen annehmen. Hierfür bieten Graham A. Allans (1977, 1979, 1989) Untersuchungen zu Freundschaften von Arbeiter- und Mittelklasseangehörigen einen ersten Ansatzpunkt. Es werden große Unterschiede zwischen Arbeiter- und Mittelklasse-freundschaften aufgezeigt. Demnach haben Mittelschichtangehörige mehr Freunde, die verschiedenartiger sind und in größerer Entfernung zueinander leben als jene der Arbeiterklasse. Das gesellige Leben von Arbeitern ist dagegen stärker »verwandtschaftsorientiert«. Ihre Freundschaften sind an engere sozialräumliche Settings, etwa an Nachbarschaften, Vereine oder Kneipen gebunden. Dagegen können Mittelklasseangehörige Freundschaften sowohl über mehrere Settings hinweg als auch unter Einbezug des häuslichen Bereichs ausweiten, was in Zusammenhang mit der größeren Mobilität und der besseren finanziellen Ausstattung steht.

Für Freundschaften ist die Position innerhalb der gesellschaftlichen Arbeitsteilung in Kombination mit der damit einhergehenden materiellen und ökonomischen Ausstattung zu sehen. Die Verfügbarkeit über klassische Ressourcen, wie »time, money and transport« (O'Connor 1992: 47) hat Einfluss auf die Freundschaftsführung. Die Lebenssituation als »materielle« Grundlage der Handlungspraxis steckt den Spielraum des (Freundschafts-)Handelns ab. Freundschaften wurzeln in diesem Sinne in den einzelnen sozialen Lagen und Schichten. Dabei bestimmen die jeweiligen Lebensbedingungen den individuellen Handlungsspielraum, in dem bestimmte Vorstellungen und Praxen von Freundschaft hervortreten und andere in den Hintergrund gedrängt werden. Es sind vor allem die beruflichen Anforderungen, die für die Weite der Lebenssphären bestimmend werden, wie in einer Studie gezeigt werden konnte, in der die Freundschaften von Journalist_innen, Einzelhandelsverkäufer_innen und Sozialarbeiter_innen im Kontext gesellschaftlicher Anforderungsstrukturen vergleichend analysiert wurden (vgl. Alleweldt 2013). So haben etwa Journalist_innen, deren Situation sich durch Bewegung und Weitläufigkeit der Lebenssphären charakterisiert, einen um die gesamte Welt verteilten Freundeskreis, der wiederum ein unentwegtes Social Networking notwendig macht. Das Leben der Einzelhandelsverkäufer_innen, deren prekäre Arbeitstätigkeit nur wenige Entfaltungsspielräume bietet, ist dagegen auch in Bezug auf Familie und Freundeskreis vornehmlich lokal eingebunden und die Möglichkeiten der globalisierten Welt werden eher als Bedrohung wahrgenommen (vgl. Alleweldt 2013). Eine allgemeine Verunsicherung, die die Lebenssituation sozialschwacher Milieus kennzeichnet, wird auch in Bezug auf die Freundschaftsführung feststellbar.

Freundschaften sind aber nicht nur durch die Klassen- bzw. Schichtstruktur geprägt, indem sie unterschiedliche Formen von Freundschaften bedingen bzw. die Struktur freundschaftlicher Kreise bestimmen. Vielmehr wird durch Freundschaften die soziale Struktur auch reproduziert. Auf diesen Aspekt wird unter Punkt 7.3 nochmal Bezug genommen.

Geschlecht und Freundschaft

Die gesellschaftliche Prägung von Freundschaft wird besonders anhand der Geschlechterunterschiede deutlich. Der Blick auf die Freundschaftsgeschichte im Allgemeinen zeigt, dass Freundschaften als Angelegenheiten von Männern galten. Während die klassischen Theoretiker der Freundschaft wie Aristoteles (1985), Cicero (1961) oder Montaigne (2000) von der unterschiedlichen Freundschaftsfähigkeit der Geschlechter ausgingen, verweisen die frühen Soziologen wie Simmel (1992), Tönnies (1988) oder Kracauer (1971) in ihren Arbeiten stärker auf die gesellschaftlichen Opportunitätsstrukturen und sehen vor allem in der Stellung der Frau innerhalb der Gesellschaft den Grund dafür, weshalb Freundschaften bei Frauen lediglich Ausnahmeerscheinungen bilden. Die Ursachen für die Unterschiede in Männer- und Frauenfreundschaften werden heute vor allem in der geschlechtsspezifischen Sozialisation sowie in der frühkindlichen Entwicklung gesehen, die zu unterschiedlichen Intimitätskonzepten führen (vgl. Chodorow 1990; Rubin 1985). Aus psychoanalytischer Perspektive gilt die Mutter-Tochter-Beziehung als Prototyp der engen Frauenfreundschaft (vgl. Huber/Rehling 1994). Neben der Sozialisation werden auch das Vorherrschen traditioneller Geschlechterrollen und Geschlechtsstereotype als Ursache für geschlechtsspezifische Unterschiede in Freundschaften angeführt: »[...]women's and men's friendships differ in ways, that are interesting, persistent, and fully in keeping with traditional sex roles and socialisation patterns that define women as affective and socioemotionally oriented and men as instrumental and task oriented« (Wrigth 1982: 19).

Abhandlungen, die den Schwerpunkt stärker auf gesellschaftliche Strukturen bzw. auf die strukturelle Analyse von weiblichen Positionen legen, sind dagegen seltener, obgleich gerade darin der Schlüssel zum Verständnis der Geschlechtsspezifik von Freundschaft liegt: »Any attempt to understand women's friendships must also arguably be rooted in the recognition that gender is a social category and that it (the evidence) reveals that the two sexes are typically in a relation of subordination and domination, and that women are disadvantaged in most societies« (O'Connor 1992: 187). In diesem Sinne führen Frauen und Männer unterschiedliche Freundschaften nicht aufgrund ihres Geschlechts, sondern aufgrund ihrer unterschiedlichen Gesellschaftspositionen.

Auch heute ist die Freundschaftsforschung stark von der Erforschung des Unterschieds zwischen Männer- und Frauenfreundschaften geprägt. Die prominenteste Typisierung in Männer- und Frauenfreundschaften ist die von Paul H. Wright (1982) vorgenommene Einteilung in Face-to-face- und Side-by-side-Freundschaften. Als Side-by-side werden die eher instrumentellen und aufgabenorientierten Freundschaften unter Männern bezeichnet. Face-to-face soll für die für Frauen charakteristische tiefe, persönliche, an der Beziehung selbst orientierte Freundschaft stehen (Wright 1982: 15). Dabei ist interessant, dass Frauenfreundschaften heute gegenüber Männerfreundschaften nicht nur als die intensiveren, intimeren und zufriedenstellenderen Freundschaften gelten (vgl. Argyle/Henderson 1986; Dorst 1993; Kast 1992; Roth 2008), sondern ihnen werden auch mehr Verwirklichungschancen eingeräumt. Freundschaft scheint sich in ihrer ausgeprägtesten Form gegenwärtig am ehesten unter Frauen zu realisieren (Mayr-Kleffel 1991). Gerade mit Blick auf Freundschaft und Geschlecht werden die gesellschaftlichen Options- und Restriktionsräume relevant. Abschließend muss auf das Problem hingewiesen werden, dass durch eine derartige geschlechterorientierte Forschung, die Gefahr besteht, genau diese Unterschiede weiter fortzuschreiben.

Alter und Freundschaft

Auch in Bezug auf verschiedene Lebensalter tritt die Sozialstrukturierung von Freundschaft deutlich hervor. Gerade die mit den jeweiligen Altersstufen und Lebensphasen verbundenen Lebensumstände sind ausschlaggebend für Bedeutung und Funktion von Freundschaft. Schon bei Siegfried Kracauer (1971) heißt es, dass das Besondere der Jugendfreundschaft nicht in der Freundschaft selbst zu suchen ist, sondern im jugendlichen Leben begründet liegt: »Wenn wir vorerst die Aufmerksamkeit auf das freundschaftliche Verhältnis junger, gerade erblühter Menschen lenken, so geschieht es aus der Erwägung, dass hier, wo die ganze innere Welt bereits entfaltet, aber noch nicht in den Bahnen der Gewohnheit erstarrt ist, sondern sich in Bewegung und Wallung befindet, wachsend und lebend wie der jungbelaubte Baum im Sommer – dass hier der Sinn einer Verbindung, die ein Anzeichen höchster Daseinsfülle ist, auch am kräftigsten und reinsten zutage tritt« (Krakauer 1971: 26). Im Allgemeinen wird für eine Differenzierung von Freundschaft und ihrer Funktionen für verschiedene Altersstufen zwischen Kinder- und Jugendfreundschaft einerseits und Erwachsenenfreundschaft sowie Freundschaft im Alter andererseits unterschieden. Besonderes Interesse liegt insgesamt auf der Untersuchung von Freundschaften im Kindes- und Jugendalter (vgl. Breitenbach 2000; Kolip 1993; Salisch 1991; Youniss 1994). Für junge Menschen werden Freundschaften wichtig, weil sie helfen, sich gegenüber der familiären Einbindung zu verselbständigen, wobei hier vor allem auch Cliquen- und Peer-Beziehungen gemeint sind. Neben der Verselbstständigung und Identitätsbildung sind es die Aneignung sozial-kultureller Orientierungen und Kompetenzen, die Geschlechtsrollensozialisation oder auch die Freizeitgestaltung, die als spezielle Funktionen von Freundschaft im Jugendalter hervortreten.

Dagegen sind Untersuchungen zur Funktion und Bedeutung von Erwachsenenfreundschaften deutlich unterrepräsentiert. Im Allgemeinen wird angenommen, dass sich die Struktur von Freundschaft im Erwachsenenalter verändert. Gerade zeit- und arbeitsbedingte Anforderungen würden zu einer Bedeutungsverschiebung von Freundschaft zugunsten von Familie und Arbeit führen: »Freundschaften lassen in dem Maße nach, wie Menschen heiraten, Kinder bekommen oder sich stärker beruflich engagieren« (Argyle/Henderson 1986: 104f.). Die Bedeutung, und damit auch Intensität von Freundschaft steht in der Regel in engem Zusammenhang zu der Vielzahl an »biographischen Bewegungen«, die für das Erwachsenenalter kennzeichnend sind, wie Familiengründung, Berufstätigkeit, Kinderaufzucht, »Leere-Nest-Phase«, Scheidung, Midlife Crisis, Wohnungs- und Ortswechsel etc.

Freundschaften im Alter sind in den letzten Jahren verstärkt zum Gegenstand wissenschaftlicher Betrachtung geworden. Es ist sicherlich die sich verändernde Struktur des Alterns, bedingt durch den demographischen Wandel, die den Blick auf Freundschaft eröffnet hat (vgl. Allan 1989; Hollstein 2001). Die Funktion von Freundschaft im Alter wird in der Aufrechterhaltung von Außenbezug, in der Anerkennung, Geselligkeit und Unabhängigkeit gesehen. Dabei streben alte Menschen in der Regel weniger die intime Freundschaft als Ideal an, wie dies insbesondere für die Jugendzeit gilt, sondern es wird der Kontakt zu anderen Menschen gesucht, mit denen man etwas unternehmen kann. Denn der Verlust formaler Rollen scheint auch eine Verkleinerung des Kontaktradius nach sich zu ziehen. Neben der Funktion und Bedeutung von Freundschaft werden altersbedingte Unterschiede auch hinsichtlich der Anzahl von Freunden in den unterschiedlichen Altersgruppen ausgemacht. Die Aussagen differieren allerdings stark zwischen den Untersuchungen, was auch damit zusammenhängen kann, dass die Fehlerquellen bei der Erhebung der Anzahl von Freunden enorm groß sind. Von der Tendenz her, scheinen junge Menschen mehr Freunde zu haben, als alte.

Die Sozialstrukturierung von Freundschaft hebt also auf die gesellschaftliche Vermitteltheit freundschaftlicher Beziehungen ab. Formen von Freundschaften und gesellschaftliche Bedingungen der Freundschaftsführung unterscheiden sich hinsichtlich unterschiedlicher Klassen und Schichten sowie mit Blick auf die Geschlechter und Altersstufen. Damit wird die Ungleichheitsrelevanz von Freundschaft sichtbar.

7.3 Die Ungleichheitsrelevanz von Freundschaft

Der Blick auf die Sozialstrukturierung von Freundschaft wirft letztlich die Frage nach der Ungleichheitsrelevanz von Freundschaft auf. Der Zusammenhang von Freundschaft und sozialer Ungleichheit wird dabei besonders mit Blick auf den historischen Wandel von Möglichkeits- und Restriktionsräumen von Freundschaft evident. So hatten Frauen im Gegensatz zu Männern, deren Freundschaften durch Vereine, Männerbünde oder politische Zusammenschlüsse ins gesellschaftliche und öffentliche Leben eingebunden waren, zu denen Frauen keinen Zutritt hatten, häufig geringere Möglichkeiten sich außerhalb der Familie mit ihren Freundinnen zu treffen. Die Wirksphäre von Frauen war in der Regel auf das Haus, d.h. auf private Räume beschränkt. Dies zeigt auch die Freundschaftsgeschichte im Allgemeinen: »Die gesamte klassische Literatur über die Freundschaft thematisiert sie ausschließlich als Freundschaft unter Männern« (Bude 2008: 12). Mit Blick auf moderne Gesellschaften kann insgesamt für Frauenfreundschaften konstatiert werden, dass »heute durch die Beteiligung von Frauen an fast allen gesellschaftlichen Bereichen die Möglichkeiten, Freundschaften zu leben, gestiegen sind« (Nötzoldt-Linden 1998: 114). Ein weiteres Indiz dafür kann im Aufkommen und der mittlerweile stärkeren Verbreitung von geschlechtsgemischten Freundeskreisen im Vergleich zu den 1950er Jahren gesehen werden. Allerdings sollte diese Entwicklung nicht darüber hinwegtäuschen, dass bestimmte gesellschaftliche Räume wie Vereine oder andere Orte der Soziabilität nach wie vor stark männerdominiert sind und sich die gesellschaftlichen Anforderungen an die Lebensbewältigung für beide Geschlechter unterscheiden (vgl. Becker-Schmidt 1987; Diezinger 1991; Knapp 1990), was auch einen Einfluss auf Freundschaft hat. Geschlechtsbedingte Differenzen werden auch heute noch fortgeschrieben, was etwa im Bemühen deutlich wird, Frauenfreundschaften gegenüber typischen gesellschaftlichen Vorstellungen abzugrenzen, die mit Beziehungen zwischen Frauen insbesondere Neid, Missgunst und Eifersucht in Verbindung bringen oder diese als Klatsch- und Tratschgemeinschaften trivialisieren.

Möglichkeits- und Restriktionsräume sind neben dem Geschlecht auch hinsichtlich des Alters wirksam, etwa wenn aufgrund von Immobilität die Freundschaftsführung eingeschränkt ist. Besonders augenfällig wird die Ungleichheitsrelevanz von Freundschaft allerdings hinsichtlich Milieu- und Schichtzugehörigkeiten. So wird wie bereits erwähnt zumindest in kontinentaleuropäischen, liberalen und skandinavischen Wohlfahrtsstaaten, die Größe von Freundeskreisen in Abhängigkeit von der Verfügbarkeit von Ressourcen gesehen: »The size of friendship networks, social support and global measures of number of friends are associated positively with access to resources, and various indicators of well-being« (Adams/McCullough 2009: 2ff.). Damit sind materielle, aber auch soziale und psychische Ressourcen gemeint. Es wird angenommen, dass gerade sozioökonomisch unterprivilegierte Gruppen besondere Defizite aufweisen, bei der gesellschaftlich zunehmend geforderten eigeninitiativen Beziehungsarbeit mitzuhalten (Keupp 1994: 345). Sicherlich ist Axel Honneth (2011) zuzustimmen, dass sich Angehörige aller Milieus und Schichten zu Freundschaften zusammenschließen können. Dass aber Freundschaft zu einer schichtübergreifend genutzten Form der persönlichen Beziehung geworden ist, dem muss widersprochen werden. Freundschaften werden in der Mehrzahl zwischen Menschen mit gleichem Status oder gleichem Beruf geschlossen und verbleiben damit innerhalb desselben Milieus und desselben Entstehungsortes. Freundschaften bleiben damit nicht nur unter sich, sondern reproduzieren auf diese Weise benachteiligende Strukturen (vgl. Alleweldt 2013). Wie die Untersuchung von Alleweldt (2013) zu Frauenfreundschaften zeigt, orientieren sich die Untersuchten in der Regel an gängigen gesellschaftlichen Freundschaftsidealen, die große Freundeskreise, Konsum und Spaß in den Vordergrund stellen. In der Praxis schlagen diese Ideale häufig in Anforderungen um, denen die bestehenden Beziehungen nicht gewachsen sind. Dabei zeigt sich, dass der Umgang mit Enttäuschungen oder auch die Herstellung von Vertrauen zwischen den untersuchten sozialen Milieus sehr unterschiedlich ist, diese Praxen aber entscheidend für die Aufrechterhaltung der Freundschaften werden.

Eine Studie zu Freundschaftsgruppen englischer Ehefrauen macht deutlich, dass Freundschaften nicht nur durch soziale Strukturen geprägt sind, sondern diese auch reproduzieren, indem sie z.B. Rollenverpflichtungen bestärken. Die Autorin bezeichnet diese Funktion von Freundschaft als »the politics of status maintenance« (Jerrome 1984: 714). Für die Bestimmung von Reproduktionsmechanismen sind weitere Forschungen notwendig.

Darüber hinaus ist zu konstatieren, dass über schichtspezifische Freundschaftsmuster oder nichtbürgerliche Freundschaftsformen nur wenig bekannt ist. Das untermauert auch erneut der Blick auf die Freundschaftsgeschichte, bei der es sich vorwiegend um die Geschichte von Freundschaft in gehobeneren Schichten handelt, denn: »[...]jenseits der Literatur haben wir so gut wie keine sozialgeschichtlichen Quellen« (Meyer-Krentler 1991: 8).

7.4 Ausblick

Sicherlich haben sich die gesellschaftlichen, milieu- und geschlechtsbedingten Schranken, die in der Vergangenheit eine Freundschaftsführung nicht für alle Mitglieder der Gesellschaft ermöglicht haben, geöffnet. Dennoch muss abschließend konstatiert werden, dass die Möglichkeiten und Grenzen der Freundschaftsführung gesellschaftlich höchst ungleich verteilt bleiben. Auch führt die Tatsache, dass die Möglichkeiten, Freundschaften zu leben, insgesamt gestiegen sind, nicht dazu, dass sich Freundschaften ohne Weiteres umsetzen lassen. Sozialstrukturelle Aspekte werden in der aktuellen Diskussion um Funktion und Nutzen von Freundschaft allerdings eher selten hervorgehoben. Dabei sind gerade sie von Bedeutung, wenn es um die Beeinflussung von Handlungsmöglichkeiten durch soziale Beziehungen geht. Wenn von Freundschaft die Rede ist, dann darf die Sozialstrukturierung derselben nicht aus den Augen fallen.

8. Die Homogenität der Freundschaft

Andrea Knecht & Janosch Schobin

8.1 Einleitung: Das Phänomen der Homogenität der Freundschaft

Eine verbreitete Binsenweisheit besagt: Gleich und Gleich gesellt sich gern. Freunde und enge Bekannte sind in der Regel Personen, die eine Vielzahl sozialer Eigenschaften teilen. Sie sind meist des gleichen Geschlechts, häufig annähernd gleich alt, gleich gebildet, gleich arm oder reich, aus der gleichen Gegend, teilen die gleiche ethnische Herkunft, wählen die gleiche Partei, hören ähnliche Musik und so weiter. In der Soziologie, Psychologie und Soziobiologie ist dieses Phänomen als Homophilie und neuerdings – präziser – als Homogenität bekannt.[1] Der nachfolgende Abriss geht zwei Fragen nach:

- Auf welche sozialen Merkmale erstreckt sich die Homogenität und wie stark ist sie jeweils?
- Wie erklärt sich das Phänomen der Homogenität aus soziologischer Perspektive?

Freundschaften sind in allen wesentlichen klassischen sozialstrukturellen Hinsichten über das Maß des statistisch Erwartbaren hinaus homogen. Sei es in Sachen Geschlecht, Alter, Religionszugehörigkeit, Ethnizität oder sozialer Klasse: Freundschaften finden weit häufiger als statistisch zu erwarten wäre zwischen Menschen mit den gleichen Eigenschaften statt. Das jeweilige statistische Ausmaß der Homogenität ist jedoch sehr unterschiedlich (McPherson

1 | Das Wort »homophil« stammt aus dem Griechischen und bedeutet »Liebe zum Gleichen«. Es impliziert also bereits eine These für die Ursache des Phänomens. Aber gerade die neuere Forschung zeigt, dass die Vorliebe für Gleichartige in Freundschaften oft nur ein Faktor unter anderen ist, wenn es daran geht, zu erklären, warum Freunde einander so ähnlich sind. Wir bevorzugen hier den Begriff der Homogenität, der rein deskriptiv ist.

et al. 2001: 422-428). Am eindeutigsten sind die empirischen Befunde zur der Geschlechtshomogenität. Sie wurde wiederholt in den verschiedensten Ländern und Kulturen beobachtet. Oftmals betreffen die sozialen Ähnlichkeiten jedoch nicht nur zugeschriebene, »harte« Eigenschaften wie Geschlecht, Klasse oder ethnische Herkunft, sondern auch selbstgewählte, »weiche« soziale Größen, wie Konsumstile und politische Einstellungen. Die empirischen Forschungsergebnisse zu selbstzugeschriebenen oder selbstgewählten sozialen Merkmalen sind jedoch uneindeutiger. Die Forschung kommt je nach Typus der Merkmale zu verschiedenen Ergebnissen. Im Allgemeinen scheint zu gelten, dass zwei Freund_innen sich umso ähnlicher in »weichen« Merkmalen sind, je enger die Freundschaft ist und je »härter« die »weichen« Merkmale sind (vgl. Verbrugge 1977, McPherson et al. 2001: 422-428). Wenn es um diffusere »harte« soziale Merkmale wie soziale Klasse oder ethnische Zugehörigkeit geht, ist die Lage daher schon vergleichsweise kompliziert.

Abbildung 1: Lokale Regression, grauer Bereich repräsentiert 95%- Konfidenzintervall

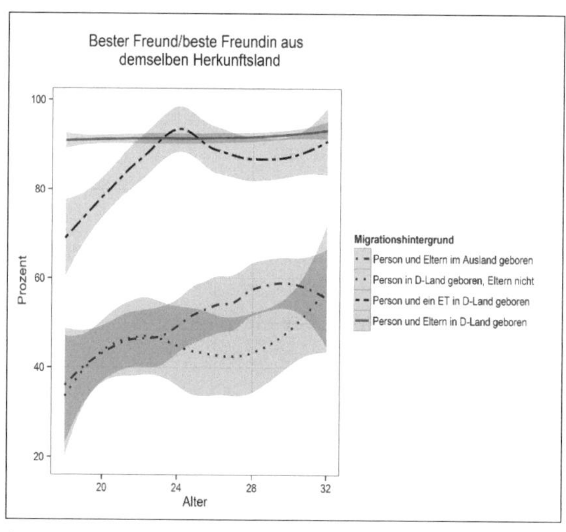

Datenquelle: AID:A 2009, ungewichtet

Am Beispiel der Ethnizität veranschaulicht: Die ethnische Homogenität in den USA hängt stark von der ethnischen Herkunft der Befragten ab. So sind die besten Freund_innen bei weißer (ca. 88 %) und afroamerikanischer Herkunft (ca. 80 %) fast immer der gleichen Hautfarbe, während sie es bei Personen asiatischer (55 %) oder hispanischer Herkunft (58 %) vergleichsweise seltener sind (Cheng/Xie, 2012, S. 30). Für die Deutsche Gesellschaft ergibt sich ein ähnliches Bild. Die ethnische Homogenität ist wesentlich stärker bei Deutschen als bei Personen mit Migrationshintergrund zu finden (siehe Abbildung 1). Auch ist der Grad der Homogenität des selben Merkmals nicht in allen Gesellschaften gleich stark. Das lässt sich im Falle der Ethnizität nur umständlich vergleichend darlegen, weil dazu gewusst werden müsste, wie die verschiedenen ethnischen Zuschreibungen in der jeweiligen Bevölkerung verteilt sind und wie sie sich in die ethnischen Zuschreibungen andererLänder und Kulturen übersetzen. Am Beispiel des Geschlechts lässt sich dieser Umstand einfacher veranschaulichen:[2] Ob der/die beste, enge Freund/Freundin des gleichen Geschlechts ist, variiert erheblich zwischen Gesellschaften (siehe Abbildungen 2, 3, 4 u. 5).

Abbildungen 2-5: Lokale Regression, grauer Bereich repräsentiert 95%-Konfindenzintervall

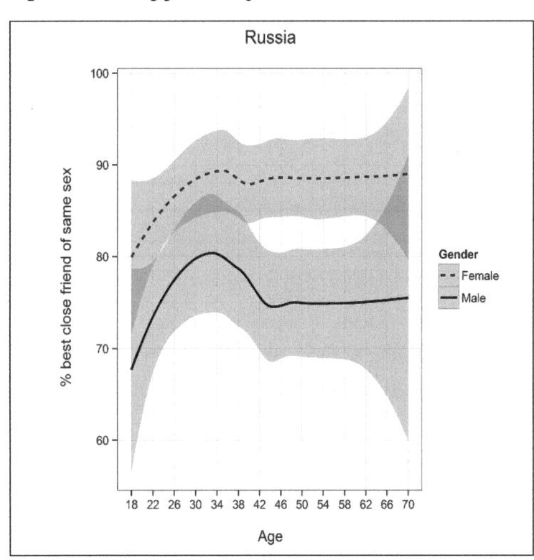

2 | Die Merkmalsausprägungen der Kategorie »Geschlecht« sind bis auf marginale Schwankungen (wenn man Länder wie China und Indien ausnimmt) in den meisten Ländern in etwa gleichverteilt. Zudem wird die Kategorie »Geschlecht« in den meisten Gesellschaften hegemonial als Dualität konzipiert. Die Geschlechtskategorien der meisten Länder lassen sich daher in der Regel gut ineinander übersetzen, wenn man alternative Geschlechtskonstruktionen, die fast nie in Umfragen erhoben werdenfor the arguments sake als systematische Blindheit ausklammert.

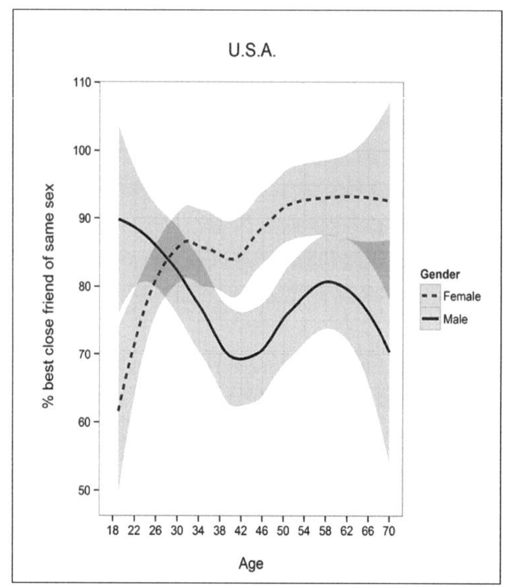
U.S.A.
% best close friend of same sex
110
100
90
80
70
60
50
18 22 26 30 34 38 42 46 50 54 58 62 66 70
Age
Gender
Female
Male

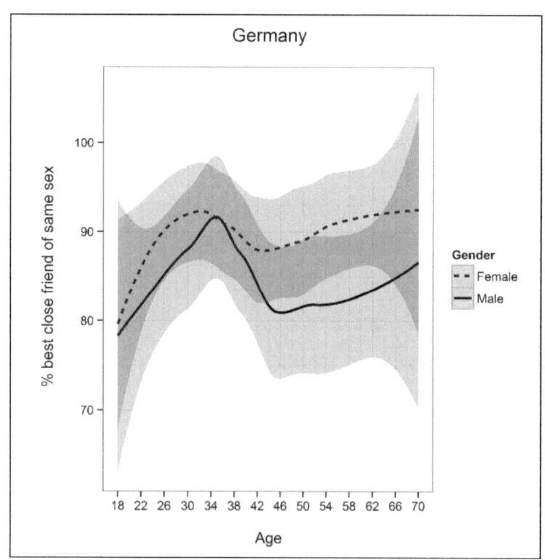
Germany
% best close friend of same sex
100
90
80
70
18 22 26 30 34 38 42 46 50 54 58 62 66 70
Age
Gender
Female
Male

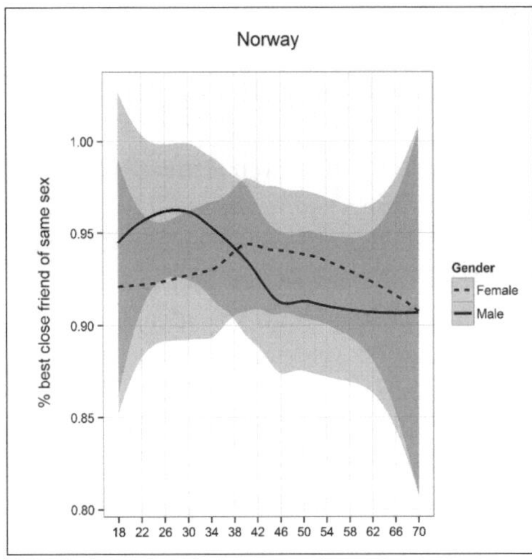

Datenquelle: ISSP 2001

Erstaunlich ist dabei zudem, dass die Freundschaftsschranke zwischen den Geschlechtern keineswegs in liberaleren und reicheren Ländern abnimmt. In Norwegen mit hoher Berufsbeteiligung der Frauen, liberalem Sexregime und ubiquitärem Wohlstand ist sie stärker als in Russland, bei schwacher Arbeitsmarktinklusion der Frauen, verbreiteter Homophobie und niedriger Wohlstandsdichte. Interessant ist auch, dass die Geschlechtshomophilie nicht in allen Ländern bei beiden Geschlechtern gleich stark ausgeprägt zu sein scheint. In vielen Ländern bevorzugen Frauen stärker Frauen als beste, enge Freundin als Männer einen Mann als besten engen Freund. Die Liste der empirischen Befunde zur Homogenität hinsichtlich zugeschriebener Merkmale ließe sich hier noch großflächig erweitern. Die Erforschung der Freundschaftshomogenität ist der einzige Bereich in dem sich Freundschaft als soziologisches Mainstream-Forschungsthema etabliert hat. Die zentrale Einsicht, die aus den hier nur unvollständig angerissenen empirischen Befunden aber bereits folgt, lautet jedoch sicherlich: Eine vernünftige Theorie des Homogenitätsphänomens muss zwei Tatsachen gleichzeitig erklären: Die Regel und die regelmäßige Abweichung von der Regel.

8.2 Soziologische Erklärungsansätze für das Phänomen der Homogenität der Freunde: Von der Homophilie-These zur Netzwerktheorie

Wie erklärt sich das Phänomen der Homogenität von Freund_innen aus soziologischer Perspektive? Zunächst ist darauf hinzuweisen, dass es einen Unterschied zwischen soziologischen und rein psychologischen Erklärungsversuchen gibt. Während Psychologen den Mechanismus, der die soziale Aggregatsgröße der Homogenität erzeugt, vor allem in den Individuen als angeborene oder erlernte, kognitiv gesteuerte Präferenz zur Beziehungsbildung mit Gleichen verorten, etwa in Form der *Similarity-Attraction*-Hypothese bei Heider (1958) oder der *Theory of Self-Categorization* bei Turner (1987), gehen soziologische Erklärung von Effekten aus, die erst im Zusammenspiel der Beziehungsbildungspräferenzen verschiedener Akteure und ihren Gelegenheiten Beziehungen einzugehen, entstehen (Monge/Contractor 2003). Soziologen unterscheiden dabei in der Regel – die genauen Begriffe variieren hierbei oft – zwischen drei interdependenten Ursachen der Homogenität:[3]

- Dem Grad der individuellen Homophilieneigung: Bevorzugt eine Person Personen als Freund_in, die mit ihr eine bestimmte soziale Eigenschaft, Einstellungen und Verhaltensweisen teilen?
- Der Gelegenheitsstruktur: Wer kommt überhaupt als Freund_in in Frage? Welche sozialen Orte stehen der Person zur Verfügung, um Freund_innen kennenzulernen? Wer steht überhaupt zur Wahl?
- Effekte des bereits bestehenden Freundschaftsnetzwerks: Hierbei handelt es sich um Sachzwänge, die durch die Einbettung in andere Freundschaftsbeziehungen entstehen. Wer passt zu den Freund_innen, die man bereits hat? Inwieweit werden Freund_innen von Freund_innen zu Freund_innen? Werden Vorlieben bereits bestehender Freund_innen übernommen oder übertragen?

---

3 | Verschiedene soziologische Theoriestränge konzentrieren sich dabei stärker auf die eine oder andere Ursache. So legen Sozialisierungstheorien ihr Augenmerk vor allem auf die Entstehung homophiler Neigungen im Kontext sozialer Institutionen wie der Schule, Rational-Choice Ansätze befassen sich eher mit den Effekten der Gelegenheitsstruktur auf die Freundschaftswahlentscheidungen und die zeitgenössische Netzwerktheorie beschäftigt sich vor allem mit den strukturellen Effekten des Freundschaftsnetzwerks auf die Freundschaftswahlen. Anzumerken ist hier auch, dass neuere Untersuchungen den Begriff Homophilie nur noch für die Neigungskomponente verwenden. Das Gesamtphänomen der Assoziation von Personen gleicher Eigenschaftskonstellation wird dann als Homogenität bezeichnet (Wimmer/Lewis 2010: 589).

Auf Anhieb scheint einsichtig zu sein wie Vorlieben und Gelegenheitsstrukturen Homogenität begünstigen. Homophile Präferenzen wirken sich direkt auf die Freundschaftswahlen aus. Wer die entsprechende Eigenschaft nicht hat, kommt als Freund_in schließlich nicht in Betracht, wenn die Präferenz sehr stark ist. Das Resultat ist, dass Ego nur Freund_innen hat, die ihm/ihr ähneln. Die Gelegenheitsstruktur dagegen kann beide Effekte haben. Sie kann Homophile begünstigen, selbst wenn die beteiligten Akteure keine homophilen Vorlieben haben: In einer Mädchenschule etwa können nur Freundinnen gewählt werden. Sie kann aber auch ein bestimmtes Maß an Heterogenität erklären, selbst wenn in einer Gruppierung homophile Vorlieben stark ausgeprägt sind. Stehen nur wenige Akteure mit einer gewünschten Eigenschaft zur Wahl, sind diese schnell »besetzt« und die Akteure müssen auf heterogene Beziehungen ausweichen, um Freundschaften zu schließen. An einem Extremfall erläutert: Der einzige Junge in einer Klasse, wird nur Mädchen wählen können, selbst wenn er Jungen stark bevorzugen sollte. Dieses Mechanismus erklärt z.B., warum die Freundschaften von Hispanos weniger homogen sind, als die von weißen U.S.-Bürgern. Diasporapopulationen müssen aus Gründen der Gelegenheitsstruktur öfter außerhalb ihrer Gruppe wählen. Dadurch kommt es zu dem widersprüchlichen Effekt, dass ihre Freundschaftswahlen gemessen an ihren Gelegenheiten zur Freundschaftswahl wesentlich homophiler sind, ihre Freundschaften insgesamt aber weniger homogen sind, als die der Mehrheitsbevölkerung.

Wie strukturelle Effekte des Freundschaftsnetzwerks sich auf Freundschaftswahlen auswirken, ist etwas komplizierter zu erklären und verdient ausführlicher erläutert zu werden, da sich hier die Interdependenz der drei Ursachen am deutlichsten zeigt. Das Grundschema der soziologischen Erklärung der Homophilie durch Netzwerkeffekte findet sich bereits in Georg Simmels »*Untersuchung über die Formen der Vergesellschaftung*« (Simmel 1908: 67-71). Auf die Frage der Geschlechtshomophilie zugeschnitten:[4] Angenommen A und B, beide männlich, sind enge Freunde. A lehnt Beziehungen zu Frauen ab und B lehnt Beziehungen zu Männern nicht ab. Ihre Einstellung zum Geschlecht des jeweils anderen ist demnach kompatibel. B lernt nun bei einer Kaffeefahrt die potenzielle Freundin C kennen. Sowohl B als auch C lehnen Menschen des anderen Geschlechts als Freunde nicht ab. Nur müsste C dummerweise männlich sein, damit auch A sie als potenziellen Freund akzeptierten könnte. Wählt B C als Freundin, entsteht – so C die Freundschaftsanfrage erwidert und A mit C

4 | Um den Gedankengang anschaulich zu machen, wird er hier auf die Frage der Geschlechtshomophilie angewandt und konkreter ausgeführt, als es bei Simmel in den »Über die Formen der Vergesellschaftung« der Fall ist. Simmels Argument ist allgemein und bezieht sich auf jedes Objekt möglicher Übereinstimmung in einer triadischen Konstellation von Personen.

dadurch in Kontakt kommt – ein Konflikt mit A. Da aber A und B bereits wechselseitig eng befreundet sind, wird B diesen Konflikt vermeiden, weil er die Übereinstimmung zu A schätzt. A's Vorlieben wirken sich so indirekt auf B's Freundschaftswahlen aus. Durch diesen Mechanismus kann etwa der Matthäus-Effekt (Wer bereits viele Freunde hat, dem werden eher Freundschaften angeboten) dazu führen, dass ein einzelner Akteur seine Vorlieben relativ weit streuen kann. Wenn ein beliebter Junge nur »Dünne« achtet, werden seine vielen Freunde nur selten »Dicken« die Freundschaft anbieten. In seinem Umfeld wird man daher eine Homogenität der »Körperform« finden. Die moderne Netzwerkforschung hat die Wirkungsweise verschiedener solcher struktureller Effekte des Freundschaftsnetzwerks umfassend untersuchtund die schematische Erklärung Simmels durch verschiedene, präzisere Mechanismen ergänzt und vertieft. Der besondere Mehrwert einer Analyse aus der Netzwerkperspektive zeigt sich dabei insbesondere, wenn nicht nur stark zugeschriebene Merkmale (Geschlecht, Alter, ethnische Zugehörigkeit usw.), sondern veränderbare Verhaltensweisen und Einstellungen untersucht werden. Die Verfahren der Netzwerkanalyse gestatten es nämlich Selektions- und Einflussprozesse parallel zu untersuchen. Beeinflussungs- und Selektionsprozesse werden dabei wie folgt unterschieden: Beeinflussungsprozesse stabilisieren oder verändern das Verhalten und die Einstellungen durch die Interaktion der Freunde. Selektionsprozesse hingegen entfalten ihre Wirkung über die Freundschaftswahl, etwa indem Freunde eher solche Personen als Freunde wählen, die bereits ähnliche Einstellungen und Verhaltensweisen wie sie selbst zeigen und eher Freundschaften mit Personen beenden, bei denen das nicht der Fall ist. Lange wurden Selektions- und Beeinflussungsprozesse separat untersucht und galten als gegensätzliche Erklärungsmuster für die Verhaltens- und Einstellungshomogenität von Freunden. Seit ungefähr einer Dekade ist es jedoch methodisch möglich (mittels der SIENA-Software, bspw. Steglich/Knecht 2010) Selektions- und Einflussmechanismen gleichzeitig – und d.h. in Wechselwirkung miteinander – zu untersuchen. Die Kombination beider Mechanismen in einem Untersuchungsdesign ermöglicht es, die häufig zu beobachtenden Ähnlichkeiten zwischen befreundeten Personen in einem Rahmen kausal erklären zu können. Unterschiedlichste Verhaltensformen wie Delinquenz, Aggressivität, Alkoholkonsum, Rauchen, sportliche Betätigung, schulisches Verhalten/Einstellung zu schulischen Belangen, Religiosität, Körpergewicht, Waffenbesitz wurden separat oder kombiniert analysiert (vgl. et al.Knecht et al. 2010; Knecht et al. 2011; Merken et al. 2012 u.v.a.). Die Untersuchungen bieten eine Fülle von Ergebnissen und erlauben differenzierte Aussagen über die kausalen Einflüsse von Selektions- und Beeinflussungsprozessen und ihre Wechselwirkungen. Wie sehen solche Netzwerkstudien in der Praxis aus? Erhoben werden dazu sogenannte »komplette Netzwerke« im Längsschnitt. Gemeint sind mit »kompletten Netzwerken« Daten über alle Beziehungen eines bestimmten Typs (etwa

Freundschaftsbeziehungen, Vertrauensbeziehungen, Freizeitbeziehungen) innerhalb einer abgrenzbaren Gruppe sozialer Akteure. Die Evolution des Freundschaftsnetzwerks – also die Veränderung des Netzwerks über die Zeit – und Auswirkung von Freundschaften stehen dabei im Fokus des Forschungsinteresses. Im Folgenden wird kurz eine Auswahl der zentralen Ergebnisse vorgestellt. Die Auswahl dient einer Orientierung und erhebt keinesfalls den Anspruch auf Vollständigkeit. Vorab ist einschränkend anzumerken, dass als Untersuchungspopulation sehr häufig Jugendliche betrachtet werden, da es hier mittlerweile eine gute Datengrundlage gibt. Die Studien (vgl. Knecht et al. 2010; Knecht et al. 2011; Merken et al. 2012 u.v.a. et al. et al. et al.) behandeln in der Regel die Netzwerkdaten kompletter Schulklassen, da sich die Klasse als eine Art natürlicher Netzwerkgrenze interpretieren lässt. Es werden also zumeist Freundschaften unter Klassenkamerad_innen zu mehreren Messmomenten erhoben. Gelegentlich werden allerdings auch die Freundschaften über alle Klassen einer Jahrgangsstufe oder in einem Nachbarschaftsviertel ermittelt. Dabei wird nach den (besten) Freund_innen gefragt und typischerweise eine gewisse Anzahl an Nominierungen vorgegeben. Mit welchen speziellen Fragen beschäftigen sich Studien dieser Art? Inhaltlich geht es in der Regel um die Entstehung von Freundschaften (Selektionsprozesse) und um die Auswirkungen von Freundschaften (Einflussprozesse) auf bestimmte Verhaltensweisen und Einstellungen, wie etwa dem Rauchen, dem Alkoholkonsum oder dem Musikgeschmack (vgl. Knecht et al. 2011). Bei der Untersuchung der Selektionsprozesse stehen besonders die begünstigenden Faktoren der Freundschaftswahlund die Stabilität von bereits erfolgten Freundschaftswahlen im Mittelpunkt des Interesses. Als empirisch relevant haben sich verschiedene strukturelle (auf Beziehungen bezogene) und individuelle Eigenschaften herausgestellt. Zu den besonders wichtigen strukturellen Parametern zählen, dass die Freundschaftswahl wechselseitig ist (die sogenannte Reziprozität), gemeinsame Freund_innen (die sogenannten triadische Schließung) und das Vorhandensein zusätzlicher Beziehungsebenen (die sogenannte Multiplexität). Für die Wahl von Freund_innen und die (relative) Stabilität von Freundschaftsbeziehungen scheint demnach einerseits entscheidend zu sein, dass sie von den Beteiligten erwidert werden. Andererseits sind gemeinsame Freunde wichtig. Sie erleichtern Freundschaftsschließungen und stabilisieren bereits geschlossene Freundschaften. Zuletzt begünstigt eine bereits vorhandene zweite Beziehungsebene zwischen Personen – etwa ein bereits bestehendes Vertrauensverhältnis oder eine gemeinsame Aktivität außerhalb der Klasse oder Gruppe – die Entstehung und Dauerhaftigkeit von Freundschaften. Netzwerkstudien sind jedoch nicht auf die reine Studie der Effekte des Netzwerks auf Beziehungswahlen festgelegt. Neben den strukturellen Größen sind unterschiedliche individuelle Eigenschaften für die Freundschaftsselektion von Bedeutung. In Rahmen von Netzwerkstudien ist es deshalb möglich zeitgleich zum Einfluss struktureller Größen den Einfluss der Homophilie auf die

Freundschaftswahlen und die Freundschaftsstabilität zu quantifizieren. Aus heuristischen wie auch aus Gründen der mathematisch-statistischen Behandlung von Netzwerkdaten wird dabei zwischen unveränderlichen und veränderlichen Merkmalen unterschieden. Dass der Einfluss mehr oder weniger statischer sozialer Eigenschaften wie dem Geschlecht bei Freundschaftswahl eine große Rolle spielt, ist – siehe oben – bekannt. Etwa lässt sich aus der Netzwerkperspektive die dynamische Evolution von Freundschaftsbeziehungen entlang der Geschlechtergrenze besonders plastisch nachzeichnen. Netzwerkstudien haben jedoch auch immer wieder gezeigt, dass nicht nur askriptive Größen einen Einfluss auf die Freundschaftswahlen und die Freundschaftsstabilität haben. Auch »weiche«, veränderliche Größen, wie der Musikgeschmack, das Körpergewicht und der Drogenkonsum wirken sich auf die Genese von Freundschaftsbeziehungen aus. An dieser Stelle lohnt es zur Betrachtung der Beeinflussungsprozesse überzuleiten. Die Homogenität des Musikgeschmacks unter Freund_innen etwa kann ja nicht nur entstehen, weil Personen mit ähnlichem Musikgeschmack sich wechselseitig als Freund_innen wählen, sondern auch, weil eine Person ihren Musikgeschmack auf die andere »überträgt«. Mit Songs steckt man sich erfahrungsgemäß oft an. Erstaunlicherweise können die Ergebnisse zu den strukturellen Beeinflussungsprozessen ähnlich zusammengefasst werden, wie die zu den strukturellen Selektionsprozessen. Auch hier zeigt sich, dass Reziprozität, triadische Schließung und Multiplexität einen hohen Einfluss auf die Wahrscheinlichkeit der Übertragung von Einstellungs- und Verhaltenspräferenzen haben. Ferner ist in diesem Zusammenhang anzumerken, dass sich das alte »entweder, oder« von Selektions- und Beeinflussungsprozessen als falsch erwiesen hat. Dynamische Netzwerkanalysen weisen auf das Zugleich von Selektion- und Beeinflussung hin. Netzwerkstudien erfassen nämlich auch Dynamiken wie die Folgende: A und B fangen eine Freundschaft an, weil sie ähnliche Musik mögen (Homophilieeffekt). C der schon lange mit A befreundet war, bevor er Musik mochte, freundet sich nun auch mit B an, weil er/sie ihn/sie durch A oft trifft (Triadischer Selektionseffekt). Nun hat C auf einmal zwei enge Freunde, die die gleiche Musik mögen und beginnt sich daher auch für diese Art Musik zu interessieren (Triadischer Beeinflussungseffekt). Was das Beispiel deutlich macht ist, dass Selektionsprozesse Beeinflussungsprozesse vorbereiten können und umgekehrt. Sie bedingen und verstärken einander mitunter. Netzwerkstudien ermöglichen es, diese Dynamiken theoretisch zu fassen und empirisch zu analysieren.

8.3 Abschluss

Alles in allem ist zu konstatieren, dass es die soziologische Theorieperspektive gestattet, das Phänomen der Homogenität aber auch das veränderliche Maß an Heterogenität systematisch zu erklären. Besonders die Bedeutung der Freundschaft im Rahmen der soziologischen Netzwerkforschung ist hier hervorzuheben. Das Forschungsfeld gehört zurzeit zu den »lebhaftesten« der gesamten Soziologie.Der kurze Abriss, der hier gegeben wurde, gibt jedoch nur einen unzureichenden Einblick in die vielfältigen Phänomene, Forschungsfragen und Theorietraditionen der soziologischen Homogenitäts-Forschung. Besonders in der Netzwerkforschung werden viele weiterführende Untersuchungsideen diskutiert. So muss etwa angemerkt werden, dass Freundschaftsbeziehungen von Erwachsenen zu wenig Beachtung gefunden haben, weil es bisher schwierig ist, vollständige Freundschaftsnetzwerke in »offenen Situationen« zu erheben und sie über die Zeit zu verfolgen. Hier kann noch vieles geleistet werden. Ferner stellt sich die Frage, wie die verschiedenen Arten der Homogenität aufeinander unter der Bedingung begrenzter Gelegenheiten einwirken. Angenommen eine Person hat ethnisch und geschlechtlich homophile Präferenzen, hat aber nur die Wahl zwischen einer Person ihres Geschlechts und anderer ethnischer Herkunft und einer Person ihrer ethnischen Herkunft und anderen Geschlechts. Wen wählt sie in diesem Fall eher? Gibt es eine Hierarchie der homophilen Präferenzen? Wenn ja, ist sie kultur-, alters-,geschlechts- oder netzwerksabhängig? Diese und viele andere Fragen konnten hier nicht einmal angeschnitten werden. Weiterführende Lektüren werden empfohlen.

II Problemfelder der Freundschaft

1. Entgrenzung der Arbeit

Sabine Flick & Kai Marquardsen

1.1 Der Wandel der Erwerbsarbeit und die Bedeutung von Freundschaften

»Lass uns doch noch auf ein Bier gehen und dabei den Kram für morgen besprechen«. Diese häufige soziale Praxis, meist salopp (und eigentlich nicht wahrheitsgemäß) als Feierabendbier betitelt, verweist auf eine soziologisch-definitorische Herausforderung: Mit wem tut man das eigentlich, sind es Kolleg_innen, die einen aus dem Büro begleiten, sind es Freund_innen? Sind es befreundete Kolleg_innen im Unterschied zu Kolleg_innen, mit denen man nicht befreundet ist? In jedem Fall kommt es hier formal zu einer Vermischung von formellen und informellen Beziehungen. Zu dieser Vermischung der Beziehungstypen gesellt sich eine Auflösung von Zeiten. Im Beispiel der Besprechung bei Bier nach Feierabend, ließe sich von einer Entgrenzung der Arbeit sprechen, zugleich auch einer Entgrenzung von Freizeit (Diese Vermischung findet sich auch in der Praxis der After-Work-Partys, bei denen nicht zuletzt wichtige berufliche Dinge besprochen wenn nicht gar entschieden werden). Diese Vermischung wird in der Soziologie seit geraumer Zeit unter dem Etikett »Entgrenzung von Arbeit und Leben« oder auch einer »Subjektivierung von Arbeit« diskutiert (vgl. Gottschall et al. 2005; Hochschild 2002; Jurczyk et al. 2009), beide Thesen eint, dass ein fundamentaler Wandel der Arbeit stattfindet, der sich auch auf die persönlichen Beziehungen auswirkt. Der fundamentale Formwandel der Arbeit besteht in einer stärkeren Fokussierung auf die Eigenleistung der Person (vgl. Lohr/Nickel 2009; Matuschek 2005; Moldaschl/Voß 2003, u.v.a.m.).

Subjektivierung von Arbeit

Was meint Subjektivierung von Arbeit? Dabei gilt es, so die arbeitssoziologische Argumentation, subjektive Eigenschaften, wie kommunikative und affektive Praktiken in den Arbeitsprozess zu integrieren. Diese Subjektivierung hat dabei zwei Bedeutungsgehalte, sie ist in diesem Sinne als »doppelte Subjektivierung von Arbeit« vorzustellen (vgl. Voswinkel 2002): Zum einen bezeichnet Subjektivierung von Arbeit die Ansprüche von Beschäftigten, zum anderen die Anforderungen der Unternehmen an die subjektive Arbeitsleistung. Kocyba und Voswinkel argumentieren im Hinblick auf die zunehmende Krankheitsverleugnung: »Gerade dann, wenn sich Beschäftigte mit ihrer Arbeit identifizieren, weil sie Autonomiespielräume besitzen, ihnen die Arbeit Spaß macht und Sinn gibt, werden Krankheiten oder bereits Anzeichen von Belastungsgrenzen abgewehrt und nicht zur Kenntnis genommen« (Kocyba/Voswinkel 2007: 12). Die Prekarisierung von Arbeit und die damit einhergehenden Belastungen werden in diesem Zusammenhang von einigen Beiträgen zur Debatte als ursächlich dafür angenommen, die eigenen Grenzen zu übergehen (vgl. Castel 2000; Dörre 2010). Die Angst vor Jobverlust wirke sich einerseits als Stressfaktor gesundheitlich belastend aus und könne anderseits in die interessierte Selbstgefährdung sowie die Krankheitsverleugnung führen. Prekarität bezeichnet eine veränderte Herrschaftslogik und qualitativ neue Form der Subjektivierung. Bourdieu bspw. thematisiert Prekarisierung als »Teil einer neuartigen Herrschaftsnorm, die auf die Errichtung einer zum allgemeinen Dauerzustand gewordenen Unsicherheit fußt und das Ziel hat, die Arbeitnehmenden zur Unterwerfung, zur Hinnahme ihrer Ausbeutung zu zwingen« (Bourdieu 1998: 100). Verschiedene empirische Untersuchungen machen als den Prototyp der neuen Arbeitskraft den »Arbeitskraftunternehmer« aus (Pongratz/Voß 2003, 2004). Dieser muss vor allem eine Fähigkeit mitbringen: Selbststeuerung. Im Gegensatz zum taylorfordistischen Rationalisierungsparadigma nehmen postfordistische Management-Konzepte die ganze Person in den Blick (vgl. Kocyba 2000). Die Rede vom Arbeitskraftunternehmer (Pongratz/Voß 1998) als »Unternehmer seiner selbst« treffe den Kern der Thesen: »Um mithalten zu können, ist es nötig, seine Ressourcen zu erkennen, zu nutzen und auszubauen, das Erreichte zu überprüfen, initiativ zu werden, statt nur zu reagieren, sich überzeugend zu präsentieren, sich flexibel auf immer neue Anforderungen einzustellen und sich entsprechend zu qualifizieren – kurzum: seinen gesamten Lebenszusammenhang im Sinne betr iebswirtschaftlicher Effizienz zu rationalisieren.« (Bröckling 2000: 154). Selbstmanagement gehe einher mit

> einer Ausbreitung der unternehmerischen Logik, die nun nicht alleine auf unternehmerischer Ebene angesiedelt ist, sondern die Subjektivierungsweise betrifft; es komme zu einer »Ökonomisierung des Sozialen« (Bröckling et al. 2000). »Sei ein unternehmerisches Selbst!« laute die neue Anrufung.

Dies ist nun, mag man kritisch einwenden, beileibe kein neues Phänomen. Neu ist die Thematisierung dieser Entgrenzung entlang des Stichwortes Work-Life-Balance. Die Entgrenzung von Arbeit und Leben bringt neben den eben genannten Stresssymptomen auch den Tatbestand mit sich, dass immer mehr Menschen immer mehr Zeit mit ihren Kolleg_innen verbringen. Diese Entwicklung führt zur Frage, was mit den Freundschaftsbeziehungen in den entgrenzten Arbeitsverhältnissen passiert. Gewinnen sie an Bedeutung? Verlieren sie den Status einer Nebensache im Vergleich zu Partner_innen, die ja doch kommen und gehen, glaubt man den Thesen der Individualisierungstheorie? Welche Rolle spielen Freundschaften für Beschäftigte, die in entgrenzten Arbeitsbedingungen angestellt sind? Wie wirkt sich also die Ökonomisierung des Sozialen auf die Freundschaften der Beschäftigten aus?

1.2 Drei Annahmen der Soziologie

Zunächst ruft die Frage nach den Freundschaften am Arbeitsplatz das eingangs skizzierte definitorische Problem auf den Plan: Wann ist ein Kollege ein Freund? Welcher Unterschied besteht zwischen der Kollegin und der Freundin? Nötzold-Linden definiert Freundschaft in ihren Kernelementen. Zu diesen gehören: Freiwilligkeit, Reziprozität, Dyade, eine ganzheitliche Perspektive auf den Lebenshintergrund der anderen Person, flexible raumzeitliche Verortung (Unendlichkeitsanspruch), gefühlte Zusammengehörigkeit sowie ein eigenes Werte-Regel-Gefüge (Nötzold-Linden 1994). Insbesondere über das Element Freiwilligkeit lässt sich streiten und überdies einräumen, dass Freundschaft stärker als vom Geschlecht durch den sozialen Status geprägt ist (vgl. bspw. Allan 1998). Legt man hier bspw. das Kriterium der Freiwilligkeit zugrunde, so wird das Dilemma deutlich: Nur in außergewöhnlichen Ausnahmefällen haben sich die Befragten ihr Kollegium explizit »ausgesucht«. Kaum verwunderlich, ist doch gerade das Kollegium eine Personengruppe, die man nicht wählen kann. Im Unterschied zu erlebten Paarbeziehungen oder den Freundschaften in anderen Kontexten, finden die Kolleg_innenbeziehungen im Rahmen einer formellen Organisation statt, die nicht wie die Paar- oder Freundschaftsbeziehungen einem Selbstzweck dienen, sondern dem Erbringen von Arbeitsleistungen und einer instrumentellen Vernunft folgen. Überdies sind die Kolleg_innen austauschbar und wechseln vor dem Hintergrund der wandelnden Arbeit und Prekarisierung häufiger, gleichzeitig kann man selbst nicht ohne Weiteres aus diesen Beziehungen »aussteigen« und sie beenden, ohne dabei seinen Arbeitsplatz zu gefährden (vgl. die Definition der persönlichen Beziehung als personelle Unersetzbarkeit, Lenz/Nestmann 2009). Die Definition von Freundschaft zwischen Kolleg_innen ist daher also in erster Linie eine empirische und subjektorientierte. Freundschaft ist es dann, wenn die Beschäftigten dies selbst so beschreiben (vgl. Flick 2013). Dass sich zwischen Kolleg_innen häufig Freundschaften entwickeln, ist der Tatsache geschuldet, dass die theoretische Definition von Freundschaft als einer Beziehung, die die Gleichheit, oder zumindest die gleichen geteilten Lebensräume voraussetzt, hier verwirklicht wird.

Inzwischen lassen sich angesichts der skizzierten veränderten Arbeitswelt drei Diagnosen entlang der sich häufenden soziologischen Beiträge ausmachen, wenngleich zu betonen ist, dass die Mehrzahl der Beiträge nicht unbedingt Freundschaften fokussieren, sondern häufiger »persönliche Beziehungen« umkreisen und dazu nicht selten eher die Frage nach einer Zeit für diese Beziehungen und nicht zwangsläufig die Frage nach ihrer Qualität aufwerfen.

Die drei Richtungen der Annahmen lassen sich wie folgt zusammenfassen: Es gibt Beiträge, die den Wandel der Arbeit als eindeutige Erschwernis für Freundschaften innerhalb der Arbeitsbeziehungen deuten, da insbesondere Unsicherheit und Konkurrenz die Freundschaften belasten. Daneben gibt es in Erweiterung zur ersten Annahme Beiträge, die den Fokus auf die Freundschaften jenseits der Erwerbsarbeit richten, und auch für diese annehmen, dass sich deren Existenz wie Entwicklung durch die Arbeitssituation der Einzelnen langfristig schwieriger gestalten werde. Demgegenüber stehen die Beiträge, die im Wandel der Arbeit mit der Entgrenzung ein Potenzial für Freundschaften sehen: So hätten Freundschaften gerade durch eine zeitliche wie räumliche Flexibilisierung größere Chancen sich vor allem innerhalb eines Kollegiums zu entwickeln. Zumindest sehen diese Beiträge eine paradoxere Entwicklung als die beiden vorangegangenen Diagnosen. Sie beschreiben eine Gleichzeitigkeit der Ermöglichung und Verhinderung von Freundschaften in Arbeit.

Erschwerte Bedingungen für Freundschaften am Arbeitsplatz

Freundschaften in entgrenzten Arbeitsbedingungen sind prekär, so lässt sich laut dieser ersten Diagnose resümieren. In den einleitenden Bemerkungen deutete sich bereits an, dass Beschäftigte heute mehr Zeit als je zu vor mit Kolleg_innen verbringen, dabei auch freundschaftliche Kontakte zu ihren Kolleg_innen pflegen und mit manchen Kolleg_innen, mit denen sie derzeit nicht mehr zusammenarbeiten, heute noch gut befreundet sind. Hier sind Freundschaften im Rahmen der Arbeitsbeziehungen entstanden. Die Beschäftigten in den entgrenzten Arbeitsorganisationsformen arbeiten in Teams mit direkten Teamkolleg_innen zusammen, dabei gibt es je eine Person, welche die Teamleitung innehat. Jedes Team berichtet an einen oder mehrere Vorgesetzte. Der Arbeitsdruck durch Zielvereinbarungen fürs Team und die Einzelperson ist so hoch, dass es das jeweilige persönliche Miteinandersein stark herausfordert. Die Arbeitsorganisation erfordert die permanente Strukturierung der Arbeitsaufgaben und Organisation der Arbeitszeiten. Die direkten Kolleg_innen im Team haben für die Befragten eine große Bedeutung in ihrem Alltagserleben. Es sind die Personen, mit denen sie täglich die meiste Zeit verbringen. Diese Freundschaften haben somit den Charakter geteilter Lebensräume: Kolleg_innen werden zu Freund_innen. In ihrer qualitativen Tendenz sind diese Freundschaften im Unterschied zu den anderen Freund_innen ersetzbar und wechseln häufiger. Mit diesen Freund_innen tauscht man sich auch nicht zwangsläufig über persönliche Dinge aus, vielmehr geht es in diesen Kontakten darum, etwas gemeinsam zu unternehmen, vor allem aber, im Rahmen der Erwerbsarbeit einander loyal zur Seite zu stehen (vgl. Flick 2011). Deutlich wird, dass die Kolleg_innenbeziehungen vor allem soziale Kontrolle und kompetitives Mit- und Gegeneinander beinhalten und nur wenige Beziehungen darin in diesem Sinne als solidarische erfahren werden. Beziehungsmöglichkeiten mit Kolleg_innen sind also nur dann als freundschaftliche und fürsorgliche Ressource zu verstehen, wenn sich die Kolleg_innen klar füreinander (und damit gegen andere) entscheiden. Mobbing kann dann die Folge sein und basiert in den beschriebenen Arbeitsverhältnissen meist auf Informationspolitiken, vor allem dem Zurückhalten notwendiger Informationen oder auch durch Fehlinformationen, durch welche sich eine Gruppe von Informierten gegen eine Gruppe von Uninformierten stellt (vgl. Krömmelbein 2005). Daneben zeigen sich aber auch Flow-Momente mit den Kolleg_innen, die angesichts der Extensivierung der Arbeit dieser Befragten nicht zu unterschätzen sind (vgl. Csíkszentmihályi 1997). Damit sind Momente gemeint, in denen eine völlige Vertiefung in die konkrete Tätigkeit eine beinahe rauschähnliche Funktionslust hervorruft. Das gemeinsame Erreichen der Teamziele, der Abschluss eines Vertrages oder einfach nur ein gutes Meeting sind Momente, die in der Gruppe erlebt werden und sich stabilisierend auf Freundschaften auswirken.

Erschwerte Bedingungen für Freundschaften jenseits von Erwerbsarbeit

Angesichts der Entgrenzung und Subjektivierung von Arbeit wurde eine Vielzahl von Untersuchungen vorgelegt, die sich dem darin impliziten Phänomen der Arbeitszeitflexibilisierung gewidmet haben (vgl. Sauer 2005; Seifert 2005). Dabei steht die Frage nach Zeit und Zeitverfügung im Zentrum. Die meisten der vorhandenen Studien nehmen dabei die betrieblichen Akteure in den Blick oder fokussieren die alltägliche Lebensführung der Beschäftigten. Die zweite mit diesen Untersuchungen einhergehende Diagnose zu Freundschaften in Arbeitsverhältnissen betont deren erschwerte Bedingungen. Freundschaften jenseits der Erwerbarbeit leiden unter der Entgrenzung. Hielscher bspw. legt mit seiner Studie zu flexiblen Arbeitszeitstrukturen und sozialer Integration mit dem Konzept der Sozialzeit eine Perspektive vor, die über die bisherigen Beiträge zur Debatte um flexible Arbeitszeiten hinausgeht (vgl. Hielscher 2006). Er fragt nach den Konsequenzen der flexiblen Arbeitszeiten für die Interaktion der Individuen sowie den sozialen Zusammenhalt der Gesellschaft und bezeichnet die ›Zeit mit Anderen‹ als »Sozialzeit«. Er verfolgt in seiner empirischen Untersuchung folgende Fragen: Wie koordinieren die Beschäftigten gemeinschaftliche Aktivitäten in der Lebenswelt? Wie kommt Sozialzeit, gemeinsame Zeit mit Anderen zustande? Kommt es ggf. zu einer neuen Sozialzeit und welche Qualität hat diese? (Hielscher 2006: 15) Hielscher interessieren dabei ausgehend von verschiedenen betrieblichen Flexibilitätsmodellen individuelle Zeitarrangements der Beschäftigten zwischen betrieblichen Anforderungen, familiären Verpflichtungen und privaten Interessen. Es geht ihm dabei in diesem Sinne um Handlungsspielräume der Beschäftigten. Er geht zwar in Anlehnung an die Diagnosen der reflexiven Moderne durchaus von der »Individualisierung der Zeitgestaltung« aus, argumentiert aber demgegenüber, dass dies nun nicht bedeute, jeder und jede mache alles mit sich alleine aus. Vielmehr gehe es darum, die verschiedenen Vorgaben von Arbeit und familiären Gemeinschaften sowie Freundschaften zu koordinieren und darin eine gemeinsame Zeit zu ermöglichen, die Sozialzeit. Er kommt abschließend zu dem Ergebnis, dass Sozialzeit angesichts der Entgrenzung und Flexibilisierung der Arbeit eher erschwert denn vereinfacht wird. Für was die Einzelnen dann die Sozialzeit nutzen, außer dem schlichten Tatbestand, »Zeit mit anderen« zu verbringen, bleibt bei Hielscher offen. Auch bleiben die Fragen nach der Qualität dieser Beziehungen bestehen. Überdies folgt die Untersuchung implizit der Aufteilung in verschiedene Lebensbereiche und verstellt den Blick auf bspw. Sozialzeit mit Kolleg_innen, die nicht der industriellen Ordnung dient, sondern diese ggf. unterläuft, obwohl sie während der Arbeitszeit stattfindet. Wie die subjektive Qualität der Sozialzeit für die Beschäftigten aussieht, bleibt eine nach wie vor offene Frage. Im Rahmen eines am Deutschen Jugendinstitut angesiedelten Projekts wurde der Umgang mit den Sphären »Arbeit« und »Familie« untersucht und als »Grenzmanagement« vorgestellt (vgl. Jurczyk et al. 2009). Leitend für diese empirische Untersuchung ist die Frage danach, wie sich »aktuelle Strukturveränderungen von einerseits erwerbsförmiger Arbeit und andererseits der Formen des persönlichen Zusammenlebens konkret im Alltag der Menschen und ihrer Familien auswirken und was daraus für deren Verhältnis zueinander und die Erwerbsarbeit als solcher folgt« (Jurczyk et al. 2009: 18). Der darin immanente Ansatz der »Grenzziehung« als Teil von Reproduktion wird von den Autor_innen vor dem Hintergrund ihrer empirischen Untersuchung als »doing boundary« vorgestellt und dieses Grenzmanagement beziehen sie neben zeitlichen, räumlichen und biographischen Grenzen auch auf die Freundschaften der Beschäftigten. Im Ergebnis zeigen sie, dass das »doing boundary« vielfältiger ist als lediglich es einseitig aus der Perspektive der Erwerbsarbeit nachzuvollziehen, sondern, dass eine Entgrenzung auch aus der Perspektive der Beziehungen zu verstehen ist, die diese notwendig machen. Darüber hinaus konstatieren sie, dass es »für den Erwerbsbereich von Vorteil ist, wenn es den Beschäftigten gelingt, eine zufriedenstellende Balance zwischen Erwerbstätigkeit und Beziehungen zu finden.« (Ebd.: 318) und dass dies umgekehrt sich belastend und überfordernd auf die Beschäftigten auswirkt, finden sie keine Lösung in der Vereinbarkeitsfrage. Insbesondere die Herstellung von Kopräsenz (also gemeinsamer Zeit am gleichen Ort) stellt dieser Studie zufolge eine große Herausforderung für die Befragten dar (ebd.: 190ff.). Die immensen Anforderungen der Planung in der Erwerbsarbeit und die Orientierung an der Paarbeziehung als Ort, den man »unverplant« genießen kann, führen bei den Befragten zu Zeitmangel und fehlender Aufmerksamkeit für Freundschaften, so argumentiert die Studie von Flick (2013). Insbesondere den Wunsch danach, die alten und besten Freundinnen und Freunde häufiger zu sehen oder den eigenen »Horizont zu erweitern«, etwa durch neue Bekanntschaften, äußern die Befragten. Ihre eigene Weise, die Planungsanforderungen der entgrenzten Arbeit zu meistern, verhindert also, ungeplante Zeit zu erleben. Die Zuspitzung auf den Bereich der Erwerbsarbeit reduziert den Bereich der fürsorglichen Nahbeziehungen und führt zur Stabilisierung (und Perpetuierung) der Paarbeziehung. Da die Paarbeziehung normativ so fest als hegemoniale Lebensform verankert ist, erscheint es in einer Lebenssituation, in der so vieles als flexibel erfahren wird und daher so vieles geplant, festgezurrt und strukturiert werden muss, sinnvoll, selbsterklärende Bereiche zu etablieren, die ohne hohen Koordinierungsaufwand und ohne Verhandlungen auskommen. Wegen des Kontrasts zur alltäglichen, belastenden Selbststeuerungspflicht angesichts der beruflichen Anforderungen, die ohne eine klare Vorgabe über den Ablauf der zu erledigenden Arbeiten auskommt, geht von der Selbstverständlichkeit der »normalen« Paarbeziehung eine besondere Anziehungskraft aus. Entgegen den Annahmen einer Zersetzung der stabilen Paarbeziehung durch die entgrenzte Arbeitsorganisation scheinen beide einander gegenseitig zu befestigen. Die Arbeitsorganisation mit ihrer Extensivierung der Arbeitszeiten geht mit einem von den Befragten als fundamental erlebten Zeitmangel einher. Die hohen Planungsanforderungen der selbst zu organisierenden Arbeit verstärken den auf die Paarbeziehung bezogenen Wunsch nach Unverplantheit. Dieser Zusammenhang erklärt, warum die sich quasi selbstorganisierende Partnerschaft so zentral, die organisationsintensiven alten/besten Freundschaftsbeziehungen im Leben der Befragten dagegen so marginal sind.

Bedeutungszuwachs und Paradoxien der Freundschaften im Wandel der Arbeit

Arlie Hochschild geht in ihrer prominenten Studie »The Time Bind« der Frage nach, warum so viele Beschäftigte »keine Zeit« haben und dennoch nicht auf die durchaus familienfreundlichen Arbeitszeitregelungen des untersuchten Unternehmens zurückgreifen. Die Arbeit, so ihre These, wird zum Zuhause und zu Hause wartet nur noch Arbeit. So stellte Hochschild zumindest bei dem von ihr untersuchten Unternehmen fest, dass die Anziehungskraft der Arbeitswelt stärker wurde, die der Familie und des sozialen Umfeldes schwächer: »In diesem neuen Modell von Familie und Arbeitsleben flieht der müde Vater oder die müde Mutter aus der Welt der ungelösten Konflikte und ungewaschenen Wäsche in die verlässliche Ordnung, Harmonie und gute Laune der Arbeitswelt« (Hochschild 2002: 56). Auch wenn Hochschild nicht explizit die Freundschaften der Beschäftigten untersuchte, so lassen sich die persönlichen Beziehungen des Arbeitsplatzes, zu denen die Freundschaften zählen, durchaus in dieser Lesart deuten: sie werden angesichts der komplizierten anfordernden privaten Lebenswelt attraktive und notwendige Begleiter. Gerade Freundschaft wird im Wandel hin zu hochindividualisierten Gesellschaften als Bezugspunkt wichtiger. Mehrere Studien belegen diesen Bedeutungszuwachs. So fragte eine groß angelegte englische Studie zur Wohlfahrtssituation verschiedener Milieus in Großbritannien danach, welche Fürsorgenetzwerke für Personen, die »ohne einen Partner« leben, zur Verfügung stehen. Die Untersuchung kommt zum Ergebnis, dass die Bezeichnung »Single« keineswegs für diese Befragten zutrifft, da sie über ein großes Netz an subjektiv relevanten Personen verfügen, und in diesem Sinne alles andere als vereinzelt sind. Es sind die Freunde und Freundinnen, die von Bedeutung sind (vgl. Roseneil 2007). Insbesondere die Freundschaften und freundschaftlichen Kontakte zu Kolleginnen und Kollegen sind von hohem Wert für die Beschäftigten, dabei jedoch sind diese Kontakte auch Quelle der Frustration, wie die erste Diagnose deutlich machte. Die Situation ist also paradox.

1.3 Ausblick: Freundschaft in Arbeit

Die Freundschaften zwischen Kolleg_innen sind durch die Arbeitszeitsouveränität erschwert, weil die mit der Arbeitszeitorganisation einhergehende Unsicherheit und Konkurrenz diese Beziehungen belasten. Die hohen Leistungsanforderungen beschränken überdies die privaten Beziehungen jenseits der Arbeitszeit, was wiederum die Bedeutung der persönlichen Beziehungen zu den Kolleg_innen erhöht. Dies geht allerdings gleichzeitig einher mit der besonderen Wertschätzung von Vertrauen und Verlässlichkeit zwischen den Kolleg_innen, zumindest mit denen, mit denen man sich gut versteht, und gleichzeitig einer Haltung des Misstrauens gegenüber Kolleg_innen, mit denen man keine persönlichen Beziehungen pflegt. Die persönlichen Beziehungen sind hier pragmatischen und in diesem Sinne instrumentellen Kriterien unterworfen und lassen sich als »Verbetrieblichung der Lebensführung« vorstellen (Pongratz/Voß 1998). Die Zeitknappheit der Arbeitszeitsouveränität führt in diesem Sinne zu einer Rationalisierung der persönlichen Beziehungen, so die erste Diagnose. Die Freundschaften jenseits der Erwerbsarbeit haben es ebenfalls schwer, sind sie doch ebenfalls der Zeitknappheit unterworfen und bedürfen eines alltäglichen Grenzmanagements, folgt man der zweiten Diagnose. Die dritte Deutung schließlich zeigt neben den Erschwernissen die zunehmende Bedeutung von Freundschaften angesichts der Individualisierung auch am Arbeitsplatz auf und verweist dabei auf paradoxe Entwicklungen. Während der private Lebensbereich immer anstrengender erscheint, suchen die Beschäftigten vermehrt die klaren und übersichtlichen persönliche Beziehungen ihres Arbeitsplatzes auf. Durch die Darlegung der verschiedenen Perspektiven und Annahmen wird deutlich, dass die Frage nach Freundschaften in Arbeitsverhältnissen noch eine offene ist. Hieraus ergeben sich weitere Forschungsfragen:

- Welche der skizzierten Entwicklungen setzen sich langfristig durch?
- Betrifft der Wandel der Arbeit Freundschaft im Allgemeinen oder nur bestimmte Berufsgruppen?
- Wie hängt dies mit der jeweiligen Sozialstruktur der jeweiligen Branchen zusammen?
- Welche Rolle spielen dabei wiederum Geschlechterverhältnisse?

1.4 Exkurs: Freundschaft und Arbeitslosigkeit

Eine verbreitete These lautet, dass es in Folge anhaltender Arbeitslosigkeit zu einem Verlust von Freundschaftsbeziehungen kommt. Statistische Untersuchungen haben wiederholt gezeigt, dass Arbeitslose weniger enge Freunde zu haben behaupten, als Personen, die berufstätig sind. Auch das Sozioökonomische Panel bestätigt diese Beobachtung (siehe Abbildung 6).

Abbildung 6: Gewichtete Mittelwerte, Balken repräsentieren designbasierten 95%-Konfidenzintervall

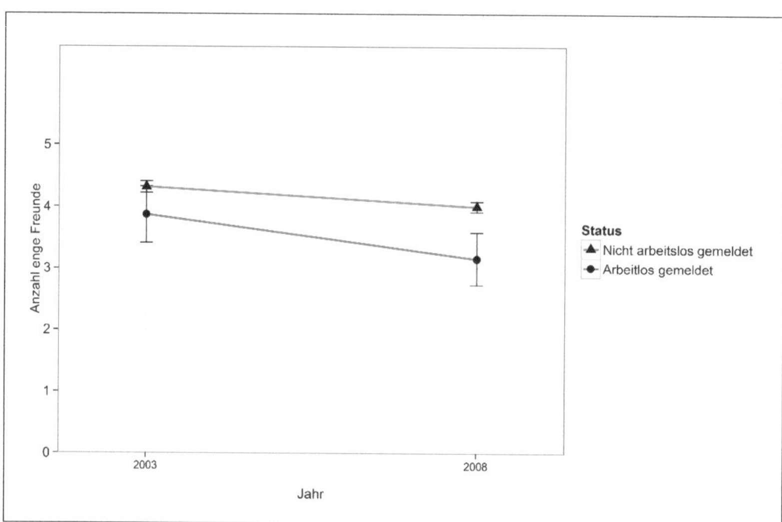

Datenquelle: SOEP 2003 u. 2008

Für die Annahme spricht ferner, dass Freundschaften auf einer sozialen Ähnlichkeit der Beziehungspartner basieren (vgl. Wolf 1996). Diese Ähnlichkeiten bedürfen einer fortwährenden Bestätigung (Diewald 1991: 257). Aufgrund der Arbeitslosigkeit kann dies in Frage stehen, da die sozialen Gelegenheiten und Räume der Interaktion z.B. durch fehlende finanzielle Mittel, abweichende Tagesstrukturen oder einen schamhaften Rückzug aus sozialen Beziehungen geringer werden. Ein Rückzug aus Freundschaftsbeziehungen erfolgt sowohl durch die arbeitslose Person selbst als auch durch ihren Freundeskreis (Marquardsen 2012: 112). Ein wichtiger Grund für diesen Rückzug ist die Wirksamkeit von Arbeitslosigkeit als Stigma, das die Betroffenen vom Rest der Gesellschaft trennt und ihre soziale Identität beschädigt (vgl. Goffman 1975). In Bezug auf Freundschaften kann die Wahrnehmung sozialer Ähnlichkeit an einem neuralgischen Punkt in Frage stehen, da mit der Arbeitslosigkeit ein Verhältnis der Ungleichheit in Freundschaftsbeziehungen wirksam wird. Hierbei ist davon auszugehen, dass ein gegenseitiger Rückzug umso wahrscheinlicher ist, je stärker eine Beziehung vor Eintritt der Erwerbslosigkeit an sozialen Eigenschaften orientiert war, die auf den Erwerbsstatus der Beteiligten bezogen sind.

Diese Zusammenhänge verweisen bereits auf einige Differenzierungen, die hinsichtlich der These eines Verlusts von Freundschaftsbeziehungen in der Erwerbslosigkeit notwendig sind. So gilt es also danach zu fragen, welche Rolle erwerbsvermittelte soziale Ähnlichkeiten vor Eintritt der Erwerbslosigkeit gespielt haben. Dies kann sich für verschiedene Beziehungen derselben Person ganz unterschiedlich darstellen. Insbesondere im Fall von jugendlichen Arbeitslosen definieren sich Freundschaften häufig über gemeinsame Interessen und Aktivitäten jenseits eines erwerbsvermittelten Status. Vereinzelt findet sich dieses Phänomen aber auch bei Personen, die schon länger im Erwerbsleben gestanden haben. Bei anhaltender Erwerbslosigkeit können solche Freundschaftsbeziehungen an Bedeutung gewinnen (Marquardsen 2012: 159f.). In solchen Fällen lassen sich in Freundschaftsbeziehungen alternative Prozesse der Vergemeinschaftung identifizieren, in denen die relevanten Maßstäbe sozialer Ähnlichkeit neu ausgehandelt werden (Schobin/Marquardsen 2008: 212f.). Insgesamt stellt sich die These von einem absoluten Verlust von Freundschaftsbeziehungen in der Erwerbslosigkeit daher als zu undifferenziert dar. Vielmehr ist in der Regel von einem relativen Verlust auszugehen, der sich in der individuellen Bilanz nicht einmal als Verlustgeschichte darstellen muss. Empirisch lässt sich oftmals eine Gleichzeitigkeit des Verlusts, der Kontinuität und sogar des Zugewinns an Freundschaftsbeziehungen in der Arbeitslosigkeit belegen (Marquardsen 2012: 305). In diesem Zusammenhang ist jedoch eine zweite These über den Zusammenhang von Freundschaft und Arbeitslosigkeit zu nennen: Die These eines Funktionswandels von Freundschaft.

Die These besagt, dass sich mit der anhaltenden Erwerbslosigkeit die Funktionen verändern, die Freundschaftsbeziehungen für die arbeitslose Person leisten können und (aus Sicht der Person) leisten sollen. Mit den Funktionen sind verschiedene Formen sozialer Unterstützung gemeint, die eine Person in ihrem sozialen Umfeld mobilisieren kann (vgl. Marquardsen/Röbenack 2010). Das Homophilieprinzip sozialer Beziehungen (vgl. Lazarsfeld/Merton 1954) kann in der Arbeitslosigkeit dazu führen, dass Funktionen sozialer Unterstützung dauerhaft in Frage stehen, da niemand im sozialen Umfeld über entsprechende Ressourcen verfügt. Dies wiederum kann zu einer Verstetigung der Arbeitslosigkeit und der mit ihr verbundenen sozialen Risiken führen (Marquardsen 2012: 315). Zugleich findet sich aber auf Seiten der Arbeitslosen zumeist keine resignative Akzeptanz dieser Beschränkungen. Vielmehr lässt sich empirisch auf einen bewussten Umgang mit Freundschaftsbeziehungen verweisen. Dies kann einen Abbruch von Beziehungen beinhalten, die als problematisch wahrgenommen werden. Es kann aber ebenso die strategische Pflege nützlicher Kontakte oder den gezielten Neuaufbau von Freundschaften beinhalten. Als kritischer Einwand gegenüber der These eines Verlusts von Freundschaftsbeziehungen in der Arbeitslosigkeit wie gegenüber der Verengung des Funktionswandels auf den Verlust sozialer Unterstützung lässt sich daher formulieren, dass diese Sichtweisen die aktiven und eigensinnigen Gestaltungsleistungen von Arbeitslosen in Bezug auf die Pflege von Freundschaftsbeziehungen vernachlässigen (ebd.: 313f.). Die soziale Ähnlichkeit sowie die prinzipielle Wählbarkeit (und damit auch Aufkündbarkeit) von Freundschaften (Diewald 1991: 109) machen dabei sowohl die besondere Verletzbarkeit als auch die Stärke von Freundschaftsbeziehungen in der Arbeitslosigkeit aus.

2. Freundschaft, Familie & Fürsorge

Sabine Flick & Janosch Schobin

2.1 Einleitung: Fürsorge in der alternden Gesellschaft

Im Spannungsfeld des demographischen Wandels, der Transformation der Wohlfahrtsstaaten und der Realität der neuen Geschlechterverhältnisse wird Freundschaft zusehends zum Fluchtpunkt sozialer Hoffnungen (vgl. Bude 2008). Das Fernsehen zeigt vermehrt Serien, in denen Freund_innen einander die wichtigsten Bezugspersonen sind (vgl. Schobin 2011). Es wird viel über das Modell der Senioren-WGs diskutiert. Freund_innen und Gleichgesinnte sollen sich zusammen auf den Lebensabend einrichten. Erste Modellprojekte gibt es auch schon (vgl. Biberti/Scherf 2009). Aufs Ganze lässt sich sagen, dass der Diskurs der Freundschaft einen fürsorglichen Drall erhalten hat. Offenbar reagiert die Gesellschaft auf eine drückende Problemlage: Wer das einfache Gedankenexperiment durchspielt, wie sich die Verwandtschaftssysteme jener Gesellschaften verändern, deren totale Fertilitätsrate weit unter 2.0 und deren Scheidungsquote um die 50 Prozent liegt, muss zu dem Schluss kommen, dass Familie und Verwandtschaft zumindest in den Ländern der OECD in Zukunft mitunter knappe Güter werden. Das partnerlose Einzelkind zweier Einzelkinder hat einfach keinen Partner, keine Geschwister, keine Tanten, keine Onkel, keine Cousins und Cousinen. Seine einzigen familialen Bezugspersonen sind Eltern und Großeltern. Nun werden nicht alle Einzelkinder von Einzelkindern sein und nicht alle Menschen trennen sich von ihrem Partner, aber dieser Einwand widerlegt keinesfalls die Einsicht, dass sich in praktisch allen modernen Wohlfahrtsstaaten strukturell ein bedeutsames Bevölkerungssegment entwickelt, dessen Bedürfnis an Nähe und Geborgenheit nicht mehr durch traditionelle familiale Lebensformen gestillt werden kann. Da wohlfahrtstaatliche Fürsorgeleistungen in der Regel auf die eine oder andere Weise mit der Familie als primärem sozialen Netz verschränkt sind, erzeugen die Familienlosen und Familienfernen ein soziales Problem: Wer kümmert sich um sie, wenn diese krank oder alt werden? Hierbei handelt es sich um ein gesamtgesellschaftliches Problem und nicht um ein Problem individueller Lagen und Lebensentscheidungen. Ihre jeweilige Lebensform kann den Einzelnen nur sehr begrenzt als Produkt individueller Wahlen zugerechnet werden. Der demographische Wandel und die Veränderung der Geschlechterverhältnisse erzeugt nämlich dramatische Konsequenzen für die Art der gangbaren Lebensformen, die außerhalb ihrer Kontrolle stehen. Auf die Lebensform einer Person wirken Größen ein (etwa die Berufsorientierung und der Kinderwunsch des Partners, die Kindesentscheidungen der Eltern, der Altersabstand zwischen Eltern und Kindern usw.) auf die sie zwar Einfluss, über die sie aber keine determinierende Entscheidungsmacht haben (vgl. Diewald 1991). Wenn nun vermutet wird, dass Freundschaftsbeziehungen die Lücken füllen könnten, die familiale Lebensformen zurücklassen, so stellen sich drei zentrale Fragen:

- Werden Freund_innen wirklich wichtiger? Ersetzen sie tatsächlich familiäre Bindungen?
- Was wird von Freund_innen erwartet und welche Art der Fürsorge leisten sie effektiv?
- Gibt es jenseits von Partnerschaft und Familie tatsächlich kollektiv abrufbare Muster freundschaftszentrierter Lebensformen?

2.2 Zwei Thesen: Freundschaft als Kompensation oder Substitution für den Verlust traditioneller Bindungen?

In der Soziologie haben sich diese Fragen zur Freundschaft als fürsorglicher Lebensform in zwei Hauptthesen niedergeschlagen. So kursiert einerseits die Annahme, dass der Verlust familialer Bindungen und stabiler Partnerschaften durch Freundschaften kompensiert werde (vgl. Nötzoldt-Linden 1994; Suttles 1970; Tenbruck 1964). Empirisch läuft diese These auf die Behauptung heraus, dass Personen, die keine Familie und keine stabile Partnerschaft haben, diesen Mangel durch Freund_innen zeitweilig ausgleichen. Verschwindet der Mangel, etwa weil ein Partner gefunden oder ein Kind geboren wird, verlieren die Freundschaften ihre fürsorgliche Funktion wieder. Andererseits wird die Substitutionsthese in verschiedenen Stärken vertreten. In ihrer stärksten Fassung besagt die Substitutionsthese, dass Freund_innen unabhängig vom Beziehungsstatus und dem Vorhandensein von Familie im Leben der Einzelnen an Bedeutung gewinnen. Freundschaft verdrängt als Sozialform sui generis ihre herkömmlichen Alternativen Partnerschaft und Familie (vgl. Roseneil/Budgeon 2004). Schwächeren Fassungen der These weisen dagegen auf bestimmte Pfadabhängigkeit moderner Normalbiographien hin: Wenn bestimmte Entwicklungen – wie etwa die Familiengründung – ausbleiben, übernehmen Freund_innen dauerhaft eine wichtige Rolle im Leben. Freundschaften kompensieren dann nicht einfach nur mittelfristig einen Mangel, sondern entwickeln sich zu einem belastbaren Netz langfristiger, fürsorglicher Beziehungen eigener Art (vgl. Bude, 2008).

Bedeutungszuwachs der Freundschaft?

Beide Thesen hätten zunächst die gleiche empirische Konsequenz. Wenn familiäre, verwandtschaftliche und partnerschaftliche Bindungen durch Freundschaften substituiert werden, muss die Bedeutung von Freundschaft für die Befriedigung elementarer psychischer, sozialer und praktischer Bedürfnisse in der Bevölkerung zunehmen. Zumindest bei den praktischen Bedürfnissen ist Skepsis anzumelden. Die Hilfserwartungen an Freunde dürften auf einem historischen Tiefpunkt angelangt sein. Je fortgeschrittener eine Gesellschaft auf der Skala der wirtschaftlichen und institutionellen Entwicklung ist (hier gemessen durch den Human Development Index), desto weniger sind die Mitglieder dieser Gesellschaft der Meinung, dass Freundschaftswahlen von Nützlichkeitserwägungen getragen sein dürfen (siehe Abbildung 7).

Abbildung 7: Linie repräsentiert Regressionsgrade, der graue Bereich den 95%-Konfidenzintervall der Regressionsgrade

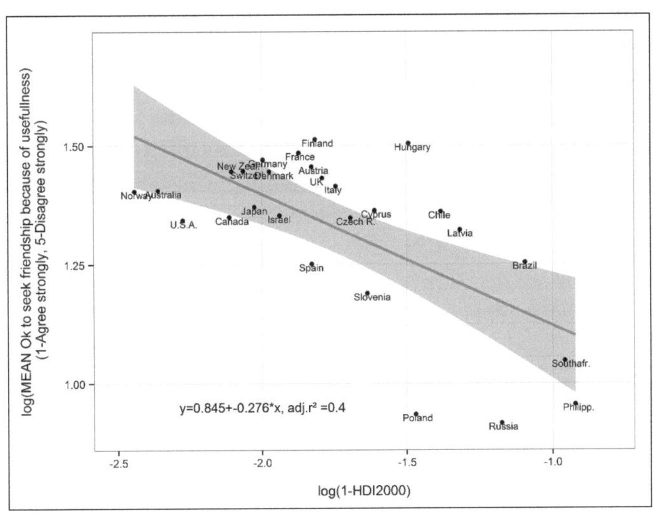

Datenquelle: ISSP 2001 und HDR 2000

Die neuen Erwartungen widersprechen einem in etwa seit der Romantik gültigen Ideal der Freundschaft als einer Beziehung, die nicht mit instrumentellen Zwecken beladen werden sollte (vgl. Allan 1989; Honneth 2011; Silver 1990).

Auf der anderen Seite zeigt sich zumindest in Deutschland ein leichter Anstieg emotional aufgeladener und intimer Freundschaften. Immer mehr Erwachsene zwischen 18 und 55 Jahren geben an zumindest einen Freund oder eine Freundin zu haben, mit dem/der sie persönlich Wichtiges besprechen oder zu dem/der sie eine emotionale Bindung haben (vgl. Schobin 2013). Auch lässt sich in der gleichen Altersgruppe ein Anstieg freundschaftszentrierter persönlicher Unterstützungsnetzwerke feststellen: Das Gewicht der Freunde im persönlichen Unterstützungsnetzwerk nimmt relativ zu familiären und verwandtschaftlichen Beziehungsformen zu (vgl. Schobin 2013).[1]

Die Zunahme der Bedeutung der Freunde für die Befriedigung emotionaler und sozialer Bedürfnisse in der Bevölkerung klärt aber nur sehr wenig. Unklar ist einerseits die Diagnose selbst: Sind es eine bestimmte Geburtenkohorte, eine bestimmte Lebensphase oder eine bestimmte soziale Gruppierung, für die Freundschaften wichtiger geworden sind – oder handelt es sich um einen allgemeinen Bedeutungszuwachs der Freundschaft im Leben der Einzelnen – unabhängig von Alter, Jahrgang, Geschlecht, Klasse und so weiter? Diese und ähnliche Fragen sind bisher nicht abschließend geklärt worden.

Grauzonen und Interpretationen der Kompensations- und der Substitutionsthese

Weiter bleibt die Frage, welcher soziale Mechanismus den Bedeutungszuwachs hervorruft vollkommen ungeklärt: Sind Freund_innen dazu in der Lage Beziehungslücken »nur« zu kompensieren oder werden doch ganze Beziehungssegmente substituiert? Die Unklarheit liegt hier – neben dem Mangel an empirischen Langzeitstudien – daran, dass die Unterschiede von Substitutions- und Kompensationsthese in ihren empirischen Konsequenzen nicht genau ausbuchstabiert worden sind. In bestimmten Fällen lassen sie sich zudem kaum unterscheiden.

Beginnen wir bei der Kompensationsthese. Diese muss – siehe oben – gesondert danach beurteilt werden, welcher Beziehungsmangel durch die Freundschaften angeblich kompensiert werden soll. Besonders plausibel scheint die These vor allem im Fall des Scheiterns von Partnerschaften zu sein. Die Annahme lautet folglich präziser, dass beim Verlust der Partnerschaft enge Freund_in-

1 | Das unterstellt natürlich an dieser Stelle, dass sich Freundschaft und Familie zumindest heuristisch trennen lassen. Empirisch läuft das aber stets auf die Verwendung des Freundschaftsbegriffs als Restkategorie hinaus – was aber insofern das Problem erzeugt, dass die Bedeutung von Freundschaften unterschätzt wird, weil z.B. enge Freundschaftsbeziehungen zu Verwandten und Familienmitgliedern als Indiz für die Verwandtschafts- oder Familienzentrierung des persönlichen Unterstützungsnetzwerks gewertet werden.

nen eine Art Auffangnetz bilden, die das Bedürfnis nach Nähe und Zuneigung der betroffenen Person befriedigen, bis sie einen neuen Partner findet. Dies ist eine Annahme die sich in einer Reihe soziologischer Studien findet, ohne dass sie selbst empirisch überprüft werden würde (vgl. Nötzoldt-Linden 1994; Stiehler 2009). Aber selbst wenn die empirische Beobachtung stimmen sollte, dass Freunde in den Zeiten zwischen Partnerschaften spezifische fürsorgliche Unterstützungsleistungen bereit stellen, die sonst der Partner übernimmt, ist damit noch nicht viel gezeigt. Es steht dann nämlich noch immer in Frage wie die »Kompensation« sozial organisiert ist und ob Freundschaft in der Zeit zwischen den Partnerschaften tatsächlich einfach als fürsorglicher Ersatz erfahren wird, der lediglich einen Mangel kaschiert. Etwa könnten serielle Partnerschaften selbst als spezifische Lebensform begriffen werden. Die Phasen, in denen Rat und Trost bei den Freund_innen zwischen den verschiedenen Lebensabschnittspartnern gefunden wird, wären in diesem Fall ein elementarer Baustein einer spezifischen Lebensform und nicht einfach nur der Ausgleich eines Mangels. Dass Freundschaften von Partnerschaften in ihren fürsorglichen Aufgaben schnell verdrängt werden, beweist nämlich nicht, dass die Freundschaftsphase zwischen zwei Partnerschaften nur ein Produkt der Not ist. Besonders wenn die übliche Freundschaftsphase einer Biographie länger andauert als ihre durchschnittliche Partnerschaftsphase, gerät diese Interpretation in enorme Schwierigkeiten. Dann wäre vielmehr anzunehmen, dass die Partnerschaftsphasen eine Abweichung von einer freundschaftszentrierten Lebensform sind und nicht umgekehrt. Die Kompensationsthese ist also im Fall von Partnerschaften zwar auf den ersten Blick plausibel, bei genauer Auslegung jedoch kritisch zu hinterfragen. Konklusive Studien liegen bisher nicht vor.

Die Substitutionsthese kämpft mit ähnlichen Ungenauigkeiten und Abgrenzungsproblematiken. Zunächst stellt sich ein Abgrenzungsproblem zur Kompensationsthese. An einem einfachen Beispiel erläutert: Wie beurteilt man den Fall einer Person, die einfach keine neue Partnerschaft findet, weil sie auf den Partnermärkten keine Chance mehr hat? Kompensiert diese Person den Mangel einer Paarbeziehung einfach dauerhaft oder hat sie sich eine neue Lebensform im Kreise ihrer Freund_innen geschaffen? Kompensations- und Substitutionsthese schließen sich wechselseitig nicht strikt aus, wie dieses Beispiel zeigt. Weiter stellt sich die Frage nach dem konkreten Mechanismus der Substitution. Es ist ja z.B. nicht üblich Beziehungen zu Familienmitgliedern zu unterbrechen und sie durch Freunde zu ersetzen. Das scheint keine plausible Annahme zu sein. Hier gibt es daher eine Reihe komplizierterer Überlegungen. Besondere Plausibilität entfaltet die Substitutionsthese in einer spezifischeren Form, die den Substitutionsmechanismus klärt. Wenn eine Person die Familiengründung herauszögert, lebt diese Person mitunter auf Dauer in einer freundschaftszentrierten Lebensform (vgl. Schobin 2013). Sie nimmt die Abzweigung in Richtung Familie einfach nicht. Dies wiederum lässt sich auf eine Reihe von Weisen erklären. So steht etwa in Frage, ob die Lebensform hier die Ursache und die Kinderarmut die Konsequenz oder andersherum ist. Beides ist denkbar. Zum einen ist der Familiengründung rein faktisch – also wenn man die Verteilung der Geburten auf das Alter der Mutter als Kriterium zu Grunde legt – ein ziemlich kurzes Zeitfenster gesetzt. Heute gilt: Wer von Mitte Zwanzig bis Ende dreißig keine Familie gründet, der wird es danach nur noch mit sehr geringer Wahrscheinlichkeit tun. (Dies gilt unbeschadet der Tatsache, dass das biologische Zeitfenster, in dem Frauen Kinder bekommen können, heute so lang ist, wie nie zuvor und Männer jüngere Frauen als Partnerinnen haben können.) Anders als Partnerschaften sind eigene Kinder aber aus gesellschaftlichen Gründen ab einem gewissen Alter keine durchschnittlich realisierbare Alternative mehr. Man könnte also die These vertreten, dass beim Ausbleiben eigener Kinder (die Frage des Vorhandenseins einer Partnerschaft sei hier gedankenexperimentell eingeklammert) ein Leben im Kreis von Freund_innen schlicht zu einer alternativlosen Notwendigkeit wird, weil die eigenen Eltern irgendwann in das Alter kommen, in dem sie sterben. Zum anderen ist aber auch das konträre Argument nachvollziehbar: Unter Umständen versuchen Menschen, die sich im jungen Erwachsenenleben in eine stark freundschaftszentrierte Lebensform eingefunden haben, einfach seltener eine Familie zu gründen. In diesem Fall würde die Lebensform der Freundschaft die Lebensform der Familie verhindern. Die Plausibilität dieser Interpretation der These speist sich aus der Beobachtung, dass gerade junge Männer eine lange post-pubertäre Latenzphase aufweisen. Während junge Frauen sich normalerweise schon mit Mitte zwanzig aus familien- und freundschaftszentrierten Netzwerken lösen und sich in fürsorglichen Dingen auf ihren Partner ausrichten, geschieht dies bei jungen Männern erst mit Anfang dreißig (vgl. Schobin 2013). Hier liegt die Interpretation nahe, dass vielen der Übergang aus einem Leben, das sich um die Freund_innen dreht, auf eines, das auf Partnerschaft fokussiert ist, nicht gelingt (oder oft gar nicht erst gesucht wird). Letztere Version der spezifischen Substitutionsthese stützt sich auf die theoretische Intuition, dass die Lebensform einer Person nicht nur das Resultat eines kollektiven Prozesses ist, sondern auch stets in einer bestimmten Ökologie anderer Lebensformen auftritt. So deutet etwa die Studie von Balbo und Barban (2014) an, dass Freunde die Kindesentscheidungen ihrer Freunde beeinflussen. D.h. man bekommt mitunter keine Kinder, weil die Freunde es auch nicht tun. Die Kindesentscheidung lässt sich folglich epidemisch begreifen. Die breitere theoretische Intuition dahinter lautet: Lebensformen verstärken und beeinflussen einander. Wenn also eine Person in der Umwelt vornehmlich freundschaftszentrierter Personen lebt, hätte sie weniger Zugang zu einem Wissen um ein Leben mit oder die Wünschbarkeit von Kindern und verbliebe daher mit höherer Wahrscheinlichkeit kinderlos. Ob die eine oder die andere Erklärung der

Substitutionsthese zu bevorzugen ist, kann anhand vorliegender Forschungsergebnisse nicht geklärt werden.

2.3 Desiderate I: Die Interdependenz von Familien- und Freundschaftsnetzwerken

Die bisher vorgebrachten Überlegungen kranken – ähnlich wie die Forschung zu sozialer Unterstützung unter Freunden im Allgemeinen (siehe Methodenkapitel sowie Kapitel zu Freundschaft und Kultur) – an einer übermäßigen Konturierung des Freundschaftsbegriffs als nicht-verwandtschaftlicher und nicht-familiärer Beziehung. Kompensations- und Substitutionsthesen ist gemein, dass sie unterstellen, dass sich Freundschaften von Familien und Verwandtschaftsbeziehungen klar unterscheiden lassen. Dagegen spricht, dass selbst in den wirtschaftlich fortgeschrittensten Ländern der OECD noch immer zwischen 10 Prozent und 20 Prozent der besten engen Freunde Verwandte sind. Ferner gilt: Je geringer der HDI eines Landes, umso wahrscheinlicher ist es, dass der/die beste enge Freund/Freundin ein Verwandter oder eine Verwandte ist (siehe Abbildung 8).

Abbildung 8: Linie repräsentiert Regressionsgrade, der graue Bereich den 95%-Konfidenzintervall der Regressionsgrade

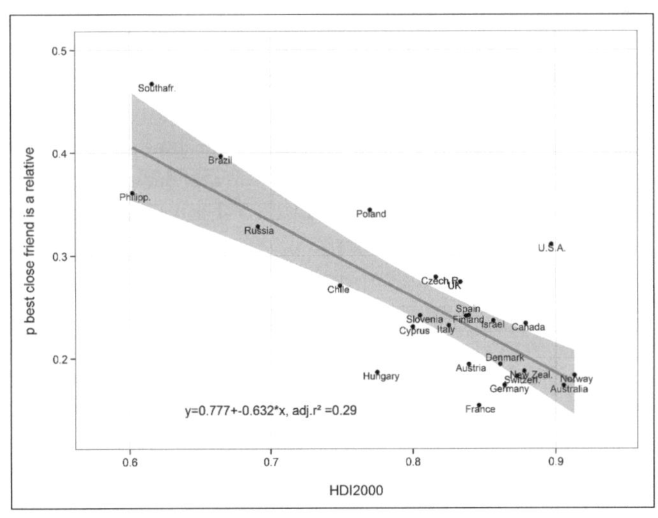

Datenquelle: ISSP 2001 und HDR 2000

Wo die Grenze zwischen reinen Freundschaftsbeziehungen und reinen Familienbeziehungen verläuft hat folglich einen soziokulturellen Index. Aus einer historischen Perspektive wird dies besonders deutlich: Familienbeziehungen können stärker oder schwächer »verfreundschaftlicht« sein und Freundschaftsbeziehungen wiederum können stärker oder schwächer in Begriffen der Pseudofamilie gedacht werden. In Lateinamerika etwa ist bis heute die Institution des Compadrazgo üblich, dass wörtlich als Mitvaterschaft übersetzt werden kann. Dahinter verbirgt sich eine soziale Institution, die in der Regel aus sehr engen Freundschaften zwischen zwei Elternpaaren besteht. Die Freundschaftsbindung entsteht über den Tausch einer lebenslangen Verpflichtung: für die Kinder der anderen im Falle des Todes zu sorgen. Auch die Unterstützung in Notzeiten gehört in der Regel zu den Pflichten der Compadres. Hier sind die Freunde folglich Pseudoblutsverwandte. Die Grenze zwischen Freundschaft und Familie ist grau – oder besser gesagt: Es gab in der Geschichte vermutlich immer wieder kurze Perioden, in denen die Differenz von Freundschaft und Familie eindeutig zu sein schien. Dazu gehört die Nachkriegsperiode, was viele der aktuellen Verwirrungen um den Begriff erklärt. Die lebenslange Einehe, die eine Kernfamilie mit einem überschaubaren Verwandtschaftsnetzwerk erzeugte, produziert eine bipolare soziale Nahwelt: Hier die Familie, dort die Freunde. Mit der Zunahme der Scheidungsraten und der Kinderlosigkeit verschwindet diese so eindeutige Welt zunehmend. An einigen Gestalten der Patchworkfamilie lässt sich das exemplarisch zeigen. Wie definieren die Kinder in Patchworkfamilien ihre Beziehung? Sind sie Geschwister? Vielleicht ist die Beziehung der Eltern nicht einmal rechtlich formalisiert, vielleicht ist es die zweite oder dritte Patchworkfamilie, in der sie leben. Haben die anderen Geschwister aufgehört Geschwister zu sein, als sich die Eltern trennten? Und wenn nicht, wie erklärt sich das? Es ist in diesem Kontext sinnvoll zu vermuten, dass man die Struktur einer solchen Familie nicht verstehen kann, außer wenn man fragt, ob die Kinder der jeweiligen Partner untereinander Freundschaft geschlossen haben. Wer die Beziehungen innerhalb einer solchen Familie analysiert, ist geradezu auf typische Freundschaftsbegriffe angewiesen, die auf die freie Wahl, die Reziprozität und die emotionale Komponente der jeweiligen Beziehung hinweisen. In Patchworkfamilien wird evident, was über die Jahrhunderte aufgrund der hohen Sterblichkeit und die damit verbundenen Zweit- und Dritt-Ehen, aber auch durch die Übernahme von Waisenkindern durch Teile der Affinalverwandtschaft der Normalfall gewesen sein dürfte: Familien, Verwandtschaftsnetzwerke und Freundschaftsbeziehungen durchdringen und überlagern einander. Die elementare Frage, die sich dann stellt ist: Wie sehr bringen Sie einander hervor? Es stellt sich etwa die Frage, wie wichtig die Existenz dichter Verwandtschaftsnetzwerke für die Genese von Freundschaften zu Nicht-Verwandten ist? Unter Umständen sind Freundschaft und Verwandtschaft Eusymbionten. Auch die Frage der Familienfreundschaften – also der Mehrfachfreundschaften zwischen Mitgliedern zweier Familien sind deshalb nicht untersucht. Eine plausible These etwa lautet, dass Familienfreundschaften eine besonders hohe Stabilität aufweisen, weil sie sekundär durch Beziehungen stabilisiert werden, die unkündbar sind. Familienfreundschaften sind über die Beziehungen zu Geschwistern nämlich häufig triadisch geschlossen. Triadische Schließung erhöht die Stabilität von Freundschaftsbindungen – zumindest in Schulklassen (vgl. Knecht 2008). Empirisch lässt sich diese Frage allein schon deshalb nur unbefriedigend beantworten, weil ein Großteil der vorhandenen Forschung mit einem Restbegriff der Freundschaft operiert. Langzeitstudien, die die Freundschaftskategorie transversal zu Verwandtschafts- und Familienkategorien operationalisieren gibt es – nach unserem besten Wissen zumindest – nicht. Hier mangelt es folglich an allen Ecken und Enden.

2.4 Desiderate II: Freundschaft als fürsorgliche Sozialform sui generis?

Selbst wenn man heuristisch den Schritt mitgeht, Freundschaften als eine solidarische Residualbeziehung charakterisiert, bleiben viele zentrale Fragen ungeklärt, die sich im Kontext von Substitutions- und Kompensationsthesen stellen. Angenommen man könnte empirisch zeigen, dass Freundschaften den Verlust von Partnerschaften kompensieren und die Familie substituieren, falls die eigenen Kinder ausbleiben. Über die praktische Ausgestaltung der Kompensation/Substitution ist damit noch nichts gesagt. Gelingt das in Freundschaften (Freundschaft ab hier wieder in ihrer Residual-Bedeutung) gut? Zweifel an der Realisierbarkeit der fürsorglichen Erwartungen an die Freund_innen stellen sich aus verschiedenen Gründen. Einige simple soziologische Überlegungen über die spezifischen Bedingungen unter denen Fürsorge in Freundschaften stattfindet, deuten auf potenzielle Probleme hin: So gibt das Band der Freundschaft außer der Beziehungskündigung oft kaum ein anderes Sanktionsmittel an die Hand, um enttäuschte Hilfeerwartungen zu ahnden, als die Möglichkeit, die eigene Hilfsbereitschaft herunterzuschrauben. Eine der verbreitetsten Normalformerwartungen der Freundschaft ist bekanntlich die einer Beziehung zwischen genau Zweien aus freier Wahl, die nicht durch Verträge geschlossen und nicht durch Dritte überwacht wird (vgl. Suttles 1970; Tenbruck 1964). Selbstverstärkende Teufelskreise wechselseitiger Enttäuschung scheinen in dieser üblichen Freundschaftsfiguration vorprogrammiert zu sein. Problematisch scheint auch die Tatsache, dass Freundeskreise – anders als traditionelle Familien, auf Patchworkfamilien trifft dies nur begrenzt zu – über keine hinreichend scharfe Grenze verfügen. Während Entscheidungsprozeduren und Arbeitsteilungen in Familien vergleichsweise einfach organisierbar sind, weil sich die Mitglieder der Familie zumeist in etwa einig sind, wer zu der Familie gehört, kann man dies von Freundeskreisen fast nie behaupten. Freundschaftsnetzwerke tendieren dazu nahezu endlos zu sein. Das Small-World-Theorem (SWT) kann als Hinweis auf diese Tatsache verstanden werden (zum SWT vgl. Schnettler 2009). Zu der organisationssoziologischen Tatsache, dass Freundeskreise in der Regel ungleich komplexer als Kernfamilien sind, gesellt sich eine rollentheoretische Beobachtung: Freundschaften sind hinsichtlich der fürsorglichen Erwartungen, die die Freund_innen legitim an einander haben können, nicht von vornherein ausdifferenziert (vgl. Schinkel 2003). Zwar gilt dies in Partnerschaften und Familien auch immer weniger, dennoch können diese Lebensformen sich zumindest auf bestimmte, tradierte Normalformerwartungen berufen, wenn es an die Frage geht, wer wem welche Art der Zuwendung schuldet. In Freundschaften sind solche Erwartungen nur schwach vorgegeben und gelangen erst im Prozess der Beziehung selbst zu voller Reife (Schinkel 2003; Suttles 1970). Diese Annahme korrespondiert mit folgender Beobachtung: Oft erfüllen die praktischen Unterstützungen unter Freunden multiple Funktionen. Was dem einen Hilfe bei einer Reparatur ist, ist gleichzeitig dem anderen Ablenkung und Aufheiterung (vgl. Schobin 2011). Die Abgrenzung von verrechenbarer Unterstützung und gemeinsamer Aktion ist meist weichgezeichnet. Das führt zu einem fundamentalen Zuschreibungsproblem: Woher weiß man, wann man eine Dienstleistung erhalten oder geleistet hat, für die man etwas geben oder etwas fordern kann oder muss?

Die Organisation von Unterstützungsleistungen in Freundschaftskreisen kündigt sich demnach – verglichen mit den herkömmlichen Alternativen – als kompliziert an. Können also die Freunde erfüllen, was von der Freundschaft erwartet wird?

Der Verunsicherung über die faktische Möglichkeit fürsorglicher Unterstützung in Freundschaften, kann die Soziologie zunächst vor allem eins sinnvoll entgegenstellen: Eine detaillierte Betrachtung dessen, was in fürsorglicher Praxis in Freundschaften üblich ist. Welche solidarischen Praktiken sind unter Freunden üblich und welche werden erwartet? Wie verteilen sich die Hilfserwartungen und Hilfsbereitschaft, wenn man sie nach Alter, Geschlecht, Land oder sozialer Lage aufschlüsselt? Wo gibt es Inkongruenzen und Wahlverwandtschaften zwischen Erwartungshaltungen und fürsorglicher Praxis? An diese Anfragen quantitativer Art schließen qualitative Detail-Fragen an. Die soziale Verteilung fürsorglicher Praktiken und Erwartungen sagt wenig über deren konkrete Vollzugs- und Gelingensbedingungen aus. Wie werden Systeme praktischer Unterstützung in komplexen Freundschaftsnetzwerken organisiert? Durch welche Praktiken wird emotionale Zuwendung in Freundschaften gespendet? Etwa durch die so verbreiteten Ratschläge und Gespräche? Warum ist leibesbezogene Pflege in Freundschaften nicht üblich (siehe

Abbildung 10)? Wie werden praktische Unterstützungsleistungen konkret in komplexen Freundschaftsnetzwerken organisiert? Warum ist Geldverkehr in Freundschaften so selten (siehe Abbildung 9)? Wie gestalten die wenigen Freund_innen, die sich finanziell unterstützen, ihre Praxis?

Abbildungen 9 u. 10: Haushalte mit Pflegebedürftigen, in denen Freunde an der Pflege beteiligt sind. Balken repräsentieren designbasierte 95%-Konfidenzintervalle

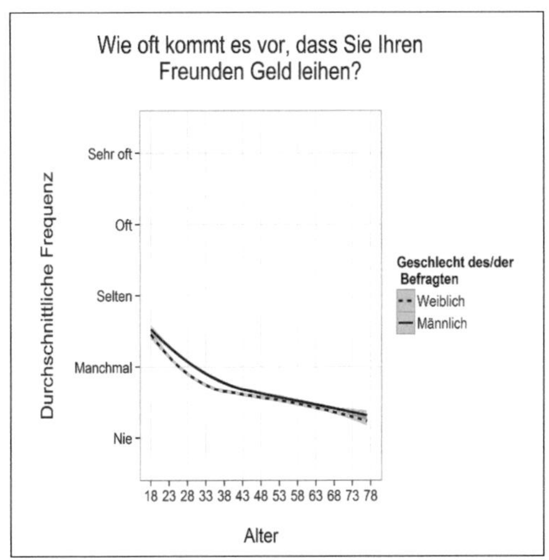

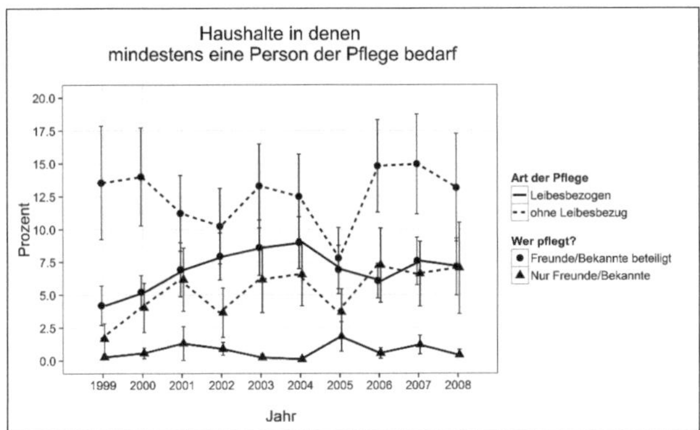

Datenquelle: SOEP1999-2008, alle Daten querschnittsgewichtet

Es stellt sich letztendlich nicht nur die Frage, wer was von Freund_innen erwartet oder für diese tut, sondern auch die Frage, wie sich die konkrete Passung der fürsorgliche Erwartungen und Praktiken mit den spezifischen Bedingungen der Sozialform der Freundschaft gestaltet.

Fürsorge

Der Begriff der Fürsorge umfasst alle soziale Handlungen, die einer bestimmten Vollzugslogik gehorchen: Er beschreibt Tätigkeiten, die ein Akteur X vornimmt um Akteur Y direkt oder indirekt die Befriedigung elementarer psychischer, physischer und sozialer Bedürfnisse zu ermöglichen. In der Freundschaftsforschung wird der Fürsorge-Begriff in der Regel auf interpersonelle Fürsorge, also auf Fürsorge zwischen einzelnen Personen angewandt. Er kann aber auch auf das Verhältnis zwischen kollektiven Akteuren und kollektiven Akteuren zu Einzelnen angewendet werden. Begriffsgeschichtlich stammt die soziologische Verwendung des Begriffs *Fürsorge* teils aus der Sozialpädagogik und teils aus der heideggerschen Philosophie. Heidegger unterschied in *Sein und Zeit* (Heiddegger 2006 [1927]) zwei Arten der Fürsorge: die einspringende und die vorausspringende. Einspringende *Fürsorge* meint dabei eine Art der Sorge um anderes Dasein, die dessen Seinsmöglichkeiten übernimmt, wohingegen vorausspringende *Fürsorge* als Sorge dem anderem Dasein Seinsmöglichkeiten bereitstellt (vgl. Heidegger 2006 [1927]). Außerhalb der Sozialphilosophie wurde der Begriff der *Fürsorge* seit Anfang des 19. Jahrhunderts verwendet, um ein Feld sozialstaatlicher und zivilgesellschaftlicher Intervention zu kennzeichnen (bspw. Deutscher Verein für öffentliche und private Fürsorge). Historisch wird das Wort in der deutschen Sprache erst im 16.Jahrhundert nachgewiesen und ist zunächst in etwa gleichbedeutend mit dem lateinischen Wort *Provisor* (Statthalter, Verweser). Anfang des 20. Jahrhunderts verbreitet sich *dieFürsorge* als Amtsbezeichnung (damals in etwa gleichbedeutend mit dem Wort *Armenpflege).* In der DDR wurde die Bezeichnung *Fürsorger* noch bis 1990 als offizieller Begriff für Sozialarbeiter verwendet (in der BRD bis Ende der 1950er). Prominent wurde der *Fürsorge*-Begriff in den Sozialwissenschaften außerhalb der Sozialpädagogik erst Anfang der 1980er im Zuge der Gilligan-Kohlberg-Kontroverse über die Existenz einer spezifisch weiblichen *Fürsorge*-Moral. Aus der Kontroverse ging das normative Programm der *Careethics* (*Fürsorgeethik*) hervor. Seit Mitte der 1990er wird *Care* (englisch für *Fürsorge,* aber auch für *Sorge*) in angelsächsischen Community-Studies als Begriff verwendet, um sich von einem post-heteronormativen Standpunkt auf die Muster privater, interpersoneller, solidarischer Praktiken zu beziehen (vgl. Roseneil 2004).

Human Development Index (HDI)

Der Human Development Index (HDI) versucht in einer groben Maßzahl, die theoretisch zwischen 1 (höchster Wert) und 0 (niedrigster Wert) liegen kann, den sozialen und ökonomischen Entwicklungsstand einer Gesellschaft zusammenzufassen. Der Index bündelt drei Dimensionen: Gesundheit, Bildung und Lebensstandard. Diese werden durch vier Indikatoren erfasst: Die Lebenserwartung bei Geburt, die mittlere Anzahl an Schulbesuchsjahren, die erwartete Anzahl an Schulbesuchsjahren und den natürlichen Logarithmus des kaufkraftkorrigierten Pro-Kopf-Bruttonationaleinkommens. Genaueres ist auf der Seite http://hdr.undp.org/ zu erfahren. Eine systematische Kritik am HDI bringen Wolff et al. (2011).

3. Freundschaft und Politik – Politische Freundschaft

Vincenz Leuschner

3.1 Freundschaft und Politik als Spannungsverhältnis?

Sobald man damit beginnt, sich dem Verhältnis von Freundschaft und Politik bzw. dem Politischen zu nähern, lässt sich eine interessante Beobachtung machen: Nahezu alle Fachtexte, die sich mit diesem Zusammenhang beschäftigen, beginnen damit, die Inkompatibilität der beiden Begriffe zu konstatieren. Und tatsächlich, nach unserem heutigen Verständnis schließen sich die Begriffe »Politik« und »Freundschaft« auf den ersten Blick gegenseitig aus. Während mit »Politik« das professionalisierte, unpersönliche, öffentliche System der Herstellung bindender Entscheidungen assoziiert wird, dominiert ein Begriffsverständnis von »Freundschaft« als einer in freiwilliger Gegenseitigkeit konstruierten, symmetrischen, persönlichen Privatbeziehung zwischen Nicht-Verwandten, die sich durch Intimität und emotionale Nähe auszeichnet (vgl. Auhagen 1991; Nötzoldt-Linden 1994). Mit den beiden Begriffen werden demnach zwei entgegengesetzte Sphären verbunden: der öffentliche und der private Handlungsbereich. Gleichzeitig steht der Begriff der »Politik« für die politische Auseinandersetzung und die Konkurrenz um Machtpositionen, während der Begriff der »Freundschaft« ein positiv bewertetes Zusammenwirken impliziert, das frei von Konkurrenz ist.

Dieses Spannungsverhältnis ist es, welches in einer ganzen Reihe von aktuellen gesellschaftlichen Problembereichen eine Rolle spielt. Mit der immer deutlicheren Erkenntnis von Funktionsproblemen moderner Demokratien im Übergang zur »Postdemokratie« (vgl. Crouch 2008) (z.B. der Verstärkung globaler Ungerechtigkeit) treten besonders zwei kritische Bereiche hervor:

Zum einen sind die vielfältigen Probleme zu nennen, die durch freundschaftlich verbundene Eliten entstehen und mit Begriffen wie Lobbyismus, Cliquenwirtschaft, Korruption und Klientelismus assoziiert werden. Eine in sich geschlossene politische Klasse aus Berufspolitikern, Wirtschaftslobbyisten und Medienvertretern unterhält freundschaftliche Netzwerke, die letztlich dem eigenen Machtstreben und der Abschottung gegenüber dem Rest der Bevölkerung dienen. Die Wirkung solcher elitären Freundschaftsnetzwerke führt in rechtsstaatlichen Demokratien wie Deutschland in regelmäßigen Abständen zu politischen Skandalen, wie etwa zuletzt beim Rücktritt des deutschen Bundespräsidenten Christian Wulff zu beobachten war. In autoritären Demokratien wiederum kann die Machtkonzentration in den Händen einer kleinen freundschaftlich verbundenen »power elite« (vgl. Mills 1956) zur Oligarchisierung und Lähmung einer ganzen Gesellschaft führen. Elitäre Freundschaften sind in diesem Kontext eine Bedrohung für die Demokratie, da sie Ungleichheit produzieren und verfestigen.

Zum anderen lässt sich mit der zunehmenden Kritik an Postdemokratie, grenzenlosem Wirtschaftsliberalismus und Individualismus auch ein vermehrtes Interesse an Freundschaft als politischem Wert und politischen Freundschaften als Grundlage politischer Gemeinschaftsbildung beobachten (vgl. Devere 2011). Nicht zuletzt die jüngsten Revolutionen im Arabischen Frühling und die dabei konstatierte Rolle sozialer Netzwerke können als Beleg dafür gelten, dass Freundschaft als der freiwillige Zusammenschluss von Gleichen eine Grundform der politischen Gruppenbildung ist, die eine nicht zu unterschätzende Kraft entwickeln kann. Freundschaft fungiert hierbei als Triebkraft der Demokratie und Grundkategorie des Politischen. Der Leser mag freilich Einwände erheben und danach fragen, um welche Art von Freundschaften es sich dabei jeweils handelt. Die dargestellten Problembereiche rekurrieren auf Freundschaftsformen, die sich nicht ohne Weiteres mit der dominierenden Freundschaftsauffassung als intimer zweckfreier Privatfreundschaft (vgl. Honneth 2011) vereinbaren lassen. Diesem Einwand ist zweifelsohne nachzugehen, werden hier doch Freundschaftsformen fokussiert, die erstens entsprechend der Aristotelischen Typologie als Zweckfreundschaften bezeichnet werden können und zweitens nicht unbedingt auf persönliche Intimität zurückzuführen sind, sondern andere Bindungsmomente, wie etwa gemeinsame politische Interessen beinhalten. Über was sprechen wir also genau, wenn wir das Verhältnis von Freundschaften und Politik bzw. dem Politischen untersuchen? Welche Formen von Freundschaft sind dabei zu differenzieren? Ist Freundschaft grundsätzlich eine politische Kategorie? In welchem Verhältnis stehen Freundschaften und Demokratie?

3.2 Politische Freundschaft und Freundschaft in der Politik

Grundsätzlich lassen sich zwei unterschiedliche Sichtweisen auf das Spannungsverhältnis von Politik und Freundschaft beschreiben, je nachdem, ob man sich eher von der Seite des »Politischen« oder von der Seite der »Freundschaft« nähert. Nehmen wir zunächst das »Politische« zum Ausgangspunkt der Überlegungen: Für gewöhnlich bezeichnet man Dinge und Sachverhalte als politisch, wenn sie sich auf die Gestaltung der gesellschaftlichen Ordnung beziehen. In diesem Zusammenhang kann politische Freundschaft im Sinne politischer Übereinstimmung verstanden werden bzw. als das solidarische Zusammenwirken von Akteuren bezüglich der Gestaltung der gesellschaftlichen Ordnung. Dies ist das Verständnis, mit dem Aristoteles in seiner Nikomachischen Ethik als erster den Begriff der »politischen Freundschaft« (politike philia) einführt.

Aristoteles' Konzept der politischen Freundschaft
Aristoteles bezeichnet die politische Freundschaft (politike philia) als eine Art von Zweckfreundschaft, welche weniger eng und intim ist und daher auch die Möglichkeit einschließt, dass eine große Anzahl von Bürgern, die sich nicht alle persönlich kennen, im Sinne politischer Übereinstimmung Freunde sein können. Der Begriff steht hier für politische Übereinstimmung oder politische Eintracht, also für die Möglichkeit, dass alle Bürger eines Gemeinwesens im politischen Sinne Freunde sind und in Gemeinschaftsinstitutionen investieren. In dieser Tradition wird politische Freundschaft besonders in der politischen Theorie bis heute als »civic friendship« diskutiert (vgl. Derrida 2002, Schwarzenbach 1996).
Diese Vorstellung einer Begründung des Politischen durch Freundschaft wird bis heute überaus kontrovers diskutiert und unterschiedlich interpretiert. Während Vertreter des Liberalismus (vgl. z.B. Yack 1993) Aristoteles so interpretieren, dass politische Freundschaft allein auf das individuelle Eigeninteresse der Bürger zurückgeführt werden kann und keinerlei emotionale Anteile enthält, meinen kommunitaristische Autoren (vgl. z.B. Barber 1984; MacIntyre 1981), dass sich Aristoteles' Gesellschafts- und Staatsmodell tatsächlich auf solidarische Gefühle der Bürger untereinander stützt. In dieser Interpretationsvariante wird Freundschaft von Aristoteles als lebendige Triebkraft der gesamten Gesellschaft konzeptualisiert, die alle Formen der Gesellung (familiär, verwandtschaftlich, kameradschaftlich), aber auch des politischen Zusammenschlusses in der Polisgemeinschaft durchzieht. Die Eintracht

der Polisgemeinschaft wird durch die aktive und gegenseitige Freundschaft zwischen Gleichen fundiert und garantiert. Politische Freundschaft (politike philia) ist durch diese Gleichheit bestimmt und basiert auf der harmonischen Existenz des Menschen: der Übereinstimmung mit seinem wahren Selbst und der daraus erwachsenden Übereinstimmung der Menschen untereinander. So entsteht aus der Freundschaft heraus der Wunsch nach einem gemeinschaftlichen Leben, nach optimaler Selbstverwirklichung und Gestaltung einer gerechten Ordnung. Richard Mulgan (1999) bezieht zwischen diesen beiden Interpretationen eine mittlere Position: In Anschluss an Cooper (1977) geht er davon aus, dass Aristoteles politische Freundschaft vor allem mit politischer Übereinstimmung oder politischem Einverständnis verbindet in dem Sinne, dass jedes Individuum in einem politischen System den Nutzen anerkennt, den es selbst, aber auch alle anderen Bürger aus Gemeinschaftsinstitutionen ziehen, und das daher dazu bereit ist, im Sinne einer Kooperation mit den anderen Bürgern diese Gemeinschaftseinrichtungen zu unterstützen. Der Zusammenhang von politischer Gemeinschaft und ethischer Lebensführung ist für Aristoteles noch selbstverständlich, da staatliches und gesellschaftliches Leben für die Bürger der Polisgemeinschaft keine getrennten Sphären sind. Im Gegensatz zur Vielfältigkeit moderner Zugehörigkeitsstrukturen ist die Identität des Polis-Bürgers eindimensional und umfasst sowohl sein »privates« Leben als auch das gemeinsame Leben in der Gemeinschaft.

Der Begriff steht hier für politische Übereinstimmung oder politische Eintracht, also für die Möglichkeit, dass alle Bürger eines Gemeinwesens im politischen Sinne Freunde sind und in Gemeinschaftsinstitutionen investieren. In dieser Tradition wird politische Freundschaft besonders in der politischen Philosophie bis heute als »civic friendship« diskutiert (vgl. Derrida 2002, King 2007; Krippendorf 2002; Schwarzenbach 1996) und von kommunitaristischen Autoren immer wieder als realisierbare Gestaltungsoption gesellschaftlichen Zusammenlebens idealisiert.

Eine andere Vorstellung findet man bei Carl Schmitt (1963), der das Politische in der Unterscheidung von Freund und Feind begründet sieht. Abseits des extremen Dezisionismus in Schmitts Theorie ist zu konstatieren, dass die Gestaltung gesellschaftlicher Ordnung in der Regel umstritten ist und das Politische somit essenziell durch die Möglichkeit eines realen Wertkonfliktes zu beschreiben ist, d.h. dem Konflikt um die Gestaltung der gesellschaftlichen Sicht- und Teilungsprinzipien oder auch die gerechte Ordnung. Dies bedeutet jedoch auch, dass jede Form politischer Gemeinschaft (politische Freunde) zumindest potenziell anderen Gemeinschaften (politischen Feinden) in diesem Wertkonflikt gegenübersteht.

Freundschaft und Politik bei Carl Schmitt

Schmitt sieht das Politische essenziell in der Unterscheidung von Freund und Feind begründet: »Der politische Gegensatz ist der intensivste und äußerste Gegensatz und jede konkrete Gegensätzlichkeit ist umso politischer, je mehr sie sich dem äußersten Punkte, der Freund-Feindgruppierung, nähert.« (Schmitt 1963: 30). In Schmitts Konzeption sind die Begriffe Freund und Feind von allen psychologischen, ethischen und moralischen Komponenten befreit und werden dafür eingesetzt, eine autonome Sphäre des Politischen jenseits des Moralischen zu begründen, wie es schon bei Macchiavelli intendiert ist. Im Mittelpunkt des auf diese Weise von allen moralischen Rücksichten befreiten Begriffs des Politischen steht die Dezision, die pure Entscheidung über Freund und Feind: »Friendship involves choice, and choice requires decision. By placing a decision about friends and enemies at the heart of the political, Schmitt imbues the political sphere with a capacity to create meaning in one's life.« (Valk 2002: 39) In der Schmitt'schen Konzeption beinhaltet die Frage »Wer ist der Feind und wer der Freund?« eine Grenzziehung, welche den Kern politischer Gruppenbildung umreißt und dazu dient, zu entscheiden, wer inkludiert und wer exkludiert ist: »Ohne Freund keinen Feind und keine Grenzen des politisches Wir« (Tietz 2003: 130). Politische Gemeinschaften zeichnen sich nach Schmitt dadurch aus, dass sie immer anderen Gemeinschaften gegensätzlich (feindlich) gegenüberstehen. Er ist allerdings nicht der Meinung, dass es stets zum kriegerischen Konflikt zwischen den Gemeinschaften kommen müsse oder Neutralität nicht möglich wäre, vielmehr ist der Krieg, die physische Vernichtung des Feindes, als die äußerste Steigerung der Freund-Feind-Unterscheidung nur »die als reale Möglichkeit immer vorhandene Voraussetzung, die das menschliche Handeln und Denken in eigenartiger Weise bestimmt und dadurch ein spezifisch politisches Verhalten bewirkt.« (Schmitt 1963: 34f.). Selbst dort, wo das Bewusstsein des Ernstfalls verloren gegangen ist, bringt die landläufige Bezeichnung eines Sachverhaltes als politisch noch diese grundsätzliche Gegensätzlichkeit zum Ausdruck, die das Wesen politischer Beziehungen ausmacht (Schmitt 1963: 30).

Der Unterschied zur Aristotelischen Vorstellung besteht darin, dass Aristoteles politische Freundschaft nicht an die Voraussetzung von Feindschaft bindet. Das gemeinsame der beiden Konzepte lässt sich darin erkennen, dass Freundschaft als grundlegende politische Kategorie angesehen wird, die ein politisches »Wir« konstituiert. Diese Vorstellungen von politischer Freundschaft haben auf vielerlei Weise Eingang in die Alltagssprache gefunden, etwa wenn sich Mitglieder von Parteien untereinander als politische Freunde bezeichnen, um damit auszudrücken, dass sie in ihren politischen Zielen und Interessen übereinstimmen, oder aber wenn sich Staatsoberhäupter auf internationaler Ebene der gegenseitigen Freundschaft ihrer Völker versichern. Noch weitergehender könnten sich sogar all diejenigen, die die Demokratie als Staatsform anerkennen, in Anbetracht dieser Übereinstimmung als politische Freunde bezeichnen. Politische Freundschaft wird hier als Metapher benutzt, um ein positives, einander zugewandtes, kooperatives Verhältnis auszudrücken und Feindschaft auszuschließen. Eine persönliche Bekanntschaft wird dabei nicht vorausgesetzt, vielmehr wird gar vom konkreten Status einer Person abstrahiert. Hannah Arendt (1967: 310) umschreibt dies mit dem Begriff »Respekt«. Im übertragenen Sinne können mit dem Begriff der »politischen Freundschaft« damit auch Verhältnisse auf ganz unterschiedlichen Ebenen des Sozialen (auf individueller Ebene, Gruppenebene, Organisationsebene oder der Ebene von Staaten) bezeichnet werden. Daher ist diese Perspektive auch mit dem Blick auf Freundschaften als persönliche Beziehungen nicht unrelevant, etwa wenn man Untersuchungen zum Entstehungsprozess sozialer Bewegungen und politischer Parteien in Betracht zieht (vgl. Hermand 2006; Martin 2010; Polexe 2011). Als frei gewählte informelle Beziehungen beinhalten Freundschaften immer ein politisches Widerstandspotenzial, welches in der Ablehnung aufgezwungener Formen der Sozialität begründet liegt (cgl. Foucault 1984; Ortega 1995). Freundschaftsgruppen können daher der Beginn von Konspiration und Rebellion sein: »a pocket of potential resistance« (Lewis 2002: 96), weshalb sie besonders in autoritären Regimes mit besonderem Argwohn verfolgt werden (van der Zweerde 2007).

Die zweite Sichtweise nähert sich dem Spannungsverhältnis von Politik und Freundschaft vom Begriff der »Freundschaft« und versteht Politik bzw. das Politische als kontextuelle Einbettung. Legt man eine solche Perspektive zugrunde, so lässt sich zeigen, dass Freundschaften, verstanden als interpersonale Beziehungen, in der Geschichte politischen Handelns und politischer Institutionen eine erstaunliche Kontinuität besitzen und das konstatierte Spannungsverhältnis ein spezifisch modernes Phänomen ist. Auf der konkreten Handlungsebene politischer Akteure spielen Formen des politischen Zusammenschlusses aufgrund freundschaftlicher Bindungen seit jeher eine bedeutende Rolle: Zu erwähnen sind etwa die griechischen hetairoi, die römische amicitia, die fränkische Schwurfreundschaft, das mittelalterliche Klientelwesen oder auch neuzeitliche Männerbünde (vgl. Asch 2011; Garnier 2000; Leuschner 2011a; Schneider 1995; Weber 1995). Fast ausschließlich handelt es sich bei diesen Freundschaftsformen um informelle Sozialbeziehungen unter Männern. Eine weitere Gemeinsamkeit besteht darin, dass diese Freundschaftsformen Beziehungs- und Bindungsmuster umfassen, die mit der Positionierung, Orientierung und Durchsetzung innerhalb eines politischen Feldes in Verbindung stehen. Daher liegt die These nahe, hinter derartigen Formen von Freundschaft in der Politik elementare Machtpraktiken zu vermuten, die unter ganz unterschiedlichen Systemkonstellationen funktionieren und auch heute in modernen rechtsstaatlichen Demokratien eine entscheidende Rolle spielen. Mit diesen Beziehungs- und Bindungsmustern verbundene Handlungsweisen, wie die gegenseitige Hilfe und die Gewährung von Schutz unter Freunden, galten lange als Ausdruck politischer Tugend und waren selbstverständlicher und dominierender Bestandteil politischer Praktiken. Erst im 17. Jahrhundert setzte eine Entwicklung ein, in deren Verlauf sich dies grundlegend änderte: Mit der Entstehung moderner Staatlichkeit wurde der Staatsmensch im öffentlichen Amt vom Privatmensch unterschieden – etwa gleichzeitig entstand mit dem Aufstieg der kapitalistischen Marktwirtschaft das Bedürfnis nach freundschaftlichen Beziehungen, die von jeder kommerziellen oder politischen Erwägung frei sein und rein auf Sympathie und Gefühlen basieren sollten (vgl. Honneth 2011; Luhmann 1981; Silver 1990; Vowinckel 1995). Die bis dahin selbstverständlich gelebten politischen Zweckfreundschaften wurden damit in den Bereich des Privaten und nicht zuletzt der Korruption abgedrängt. Freundschaften hatten als persönliche Bindungen keinen Platz mehr in der öffentlichen Sphäre formal geregelter politischer Prozesse und politischer Institutionen. Dies heißt jedoch nicht, dass sie verschwunden wären und keine Bedeutung mehr hätten. Viel spricht dafür, der Meinung von Kirner (2003) zuzustimmen, dass derartige Beziehungsstrukturen »auf dem Gebiet des politischen Handelns in den westlichen Gesellschaften nicht einfach abgelöst, sondern nur mehr oder weniger erfolgreich durch eine leicht zu erschütternde Schicht institutioneller Arrangements sowie damit verbundener bürokratischer oder marktwirtschaftlicher Organisation- und Denkweisen seit dem Aufkommen des modernen Konstitutionalismus und Liberalismus überlagert wurden« (Kirner 2003: 173).

3.3 Freundschaft und politische Eliten

Hinsichtlich der Bedeutung von Freundschaften für politische Eliten lassen sich gegenwärtig in der sozialwissenschaftlichen Forschung zwei Perspektiven unterscheiden: Einerseits eine legalistisch-problemzentrierte Perspektive und andererseits eine steuerungstheoretisch-netzwerkorientierte Perspektive. Die Ausgangsposition der als legalistisch-problemzentriert bezeichneten

Perspektive ist die Vorstellung, dass politische Führungsgruppen innerhalb moderner demokratischer Systeme Positionsinhaber innerhalb eines formal verfassten und durch demokratisch legitimierte, bürokratische Verfahren gekennzeichneten politischen Systems sind, die bestimmte, klar definierte Aufgaben wahrnehmen. Politische Führungsgruppen werden dabei vor allem unter dem Gesichtspunkt der Legitimation betrachtet. Dies beinhaltet, eine scharfe Trennung zwischen Privatperson und öffentlichem Amtsträger vorzunehmen und alle Verhaltensweisen politischer Führungsgruppen dahingehend zu bewerten, ob sie die mit der Einnahme des öffentlichen Amtes verbundenen Aufgaben im Sinne des Gemeinwohls bzw. der jeweils repräsentierten Gruppen erfüllen. Ein Einfluss persönlicher Beziehungen auf das Handeln politischer Führungsgruppen ist in dieser Perspektive nicht vorgesehen. Vielmehr gilt die Berücksichtigung persönlicher Beziehungen als abweichendes, informales Verhalten, und die Beziehungen selbst werden als vormoderne Bindungsmechanismen verstanden, die durch den rationalen Anstaltsstaat längst überwunden sein müssten (vgl. Kirner 2003). Persönliche Beziehungen politischer Führungsgruppen sind daher vor allem als Störungen relevant, da sie die funktionale Teilung gesellschaftlicher Subsysteme irritieren und konterkarieren (vgl. Luhmann 1994). Aufgrund ihres, häufig Systemgrenzen überschreitenden Charakters und des damit verbundenen Ressourcentransfers, erscheinen sie notwendigerweise als Korruption oder zumindest als Phänomene informaler, illegitimer Politik. Sie sind dem Verdacht ausgesetzt, allein privaten Interessen, wie der Erzielung zusätzlichen Einkommens und der individuellen Postenabsicherung zu dienen oder unter Umgehung demokratischer Regeln (Transparenz, Chancengerechtigkeit, Partizipation) die interne Kohäsion und Monopolisierung von Machtressourcen einer abgehobenen politischen Klasse voranzutreiben (vgl. Arnim 1997; Beyme 1993; Scheuch/Scheuch 1992).

Die steuerungstheoretisch-netzwerkorientierte Perspektive hat sich unter dem Eindruck zunehmender Komplexität moderner Gesellschaften und dem daraus entstehenden Regelungs-, Steuerungs- und Problemdruck vom Modell rechtsstaatlicher Politikformulierung insofern abgewandt, als dass sie die Auffassung vertritt, dass politische Steuerung in komplexen Gesellschaften nur noch durch die schnelle und unbürokratische Koordination in Politiknetzwerken sichergestellt werden kann (vgl. Scharpf 1993). Informale Netzwerke werden nun als empirisch bedeutsam und normativ perspektivenreich dargestellt, weil sie unter den Beteiligten vertrauensvolle Zusammenarbeit und den schnellen ungehinderten Informationsfluss fördern, in Verhandlungen »Güter« optimal aufteilen, Beschlüsse effizienter umsetzen und innovative Prozesse befördern (vgl. Fukujama 1999; Kenis/Schneider 1996; Marin/Mayntz 1991; Scharpf 1993, 2000). Da die Effizienz des politischen Outputs in komplexen Gesellschaften immer stärker von verfügbarem Wissen und der Dynamik mehrdimensionaler Entscheidungsebenen abhängt, wird an politische Führungsgruppen die Forderung herangetragen, sich sowohl intern als auch mit anderen gesellschaftlichen Eliten zu »vernetzen«. Dies bedeutet, informale Beziehungen untereinander aufzubauen, die nicht auf bürokratischen Koordinationsmechanismen des Handelns, wie Befehl und Gehorsam beruhen, sondern die durch eine spezifische Form der koordinierten Interaktion gekennzeichnet sind. Deren konstitutive Elemente sind auf Wechselseitigkeit beruhende Faktoren wie Kooperation und Vertrauen sowie die verteilte Verfügung über Machtmittel (wie Ressourcen, die Kompetenz zur Definition von Problemen und Lösungen oder Leitungsfunktionen). Dabei sind die am Netzwerk beteiligten Akteure autonom und handeln freiwillig (Prittwitz 2001: 93). Der organisations- und funktionssystemübergreifende Charakter dieser Beziehungen wird hier der legalistisch-problemzentrierten Perspektive gegenüber als ein besonderer Vorteil betrachtet, der ermöglicht, dass Informationen schnell verfügbar sind, alternative Kommunikationswege beschritten und Abstimmungsprozesse schnell und unbürokratisch abgewickelt werden können, was in der Summe dazu führt, Transaktionskosten einzusparen. In Anbetracht dieser Vorteile hat sich eine regelrechte Netzwerkeuphorie innerhalb der Politikwissenschaften ausgebreitet, und besonders die Netzwerkanalyse sieht informelle Netzwerke in euphemistischer Weise weitgehend als förderlich und »harmlos« an. Eine solche Bewertung rückt die Frage nach der Legitimität der Verfahren zugunsten der Effizienz des politischen Outputs in den Hintergrund. Politische Führungsgruppen werden weniger als öffentliche Amtsträger gesehen, sondern vielmehr in ihrer Vermittlungstätigkeit bzw. in ihrer Funktion eines Interdependenzmanagements gesellschaftlicher Interessen.

Beide Perspektiven finden ihre Grenzen in der ungenügenden Berücksichtigung der alltagsweltlichen Handlungsrationalität politischer Führungsgruppen und der Eigenlogik informeller, persönlicher Beziehungen. Aus diesem Grund wird in neusten Untersuchungen (vgl. Leuschner 2011, Gurr 2011) eine akteurszentrierte, praxeologische Perspektive eröffnet, welche die alltagsweltliche, feldspezifische Handlungsrationalität von Berufspolitikern in den Mittelpunkt stellt und die Eigenlogik freundschaftlicher Beziehungen politischer Führungsgruppen im politischen Feld zu erschließen sucht.

3.4 Differenzierungen

Im Überblick der bisherigen Ausführungen und Konzeptualisierungen des Verhältnisses von Freundschaft und Politik tritt deutlich zu Tage, dass es aus soziologischer Sicht vor allem darum gehen muss, abseits nostalgischer oder idealisierender Vorstellungen politischer Freundschaft in der politischen Philosophie, das empirische Verhältnis von Politik und Freundschaft zu untersuchen. Die Antwort auf die Frage, ob sich Politik und Freundschaft ausschließen oder ob

Freundschaft gar eine Grundkategorie des Politischen ist, muss demnach lauten: Beides ist möglich – abhängig davon, wie man die beiden Begriffe jeweils versteht. Preston King und Graham M. Smith (2007: 119) bringen es auf den Punkt wenn sie meinen, dass weniger die Frage Beachtung verdient, ob Freundschaft einen Platz in der Politik hat, als vielmehr welchen Platz und welche Art von Freundschaft. Um ein solches Projekt in Angriff zu nehmen, ist als erstes das »Politische« vom institutionalisierten »politischen System« zu unterscheiden. Des Weiteren sind verschiedene Formen von Freundschaft zu differenzieren. Evert van der Zweerde (2007: 149) schlägt hierfür vor, idealtypisch zwischen a) »wahrer selbstzwecklicher Freundschaft« als exklusiver persönlicher Beziehung, b) persönlich geprägten »Netzwerken von Freunden«, c) oberflächlicher »Freundschaftlichkeit«, d) »freundschaftlichen Netzwerken« und e) reinen »Machtallianzen« zu unterscheiden. Versteht man Freundschaft, wie in diesem Handbuch intendiert, im Sinne von a) und b) als persönliche Wahlbeziehungen so sind mehrere Kombinationen möglich, die eine soziologische Betrachtung erfordern:

Die politische Bedeutung persönlicher Freundschaften

Die Art und Weise wie Menschen ihre sozialen Beziehungen gestalten, beinhaltet eine implizite Stellungnahme zu der Frage: Wie wollen wir leben? Wie will ich leben? Jede bewusste Entscheidung für eine bestimmte Beziehungs- und Lebensform ist somit implizit politisch oder zumindest quasipolitisch, in dem Sinne, als dass in ihr die Möglichkeit eines realen Wertkonfliktes enthalten ist, der sich nicht durch den Rückgriff auf die geltende Ordnung und etablierten gesellschaftlichen Rituale klären lässt, sondern diese vielmehr in Frage stellt und selbst zum Produkt und Gegenstand der politischen Auseinandersetzung macht. Persönliche Freundschaften mit ihren inhärenten Eigenschaften der Freiwilligkeit und differenziellen Gleichheit besitzen in diesem Zusammenhang ein spezifisches Potenzial, da sie eine Lebensform symbolisieren, die dem Zwang traditioneller verwandtschaftlicher Beziehungen, aber auch dem Zwang kapitalistischer Arbeitsbeziehungen entgegenstehen. Freundschaft wird in dem Moment politisch, wenn sie die Grenze zwischen Privatem und Öffentlichem überschreitet. Eine soziologische Analyse, die diese politische Bedeutung in den Blick nehmen möchte, müsste demnach persönliche Freundschaften als politische Stellungnahmen in der Auseinandersetzung mit den gesellschaftlich dominierenden Formen der Lebensführung analysieren.

Die Bedeutung persönlicher Netzwerke von Freunden im Rahmen der politischen Gemeinschaftsbildung (etwa in sozialen Bewegungen, Nachbarschaften, communities)

Sowohl Eisenstadt (1974) als auch Tenbruck (1964) machen deutlich, dass jede Gesellschaft eine Vielzahl an Freundschaftsformen hervorbringt, die sich in einer funktionalen Verflechtung zum gesellschaftlichen Hintergrund entwickeln. Eisenstadts These ist dabei, dass die gesellschaftlichen Bedingungen für Freundschaft besonders dort gegeben sind, wo zwischen den Prinzipien der institutionellen Ordnung und denen informeller Gruppen ein Wertkonflikt besteht oder wenn zwischen kulturellen Zielen und den Mitteln zu deren Durchsetzung eine qualitative Kluft gesehen wird. In beiden Fällen handelt es sich letztlich um Situationen politischer Gemeinschaftsbildung. Ob Lebensgemeinschaften, Nachbarschaften, politische Vereine, soziale Bewegungen und selbst Parteien – all diese Formen von Sozialität entstehen nicht aus dem Nichts sondern sind auf Kerngruppen, Initiativkräfte und andere Formen informeller Beziehungen zurückzuführen. Es ist offensichtlich, dass dabei unter anderem sowohl realen Freundschaftsbeziehungen als auch Freundschaftsideen eine enorme Bedeutung zukommt. Eine soziologische Analyse der Bedeutung von Freundschaft bei solchen Entwicklungsprozessen ist bislang noch nicht durchgeführt worden – allein das Material wäre überwältigend. Ansätze einer formalen Analyse von sozialer Strukturbildung ausgehend von Freundschaften existieren jedoch (bspw. bei Georg Simmel (1992) oder zuletzt bei John Levi Martin (2010) in seinem Buch »Social Structures«) und könnten für eine Untersuchung der Formen politischer Gemeinschaftsbildung fruchtbringend genutzt werden.

Die Bedeutung persönlicher Freundschaftsnetzwerke politischer Führungsgruppen im Kontext institutionalisierter Politik

Ein weiterer Bereich, in dem der Einfluss und die Bedeutung persönlicher Freundschaften und Netzwerke von Freunden soziologisch bestimmt und hinsichtlich seiner Auswirkungen kritisch hinterfragt werden muss, ist der Bereich der institutionalisierten Politik. Hierbei ist besonders die Selektivität von Beziehungen in den Blick zu nehmen, die als Machtmechanismus genutzt wird. Aus demokratietheoretischer Sicht ist dabei zu fragen, bis zu welchem Punkt eine Beeinflussung politischer Entscheidungen durch Freundschaften akzeptiert werden kann. In einem weiteren Sinne der »politics of reality« sind außerdem die Praktiken zu bestimmen, mit denen Freundschaften als Mittel des politischen Machtkampfes genutzt werden, was sicherlich nicht nur in politischen Institutionen, sondern ebenso gut in anderen Organisationen (z.B. Unternehmen, Universitäten) beobachtet und allgemein als »Mikropolitik« bezeichnet werden kann.

4. Mediatisierung der Freundschaft

Janosch Schobin

4.1 Thesen zur Mediatisierung der Freundschaft

Beziehungen werden in modernen Gesellschaften häufig mithilfe technischer Kommunikationsmedien aufrechterhalten. In modernen Industriegesellschaften findet Interaktion mit Freunden folglich häufig mittels technischer Medien statt. Genauer: Je weiter eine Gesellschaft auf der Skala der sozialen und ökonomischen Modernisierung fortschreitet, umso stärker sind Freundschaftsbeziehungen mediatisiert. Mit steigendem Score im Human Development Index (HDI) nimmt die durchschnittliche Besuchsfrequenz ab und die Kommunikation mittels technischer Medien zu (siehe Abbildung 11 u. 12). Das wäre kein soziologisch interessantes Thema, wenn nicht zu vermuten stünde, dass die Art und der Umfang der Mediatisierung einen erheblichen Einfluss auf die Praktiken, Ideale und Typen der Freundschaft hätte.

Philip Slater hat einmal über den Einfluss des Fernsehens auf das gesellige Leben bemerkt, dass solange die Leute ihre eigene Unterhaltung erzeugen, ihnen bewusst ist, dass das eigene Vergnügen das Produkt einer sozialen Interaktion ist. Man konnte nur insofern auf seine Kosten kommen, wie man sich wirklich in einer Situation zusammen mit anderen verausgabte (Slater 1990: 111). Man denke etwa an die Tischgespräche, das Kartenspiel oder den Tanz. Die modernen Massenkommunikationsmittel veränderten diese Tatsache. Es entstanden vielfältige Geselligkeitsformen, deren gemeinsames Merkmal ist, dass sie mit wenig Interaktion unter den Anwesenden auskommen. Zu nennen wäre hier etwa der Kinogang mit Freunden, der Familienabend vor dem Fernseher oder die Radioübertragung eines Fußballspiels im Reisebus. Aus diesen einfachen Beispielen lässt sich die Lehre ziehen, dass Kommunikationsmedien nicht irrelevant für die Frage sind, welche sozialen Formen sich wie auf ihnen artikulieren.

Für die Freundschaftsforschung ist die historische Konjunktur bestimmter Kommunikationsmedien von nicht geringer Bedeutung. Eine einstmals

Abbildungen 11 u. 12: Linie repräsentiert Regressionsgrade, der graue Bereich den 95%-Konfidenzintervall der Regressionsgrade

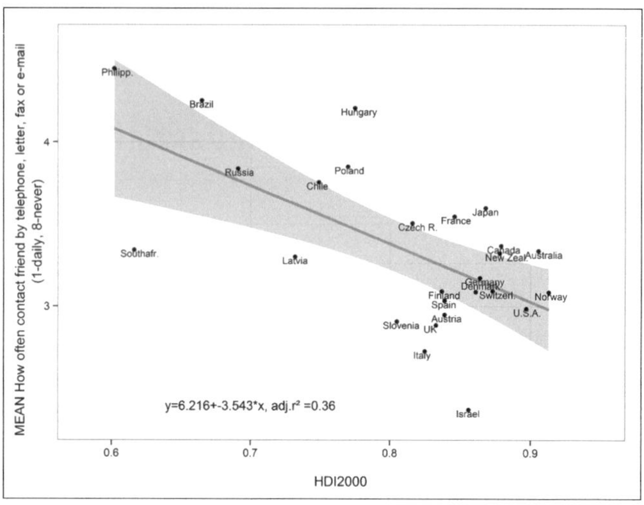

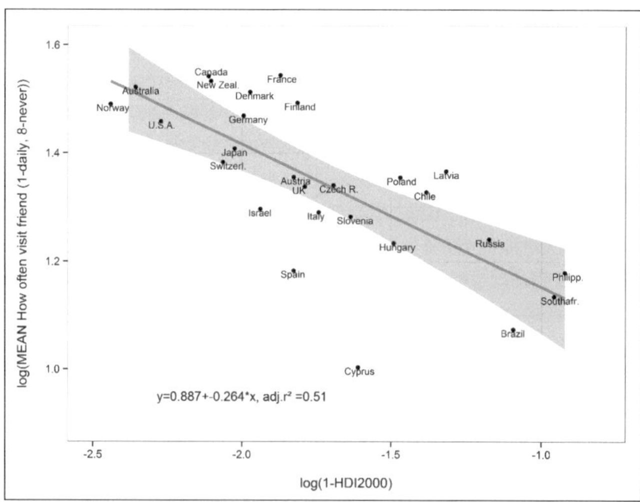

Datenquelle: ISSP 2001 und HDR 2000

geradezu revolutionäre Praktik der Freundschaftspflege war schließlich der vertrauliche Brief. Ohne diese Innovation wüssten wir kaum etwas über die Freundschaften des Spätmittelalters und der frühen Neuzeit. Als das günstigere Papier gegen Ende des Mittelalters die teuren Lammshäute als Schriftträger mehr und mehr ersetzte, wurde das Briefeschreiben breiteren Schichten zugänglich. Spätestens in der Spätaufklärung/Frühromantik hatte sich der Freundschaftsbrief dann zu einem eignen Genre mit eigenen stilistischen und thematischen Konventionen entwickelt, in dem die Sprache der Gefühle und der geistige Austausch dominierten (siehe hierzu Kapitel zur Geschichte der Freundschaft). Offensichtlich begünstigte das Medium bestimmte Freundschaftsformen. Im vertraulichen Brief artikulieren sich mit Vorliebe Freundschaften eines bestimmten Typs: exklusive, intime Zweier-Beziehung »Busenfreundschaften«. Heute stehen wir unter Umständen vor einer medialen Innovation mit ähnlicher Tragweite. Und damit sind wir auch beim eigentlichen Thema dieses Kapitels angelangt: Mit dem Internet ist zwischen Anfang und Mitte der 1980er Jahre ein gänzlich neues Kommunikationsmedium in die Geschichte eingetreten, dass weitreichende Konsequenzen für die Praktiken, Ideale und Formen der Freundschaft haben könnte. Drei Fragen stehen folglich im Mittelpunkt der Betrachtungen der nächsten Seiten:

- Wie verändern sich die Freundschaftspraktiken im Internet?
- Wie verändert das Internet die Idealvorstellungen der Freundschaft?
- Entstehen im Medium des Netzes neue Freundschaftstypen?

4.2 Ein Vorbehalt: Das Internet – ein Metamedium

Vorangestellt sei eine kurze Überlegung zu den Eigenschaften (oder besser gesagt zur Eigenschaftslosigkeit) des neuen Kommunikationsmediums aus der ein Vorbehalt für die Thesen folgt, die ich hier vortragen möchte. Das Internet fungiert als Medium aller Kommunikationsmedien, auch der älteren. Es ist eine Art Metamedium. Das Netz kann ein Buch darstellen, als Post oder als Telefon verwendet werden, aber auch als Fernseh- oder Radiosender auftreten. Es integriert die Funktionalitäten der althergebrachten Massenmedien und Kommunikationstechnologien. Es stellt daher einerseits die Möglichkeit der Vermischung der Vermögen der alten Medien bereit. Gleichzeitig demokratisiert es Massenkommunikationsmittel wie Fernsehen, Radio und Zeitung. Jede und jeder kann nun Inhalte oder Neuigkeiten an eine größere Audienz senden. Zusammen führt das zu dem Phänomen, dass im Internet stets in den Formen traditioneller Medien – oft auch mit mehreren zugleich – kommuniziert werden kann. Zwei Freunde können per Skype bildtelefonieren und dabei Videos über ihre letzten öffentlich zur Schau gestellten Kunststücke austauschen. Hergebrachte mediale Freundschaftspraktiken lassen sich also auf das neue Medium übertragen und unter Umständen auf neue Weise kombinieren. Das ist auch geschehen. So gilt bis heute die Verwendung von E-mails als einer der besten Prädiktoren für die Frage, ob sich eine Person dauerhaft der neuen Medien zur Kommunikation mit Freunden und Familienmitgliedern bedienen wird (vgl. Baym 2010). Zusätzlich ist bekannt, dass vermehrt audiovisuelle Elemente in die geschriebene Freundschaftskommunikation eingebaut werden (vgl. Autenrieth/Herwig 2010). Der Freundschaftsbrief lebt also mutmaßlich in der um visuelle Elemente ergänzten Freundschaftsemail fort. Über die Simulation und Kreuzung althergebrachter Kommunikationsmittel stellt das Internet jedoch auch neuartige Kommunikationsmöglichkeiten parat, die sich schwer auf einen Nenner bringen lassen: Im Internet entstehen durch Programme und Programmverbände immer wieder neuartige, eigenwillige und eigenartige mediale Formen.[1] Allen voran sind hier Onlinespielwelten (fortan MMOG, Akronym für Massively Multiplayer Online Games) wie World of Warcraft oder Second Life und soziale Netzwerke (fortan SNS, Akronym für Social Network Sites) wie Twitter und Facebook zu nennen.[2] Da das Netz, was seine mediale Form angeht, letztlich nur durch das begrenzt ist, was sich durch digitalen Code in Algorithmen strukturieren und durch Peripheriegeräte in wahrnehmbare Formen überführen lässt, kann man nur schwer angeben, was das gemeinsame dieser Medien im Medium des Netzes ist. Zudem erleben wir gerade nur die erste Phase dieser Entwicklung. Noch sind schließlich fast alle Internetbenutzer digitale Analphabeten, wenn man darunter jemanden versteht, der selbst nicht programmieren kann. Visuelle Programmiersprachen wie Scratch und Boku und die Verbreitung des Schreibens von Programmen unter Kindern und Jugendlichen deuten jedoch bereits an, dass die nächste Generation von Programmen reflexiv wird.[3] Die Benutzer werden mehr und mehr während der Verwendung eines Programms in dessen Programmcode eingreifen können. Die Kommunikationsmöglichkeiten und -formen werden also immer weniger vorgefertigt vorgefunden und immer häufiger selbst erst produziert werden können oder müssen. Mit Marshall McLuhan (1964) würde

1 | Hier ist anzumerken, dass in diesem Zusammenhang begrifflich vieles im Argen liegt. Ich beziehe mich hier auf die Unterscheidung zwischen Code und Programm, wie sie Luhmann in die Soziologie eingeführt hat. Der Code bezieht sich auf die Grundunterscheidung eines Systems. Im Falle des Internets ist es der digitale Code mit seinen logischen Operationen. Programme hingegen sind konkrete, komplexere Strukturen, die durch die Operationen des Systems erzeugt werden und dann in diesem entweder als wiederkehrende Systemereignisse oder als komplexere Systemunterscheidung (also als Code höherer Ebene) fungieren können. In unserem Fall also etwa Pacman oder eine Programmiersprache wie C++, (vgl. Luhmann (1987).

2 | Der Text wird sich vor allem auf diese beiden neuen Medienformen konzentrieren, da das Gros der Forschung auf diese entfällt. Es gibt allerdings auch weniger massenwirksame Medienformen.

3 | Etwa ein Viertel aller 16-18-Jährigen kann heute in Deutschland nach eigener Aussage bereits programmieren (BITCOM 2011).

man sagen: Das Internet wird langsam ein »cooles« Medium.[4] Es ist also fraglich, ob das, was sich bisher ereignet hat, irgendetwas über die Bewegungsrichtung der Mediatisierung der Freundschaftsbeziehungen aussagt. Mit diesem Vorbehalt im Hinterkopf möchte ich dennoch aufgrund der gegenwärtigen Forschungslage einige Thesen zu den angekündigten Fragen diskutieren. Verändert das neue Medium Freundschaftspraktiken und Freundschaftideale und wenn ja, wie? Entstehen neue Freundschaftstypen und wenn ja, welche?

4.3 Sieben Thesen zum Phänomen öffentlicher Freundschaften in Egonetzwerken

Wenn es eine Beobachtung gibt, die das Feld der Freundschaftsforschung im Internet zusammenhält, dann diese: Freundschaft wird im Internet in der Regel vor einer Netzwerk-Öffentlichkeit deklariert. Das distinktive Merkmal der Online-Freundschaft ist derzeit, dass die Freundschaft im egozentrierten (also vom jeweiligen Akteur aus gesehenen) Netzwerk öffentlich bekundet wird. Wer wen als Freund gewählt hat, ist für die anderen Freunde der Beteiligten in der Regel sichtbar. Sichtbar ist zumeist auch die Anzahl der Freundschaftswahlen. Dieser Sachverhalt bedeutet eine enorme Veränderung in der Form und im Grad der Formalität der Freundschaft. Vom Register her gehört die öffentliche Deklaration der Freundschaft klassisch in das Repertoire der politischen Repräsentativfreundschaften. Nun wird dieses Register für Beziehungen verwendet, die wir vor einigen Jahren noch ohne Schwierigkeiten als Privatbeziehungen klassifiziert hätten. Mit Fug und Recht ist der Dreh- und Angelpunkt der gegenwärtigen Forschung daher einerseits die Tatsache der Publizität der Freundschaftswahlen, anderseits deren Tendenz sich in netzwerkförmigen Sozialformationen zu organisieren. Beide Veränderungen haben mutmaßlich weitreichende Konsequenzen. Vieles befindet sich jedoch noch im Bereich der informierten Spekulation und viele der zentralen Thesen und Antithesen bleiben implizit:[5]

4 | »Heiße« und »kalte« Medien unterscheiden sich hinsichtlich des Grades an kognitiver und physischer Beteiligung, die ein Mediennutzer aufbringen muss, um erfolgreich an Kommunikation teilzunehmen. Ein »cooles« Medium fordert einen erheblichen Eigenanteil von den Beteiligten. Information muss aufgefüllt, Mitteilungen müssen selbst erzeugt und ersonnen werden. Zur Unterscheidung »hoter« und »cooler« Medien, (vgl. McLuhan 1964)

5 | Die verschiedenen Studien zu Online-Communities und Online-Freundschaften sind methodisch extrem heterogen und von ihren theoretischen Ausgangspunkten her oft vollkommen disparat. Dennoch lassen sich über viele Texte hinweg ähnliche implizite empirische Thesen rekonstruieren, die allerdings selbst oft nur indirekt Gegenstand der Analysen werden. In diesem Sinn ist der nachfolgende Absatz als strukturierende

These 1:
Das Egonetzwerk als neue Form der Gemeinschaft

Der Begriff des sozialen Netzwerks ist extrem dehnbar. Vollkommen ungeordnete soziale Beziehungen lassen sich ebenso als Netzwerk beschreiben, wie nach formellen Kriterien geordnete, wohlabgegrenzte Gruppen oder Organisationen. Die typische Sozialformation, die neue Medien sozial wahrnehmbar machen, ist das sogenannte Egonetzwerk: Der Ausschnitt eines potenziell grenzenlosen Beziehungsnetzes aus der Sicht eines einzelnen Akteurs. Boyd (2006) stellt explizit die These auf, dass Egonetzwerke heute klassische Gruppenmitgliedschaften zusehends ersetzen (vgl. Boyd 2006). Sollte sich die Beobachtung erhärten, dass egonetzwerkförmige »persönliche Gemeinschaften« (Boase/Wellman 2006:709)[6] zunehmend an Stelle der sozialen Form der Gruppe treten, hätte das zur Folge, dass Typen der Gruppenfreundschaft mehr und mehr an Bedeutung verlieren. Stichhaltige Studien liegen zu dieser These und ihren Varianten indes nicht vor. Zwar ist die Beobachtung sinnfällig, dass in den neuen Medien Beziehungen in der Regel in der Form des Egonetzwerks präsentiert werden. Damit ist aber noch lange nicht gezeigt, dass Gruppenbeziehungen verschwinden, leiden oder ersetzt werden. Es könnte ebenso sein, dass die Egonetzwerke nur als eine Art Panoptikum fungieren, um plurale Gruppenzugehörigkeiten zu handhaben und für die verschiedenen Gruppen sichtbar zu machen. Ob eher das eine oder das andere der Fall ist, ist letztlich einerseits eine empirische Frage nach der Struktur des Gesamtnetzwerks, anderseits eine Frage nach den Freundschaftskonzeptionen der Akteure: Halten sie sich eher für die Mitglieder pluraler Freundschaftsgruppen oder eher für die Spinne im Netz, bei der vielfältige Freundschaftsbeziehungen zusammenlaufen?

Rekonstruktion des Forschungsfeldes zu verstehen. Die sehr vielfältigen Forschungsinteressen der jeweiligen Spezialstudien ließen sich hier sonst kaum konzis darstellen.

6 | Das Oxymoron scheint nicht nur beabsichtigt zu sein, sondern ist in der angelsächsischen Soziologie Programm. Man findet ähnliche Überlegungen bei Pahl und Spencer (2004) und Wilkinson (2010). Wie genau Zugehörigkeit in solchen »Gemeinschaften« erlebt werden soll, bleibt freilich ein theoretisch ungelöstes Problem. Ob der Überbegriff der Gemeinschaft zulässig ist, wenn er keinerlei Zugehörigkeitsgefühle der Beteiligten mehr impliziert, würde ich anzweifeln. Man sollte dann eher auf Begriffe wie den des »vernetzten Individualismus« von von Kardorff (2006) ausweichen, die das Phänomen ebenso pointiert, aber mit weniger starken Implikationen beschreiben.

These 2:
Von den visuellen zu den plastischen Freundschaftspraktiken

Am offensichtlichsten ist die äußere Form der Freundschaftspraxis durch die neuen Medien betroffen, die ja nicht zuletzt visuelle Medien sind. Freundschaftsinszenierung und Freundschafts-kommunikation finden dort folglich gehäuft durch visuelle Praktiken statt. Es werden Bilder und Videos geteilt und im Egonetzwerk öffentlich zur Schau gestellt. Zu diesem Thema ist eigens ein Sammelband erschienen, der bei Interesse an diesem Aspekt der Freundschaftspraxis in den neuen Medien als weiterführende Lektüre empfohlen wird (Neumann-Braun/Autenrieth 2010). Der Band belegt, dass es in den letzten Jahren zu einer rapiden Evolution der visuellen Freundschaftspraktiken gekommen ist. Diese Entwicklung dürfte jedoch noch nicht abgeschlossen sein. Die »industrielle Revolution« der 3D-Drucker steht vor der Tür. Es wird zu neuen Mischformen aus plastischen und visuellen Freundschaftspraktiken kommen. Vielleicht erlebt die Freundschaftsstatue ihre Renaissance. In diesem Bereich ist natürlich noch alles reine Spekulation. Dass die neuen plastischen Darstellungstechnologien, die noch in diesem Jahrzehnt massenproduktionsreif und mit großer Wahrscheinlichkeit extrem populär werden dürften, auch als Freundschafts-kommunikationsmedium dienen werden, ist eine naheliegende These. Die Forschung zum Formenwandel der Freundschaftspraxis wird daher auch in den nächsten Jahren weiterhin spannend bleiben.

These 3:
Das Freundschaftswahlverhalten als Mischeffekt aus Erfahrungen, relativer Deprivation und geringen Grenzkosten

Die Zahl der Online-Freunde übersteigt die Zahl der Offline-Freunde einer Person in der Regel um ein Vielfaches.[7] Die Regeln des Freundschaftswahlverhaltens sind Online also andere als Offline. Wie erklärt sich das? Eine Hintergrundannahme vieler Studien ist, dass die Beobachtbarkeit der Anzahl der Freundschaften der anderen zur Erfahrung relativer Deprivation führen. Ein Paradox der Freundschaft ist nämlich, dass unsere Freunde in der Regel im Durchschnitt mehr Freunde haben als wir (vgl. Feld 1991). An einem einfachen Beispiel illustriert: Man stelle sich eine Person vor, die fünf Freunde hat. Diese fünf Freunde wiederum haben keine. In der Netzwerkterminologie nennt man das ein Sternnetzwerk. In so einem Freundschaftsnetzwerk haben fünf Personen weniger Freunde als der Durchschnitt und nur einer mehr. Auf SNS angewendet: In der Regel wird also beobachtet werden, dass die eigenen

7 | Die Frage, welche Sozialformation sich hinter dem groben Label Offline-Freund verbirgt, sei hier vorerst eingeklammert.

SNS-Freunde mehr SNS-Freunde haben als man selbst. Diese Erfahrung relativer Deprivation könnte den Anreiz geben, Zeit und Energie in die Expansion des eigenen SNS-Freundschaftsnetzwerks zu investieren. Das Freundschaftswahlverhalten auf SNS wäre demnach durch eine relative Mangelerfahrung getrieben, die das Medium gleichzeitig ermöglicht und erhält. In der Regel gilt jedoch, dass Zeit und Energie knappe Güter sind. Offline nehmen ab einer gewissen Anzahl Freund_innen zusätzliche Freund_innen so viel zusätzliche Zeit und Energie in Anspruch, dass sie eine übermäßige Belastung wären. Eine zweite stille Annahme lautet folglich, dass dies Online anders ist. Ab einer gewissen Anzahl von Online-Freunden produziert jede weitere Online-Freundschaft keinen zuzüglichen Aufwand mehr. Diesen Schluss legen zumindest mehrere Studien nahe die sich mit der Qualität von Online-Freundschaften im Unterschied zu Offline-Freundschaften beschäftigt haben (vgl. etwa Kneidinger 2010). Die durchschnittliche Online-Freundschaft kann dabei in der Regel wesentlich seltener durch auf die Person bezogene Kommunikation aktualisiert werden. Bestimmte Online-Freunde sind einfach eine Art Publikum für öffentliche Mitteilungen im Egonetzwerk, mit dem nicht direkt kommuniziert werden muss. Sie erzeugen also keinen Aufwand jenseits des Aufwands der sowieso schon betrieben wird. In ökonomischen Begriffen würde man sagen: Ihre Grenzkosten gehen gegen null. Nimmt man beide Effekte zusammen, erklärt sich, weshalb das Online-Freundschaftswahlverhalten sich derart stark vom Offline-Freundschaftswahlverhalten unterscheidet: Die relative Deprivation treibt einen zum Sammeln, die geringen Grenzkosten hindern einen nicht daran es zu tun. Anzumerken ist an dieser Stelle, dass beide Hintergrundannahmen meines Wissens nicht selbst Gegenstand empirischer Analysen geworden sind. Sie könnten sich also auch als falsch erweisen.

These 4: Zunahme der sozialen Kontrolle durch Freunde

Eine der zentralen impliziten Kontroversen um die neuen Medien ist, ob es sich um neue Arenen der Freiheit oder um neue Orte der Überwachung seitens signifikanter anderer handelt. Das äußert sich in der Forschungslandschaft durch etliche Studien, die sich mit Identitätskonstruktionen und Selbstdarstellungsformen in den neuen Medien beschäftigen (vgl. etwa Boyd 2006; Lögdlund/de Kaminski 2010; Siibak 2009; Zhao et al. 2008). Unschwer ist zu erkennen, dass hier im Hintergrund die Überlegung wirkt, dass im Internet ein neuer Freiheitsspielraum entstanden ist, den die Akteure nun durch allerlei kreative Selbstdarstellungs-, Selbstinszenierungs- und Selbstidentifikationspraktiken ausfüllen. Die gegenteilige – und aus meiner Sicht besser belegte – These besagt, dass sich über die neuen Medien die Verhaltenskontrolle seitens der

Freunde verstärkt.[8] Da die Kommunikationen der Freunde öffentlich auf Ego zurechenbar sind (etwa weil sie auf seiner Facebookseite oder in seinem Twitterprofil erscheinen) hat Ego ein erhöhtes Bedürfnis als unangemessen wahrgenommene Kommentare und Beiträge (Posts, I likes, Forwards etc.) zu unterbinden. Etwa gilt Spammen – also das häufige Produzieren von Nachrichten mit kommerzieller Absicht oder von sehr niedriger Unterhaltungsqualität – als Verstoß gegen die Netiquette und kann Beziehungsunterbrechungen motivieren (vgl. Autenrieth/Herwig 2010; Sibona/Walczak 2011). Daran ist bereits zu ersehen, welcher Sanktionen zur Verhaltenskontrolle sich die Beteiligten auf SNS bedienen: Unterbrechungsandrohungen sowie tatsächliche Beziehungsunterbrechungen. Wie solche Sanktionen kommuniziert werden und wann sie als angemessen gelten, steht dabei wiederholt im Mittelpunkt des Interesses und wurde bereits für spezifische SNS untersucht (vgl. etwa bei Autenrieth/Herwig 2010; Bazarova et al. 2012; Fono/Raynes-Goldie 2006). Eine systemische Erklärung für die These, dass im Netz die Verhaltenskontrollpraktiken durch die Freunde zunimmt, liefert Donath (2007). Im Kontext einer Theorie der Signalübertragung – also einer Theorie, die sich mit der Frage befasst, unter welchen Umständen Kommunikation »ehrlich« bleibt –, weist Donath (2007: 231-233) auf das Risiko hin, dass eine massive Zunahme von Täuschungen für Online-Communities für diese tödlich sein können. Wenn kommerzielle Nachrichten, willkürliche Selbstdarstellungen, Betrugsabsichten, Clownerei oder Ähnliches Überhand nehmen, werden viele User eine Online-Community verlassen, weil in dieser verständigungsorientierte Kommunikation unmöglich wird. Da dies in der Regel auf SNS aber nicht der Fall ist, muss das bedeuten, dass die Kosten für »Täuschungen« in SNS unerwartet hoch sind (Donath 2007: 233-237).[9] Donath (2007:233-237) weist in diesem Zusammenhang darauf hin, dass verschiedene SNS-Programminfrastrukturen die Evaluation der »Ehrlichkeit« von Kommunikation verschieden gut ermöglichen. Etwa hilft der Blick auf die SNS-Freunde der SNS-Freunde, aber auch auf deren Kommunikationsverhalten zu anderen SNS-Nutzern, bei der Beurteilung des kommunikativen Gegenübers. Ihre implizite These kann man so rekonstruieren: Je transparenter das kommu-

8 | Explizit findet man diese These bei Trottier (2012). Dass sie nicht unbedingt ein Argument gegen neuen Freiheitsspielräume sein muss, zeigt Albrechtslund (2008), der argumentiert, dass auf SNS einerseits die Überwachung zunimmt, dies aber in einer partizipativen Weise geschieht, die demnach gleichzeitig Freiheitsspielräume sicherstellt. Ich pointiere die Angelegenheit daher unter Umständen zu sehr.

9 | In der Regel entsprechen etwa SNS-Profile der Offline-Realität. Das geht bis in die Details. Sogar einzelne Persönlichkeitseigenschaften werden konsistent abgebildet (Back et al. 2010). Es scheint also nicht zu sehr willkürlichen Selbstdarstellungen zu kommen – oder anders ausgedrückt, die Freiheitsspielräume für alternative Selbstdarstellungen sind augenscheinlich nicht sehr groß.

nikative Gegenüber durch die SNS-Programme wird, desto einfacher können etwaige Abweichungen vom Standard der »Ehrlichkeit« erkannt und folglich sanktioniert werden. Im Hintergrund spielt also auch hier die Idee hinein, dass SNS-Freunde das kommunikative Verhalten ihrer Freunde kontrollieren und Abweichungen von der Norm der »Nicht-Täuschung« bestrafen können. Alles in allem ist nach Lage der Forschung zu diesem Zeitpunkt zu konkludieren, dass die neuen Medien eher zu neuen Formen der Verhaltenskontrolle als zu neuen Freiheitsspielräumen geführt haben.

These 5: Neue Arenen der Freundschaftswahl und der sozialen Koordination

Ob die neuen Medien tatsächlich ein Ort eigener Beziehung sind oder einfach nur als zusätzlicher Kommunikationskanal verwendet werden, war in einer Fülle von Untersuchungen Gegenstand der Betrachtung (vgl. etwa Ito et al. 2008; Kneidinger 2010; Young 2011). Ins Schlaglicht rückte dabei wiederholt die Frage, nach welchen Regeln Freundschaftsanfragen und Freundschaftsabsagen in SNS getätigt werden (vgl. Autenrieth/Herwig 2010; Fono/Raynes-Goldie 2006; Kneidinger 2010; siehe These 3). Als gesichert gilt die Erkenntnis, dass Freundschaften, die außerhalb der SNS bereits bestehen, gute Chancen haben auf den SNS bestätigt zu werden. In der Regel sind Freunde auf SNS zumindest entfernte Bekannte aus der lokalen Lebenswelt (Ito et al. 2008). Damit ist aber auch gesagt, dass SNS zumindest in einem begrenzten Maß als Kontaktorte für neue Beziehungen dienen. Deutlicher ist hier die Forschung zu MMOG: Studien zu beliebten MMOG, wie World of Warcraft und Second Life, ergeben, dass es hier in der Regel zur Gruppenbildung mit vollkommen Fremden kommt. Aus diesen Spielgruppenbeziehungen entwickeln sich dann mitunter Freundschaften, wenn die zeitliche Dauer der Kooperation im Spiel lang genug ist und neben der spielbezogenen Kommunikation zusätzliche Kommunikationsebenen zwischen den Spielern entstehen (vgl. Bainbridge 2010). Es sei an dieser Stelle angemerkt, dass es mittlerweile eine eigene Wissenschaft gibt, die sich mit der Spielerbindung befasst.[10] Die authentischen Emotionen die Freundschaften vermeintlich notwendig hervorrufen, gelten dabei heute als Schlüssel, um Spieler langfristig für ein Spiel zu begeistern (vgl. Lazzaro 2012). Daraus lässt sich schließen, dass Online-Spielweltendesignern daran gelegen ist eine möglichst optimale Gelegenheitsstruktur für das Schließen von Freundschaften zu bieten. Man kann daher aus der Struktur der Spiele – mit entsprechenden Vorbehalten, was den Erfolg der Spieldesignanstrengungen angeht – auf das Tätigkeitsprofil dieser Art spielvermittelter Freundschaften schließen: In Online-Rollenspielen wie World

10 | Eine Einleitung in die Grundkonzepte der Spielerbindung gibt das Handbuch von Jako (2012) in dem sich auch der Artikel von Lazzaro (2012) befindet

of Warcraft spezialisieren Spieler ihre Charaktere auf bestimmte Fähigkeiten, um gemeinsame Aufgaben zu lösen. Kooperative Rollenarrangements, gemeinsam Hindernisse überwinden, Aufgaben lösen und Gegner aus dem Feld schlagen, scheinen Kernelemente in Spielen zu sein. Onlinespiele befriedigen auf effektive Weise die Bedürfnisse nach erfolgreich erlebter sozialer Koordination und Kooperation (vgl. Bainbridge 2010). Sehr kontrovers wird dagegen die Frage diskutiert, ob die neuen Medien auch die Koordination und Kooperation zwischen online erworbenen Beziehungen abseits des Netzes fördert. Speziell im Zusammenhang mit »Civic Engagement« und der Frage der Organisation politischer Aktivitäten ist diese Frage in den letzten Jahren vermehrt behandelt worden (vgl. etwa bei Katz et al. 2001; Quan-Haase/Wellman 2012; Xie 2008). Die Darstellung dieser Debatte würde den Rahmen hier indes sprengen.

These 6: Die Freundschaftsideale weichen (nicht) auf

Einer der am häufigsten, öffentlich geäußerten Kritikpunkte an den neuen Medien ist der inflationäre Gebrauch des Wortes »Freund«.[11] Dahinter steht die Vermutung, dass der massive Online-Gebrauch der Freundschaftsbezeichnung zu einem normativen Verfall der Freundschaftsideale führt. Es wird also von den online laxeren Freundschaftswahlregeln auf die Freundschaftskonzepte der Akteure geschlossen, was nur unter enormen Zugeständnissen zulässig ist. Etwa wird dabei unterstellt, es gäbe nur ein normatives Freundschaftskonzept. Begreift man indes, dass es schon spätestens seit der frühen Neuzeit ein Konzept der Freundschaft gibt, das verwendet wird, um auf komplexen solidarischen Beziehungsgefügen eine positionierende Unterscheidung vorzunehmen (etwa um bestimmte Personen hervorzuheben oder um Neutralität bei Pflichtenkollisionen zu bekunden), löst sich das ganze Argument auf (vgl. Teuscher 1998).[12]

---

11 | Die Fernsehreportagen, Radiosendungen und Zeitschriftenbeiträge zu diesem Thema gehen zumindest in Deutschland in den letzten fünf Jahren in die Hunderte.

12 | Beispiele hierfür sind Formen der Nachbarsfreundschaft aber auch die verschiedenen Spielarten der Verwandtenfreundschaft. Hier gibt es ein Beziehungsnetz, das durch eine bestimmte Relation definiert ist (etwa Blutsverwandtschaft). Auf diesem können dann durch die Verwendung des Freundschaftsbegriffs einzelne Beziehungen ausgezeichnet (etwa nach dem Muster: »Dir schulde ich zuerst Hilfe, denn wir sind nicht nur verwandt, wir sind auch Freunde) oder neutrale Positionen zwischen streitenden Parteien bezogen werden (etwa nach dem Muster: »Freunde, lasst uns doch friedlich sein« oder »Ich enthalte mich der Parteinahme, ihr seid beide meine Freunde«). Freundschaft wird hier also als eine Art zweite Bezeichnung verwendet um bestimmte Unterscheidungen zu kommunizieren, die im primären Beziehungsnetz nicht vorgesehen sind. Auf die SNS bezogen: Hier wird »Freundschaft« als eine abstrakte Beziehungsterminologie

Die neuen Medien gestatten ganz offensichtlich solche Formen der »Sekundärfreundschaft« in der Breite zu pflegen und mitunter einstmals separate komplexe Beziehungsgefüge mit ihr zu überziehen. Auf den ersten Blick scheint die ganze Aufregung um den Verfall der Freundschaftsideale folglich eine künstliche Aufregung zu sein, die einfach nur die Konsequenz falscher Prämissen ist. Trotzdem ist die Frage nicht vollkommen unplausibel, besonders wenn man unterstellt, dass normative Freundschaftskonzepte miteinander konkurrieren und einander beeinflussen können. Man kann also durchaus die sinnvolle Frage stellen, ob sich mit der Verbreitung der Nutzung der neuen Medien die Auslegungspraxis der Freundschaftsideale verändert hat.[13] Auf Basis der vorhandenen Literatur ist die Frage jedoch sehr schwer zu beantworten. Es gibt – nach meinem besten Wissen – keine explizite Untersuchung, die dies gestatten würde. Dazu müsste man nämlich stets zumindest zweierlei zu verschiedenen Zeitpunkten bei denselben Personen erfragen: Die normativen Freundschaftskonzepte und die Gruppe der Beziehungen, die vor dem Hintergrund dieser Ideale als Freundschaft bezeichnet werden. Untersuchungen, die beides gleichzeitig und wiederholt erheben, gibt es nicht. Es bleibt derzeit nur ein fehleranfälliger und extrem unzuverlässiger Ausweg: Man kann die Veränderung der durchschnittlichen Anzahl der genannten Freunde als Indikator für die Veränderung der Weite oder Enge des durchschnittlichen Freundschaftskonzepts ansehen (siehe hierzu ausführlich Methodenkapitel). Geht man diesen Weg, muss zunächst zwischen dem normativen Freundschaftsbegriff, wie ihn die Programminfrastruktur der neuen Medien bereitstellt und dem normativem Freundschaftsbegriff, wie ihn die Personen im Alltag anwenden, unterschieden werden. Man kann dann fragen, ob Personen, die online aktiv sind, laxer mit der Bezeichnung Freund umgehen – also auf die Frage nach ihren engen Freunden mehr Freunde nennen. Dies wurde mehrfach versucht. Eine tentative Antwort auf diese Frage gibt die Studie von Wang und Wellman (2010), die zeigt, dass Personen, die das Internet intensiv nutzen, im Vergleich zu Personen, die das Internet moderater nutzen, sowohl mehr Online- als auch etwas mehr Offline-Freunde angeben. Chen (2013) kommt zu ähnlichen, etwas differenzierteren Ergebnissen. Die Internetnutzung ist einerseits positiv mit der Nennung von »weak ties« verbunden, andererseits steige die Anzahl aber auch die Proportion

angeboten, die sich gleichzeitig auf allerlei solcher primären Beziehungsnetze anwenden lässt (Bekannte, Kollegen, Nachbarn, Verwandte, etc). Man zeichnet dann durch die SNS-Freundschaft die Nachbarn aus, die man lieber mag, die Kollegen, mit denen man kann und sich auch mal privat trifft, die Verwandten, die einem sympathisch sind usw.

13 | Der Einfachheit halber sei hier unterstellt, dass die Freundschaftsideale zumindest halbwegs statisch sind.

von »strong ties« im »core discussion network«[14]etwas an. Pollet et al. (2011) kommen in einer Studie zu SNS-Nutzern zum gegenteiligen Ergebnis: Weder nehme die Anzahl der Offline-Netzwerkpartner bei SNS-Nutzung zu, noch seien die Offlinebeziehungen von SNS-Nutzern emotional enger. Es gibt demnach nur schwache Anhaltspunkte dafür, dass die Personen, die das Internet stärker nutzen, tatsächlich weniger stark diskriminieren, wem sie persönliche Dinge anvertrauen und wen sie als enge Freunde bezeichnen. Hinzu gesellt sich die methodische Schwäche der Arbeiten. Etwa könnte man auf Basis der gleichen Daten wie Chen (2013) ebenso zu dem Schluss gelangen, dass Personen, die das Internet intensiver nutzen, mehr Gelegenheiten haben intime Freundschaften zu schließen und über effektivere Techniken verfügen bestehende Freundschaften zu erhalten. Es könnte sogar beides gleichzeitig der Fall sein. Ferner lässt sich über die Veränderung des Inhalts verschiedener Freundschaftsideale aus den zitierten Studien nichts erfahren. Weitere und vor allem methodisch besser aufgestellte Forschung ist an dieser Stelle dringend notwendig. In jedem Fall ist auf Basis der verfügbaren Erkenntnisse zu konstatieren, dass das Aufweichen der Freundschaftsideale in keinem Fall in dramatischem Ausmaß stattfindet.

These 7: Hyperfriends – eine neue Freundschaftsform

Um es voran vorwegzunehmen: Ob im Internet ein neuer Freundschaftstypentsteht, kann auf Basis der Literatur nicht entschieden werden, schon allein deswegen, weil nicht klar ist, ob sich ein spezifisches, an die neuen Medien angepasstes Freundschaftsideal entwickelt. Schwer wiegen hier die methodischen und begrifflichen Schwächen der jeweiligen Arbeiten. Alle hier zitierten qualitativen Studien verzichten aus unerfindlichen Gründen auf präzisierende Freundschaftstypologien, um ihr empirisches Material zu beschreiben. Studien, die eher quantitativ arbeiten, verwenden dagegen ohnehin eher technische Kategorien und einfache Analogien der Unterscheidung Bekannter/Freund sowie »strong/weak ties« (vgl. etwa bei Chen 2013; Kneidinger 2010, siehe oben). Über die Emergenz neuer Freundschaftstypen kann daher aufgrund dieser Arbeiten nur spekuliert werden. Dennoch gibt es eine Studie, die explizit mit dem Anspruch auftritt, im Internet einen neuen Freundschaftstypus beobachtet zu haben: Fono und Raynes-Goldie (2006): »Hyperfriends and Beyond: Friendship and Social Norms on LiveJournal«. Die Wortschöpfung »Hyperfriend« suggeriert es bereits. Im Medium der neuen Medien ist vermeintlich ein eigener Freundschaftstypus entstanden. Die Autoren unterschei-

14 | Zur Unterscheidung zwischen »weak/strong ties«, siehe Artikel zu Granovetter (1973). Unter dem core »discussion network«, versteht man die Personengruppe, die auf einen Burtgenerator (Mit wem besprechen Sie persönliche wichtige Dinge?) hin genannt wird.

den dabei fünf Bedeutungen des Wortes »Freund«, wie es im Kontext der SNS LiveJournal verwendet wird:[15]

- Freunde als Content-Provider: Wenn jemand auf der Freundesliste erscheint, dann weil er/sie die Inhalte einstellt oder produziert, die Ego gerne konsumiert.
- Freundschaft als Verlängerung einer Offline-Freundschaft: LiveJournal wird verwendet, um eine Offline-Freundschaft mit einem weiteren Kommunikationskanal zu versehen.
- Freundschaft als lose Online-Gemeinschaft: In die Freundesliste nimmt man all jene auf, mit denen man über ein bestimmtes Thema kommuniziert.
- Freundschaft als Vertrauen: Ein Freund auf LiveJournal ist jemand, dem man hinreichend vertraut um ihn persönliche Mitteilungen lesen zu lassen.
- Freundschaft als Höflichkeit: Man wählt jemanden aus Höflichkeit als Freund, der einen zuerst wählt (LiveJournal ermöglicht anders als viele andere SNS einseitige Freundschaftswahlen). (Vgl. Fono/Raynes-Goldie 2006: 3-6)

15 | Eigentlich unterscheiden sie sieben »Bedeutungen«. Sie nennen als sechste »Bedeutung« Freundschaft als Bekanntmachung einer bereits bestehenden oder neu geschlossenen Freundschaft. Mir erschließt sich aber aus der Lektüre des Textes ehrlich gesagt nicht, wie das eine andere »Bedeutung« von Freundschaft sein soll, besonders da sie sich aus den anderen »Bedeutungen« ergibt, bzw. sie diese implizieren. Als siebte »Bedeutung« wird dann noch Freundschaft als »Nichts« angeführt, was wohl so viel heißen soll wie: Freundschaft auf der SNS LiveJournal bedeutet einfach nur, dass man jemand in seine Liste aufgenommen hat. Wie sich das wiederum von den anderen »Bedeutungen« unterscheidet, bleibt ungeklärt. Überhaupt ist die Rekonstruktion der »Bedeutungen« eher erratisch. Sie ist nicht um ein schlüssiges System von Unterscheidungen herum gruppiert und gleicht eher einer Liste von Assoziationen verschiedenen Abstraktionsgrades. Die Autoren behaupten nun, dass das aus dem Material komme. Da sich aber eindeutige Überschneidungen zwischen den »Bedeutungen« ergeben, die sich zumindest mir bei der Lektüre förmlich aufdrängen, halte ich das für eine unhaltbare Behauptung. Die Spannung zwischen dem auf der SNS technisch implementierten Freundschaftsbegriff einerseits und die Frage der faktischen Freundschaftsfiguration der dort repräsentierten Beziehung (Gruppenfreundschaft, exklusive Zweierfreundschaft, sympathische Bekanntschaft usw.) andererseits durchzieht die Beschreibungen. Meiner Meinung nach wurde das Material einfach sehr schlecht und mit wenig historischer, ethnologischer und soziologischer Sachkenntnis geordnet. Den Grundirrtum kann man auch leicht benennen: Fono und Raynes-Goldie (2006) glauben, es gäbe im Alltagsgebrauch ein einziges, monolytisches Freundschaftsverständnis.

Man sieht an der doch sehr erratischen Aufzählung, dass ungeklärt bleibt, was den »Hyperfriend« zu einem eigenen Freundschaft-Typus machen soll. Vielmehr drängt sich die Vermutung auf, dass es sich um eine Art Kunstbegriff zur Beschreibung der Melange aus Freundschaftssemantik und technischer Beziehungsmanagementinfrastruktur der SNS LiveJournal handelt. Die Autoren schließen aufgrund der pluralen Bedeutungen des Wortes »Freund«, dass das Medium LiveJournal die Bedeutung des Wortes »Freund« destabilisiert habe (Fono/Raynes-Goldie 2006: 13).[16] Die Argumentation greift hier meiner Ansicht nach auf einen schlechten Taschenspielertrick zurück. Erst wird eine fragwürdige Rekonstruktion der Verwendung des Wortes auf der SNS-Plattform geliefert (siehe Fußnote). Im nächsten Schritt wird daraus geschlossen, dass die verschiedenen Probleme, die die Akteure auf der Plattform haben, aus dieser Destabilisierung der Freundschaftssemantik resultieren. Zieht man vom Text diesen billigen Hokuspokus ab, bleibt trotz allem eine interessante Überlegung stehen: Fono und Raynes-Goldie (2006) weisen darauf hin, dass die SNS-Plattform LiveJournal durch ihr Programm eine bestimmte, sehr undifferenzierte und zudem in allen praktischen Belangen sehr inflexible Freundschaftssemantik bereitstellt. Einerseits hat man nicht die Wahl zwischen verschiedenen Abstufungen wie etwa Freund_in/Genoss_in/Bekannte_r/Gleichgesinnte_r.[17] Anderseits läuft eine »Freundschaftsanfrage« stets auf die öffentliche Bekanntmachung einer nicht weiter spezifizierten »Freundschaft« im Egonetzwerk hinaus. Geheime Bekanntschaften etwa kann man nicht haben. Die Benutzer arrangieren sich mit der Programminfrastruktur und lassen sich allerlei einfallen, um fehlende Unterscheidungen zu kommunizieren und ihre wechselseitigen Beurteilungen zu koordinieren. Dabei geht natürlich auch mal etwas schief und es entstehen allerlei Konflikte und unter Umständen auch völlig neue Konfliktmuster. Daraus auf die Destabilisierung der Freundschaftssemantik und die Emergenz eines neuen Freundschaftstypus zu folgern, ist im besten Fall gewagt. Dessen ungeachtet ist das Problemfeld real, das Fono und Raynes-Goldie (2006) beschreiben. Um ein Gleichnis anzubieten: Wer kennt nicht aus seiner Kindheit jene Magnettafeln mit zwei Schrauben, auf denen man Bilder mit nur einer einzigen Linie zeichnen konnte. Um auf diesen etwas Bestimmtes zu malen, bedurfte es

16 | Dieses sehr gequälte Argument unterstellt offensichtlich, dass der Normalzustand der Freundschaft, der eine einheitliche, auf bekannten, allgemein geteilten Normen und Erwartungen basierende Sozialform sei, was in Anbetracht der Vielgestaltigkeit der alltäglichen Verwendung des Wortes »Freund« wirklichkeitsferner Unfug ist.

17 | SNS versuchen mittlerweile in der Regel eine breitere Freundschaftssemantik anzubieten. Das Problem wird aber erst verschwinden, wenn die Plattformen die Begriffe (etwa Freund/Bekannter) und die Funktionalitäten (etwa öffentlich befreunden, öffentlich entfreunden), die sich hinter ihnen verbergen, nicht mehr vorgeben.

des Einfallsreichtums. SNS-Plattformen wie LiveJournal zwingen ihren Usern ihre Freundschaftsbegriffe auf, ohne die vielfältige Farbpallette der Alltagssprache zu beachten. Die Unterschiede müssen daher nachträglich durch allerlei Tricks kommuniziert und publiziert werden. Denkbar ist dann tatsächlich, dass das auf Dauer zu einer eigenen Formbildung oder Modifikation bereits bekannter Freundschaftsformen führt. Zeigen kann die Studie das aber mit ihren Mitteln in keinem Fall. Auch hier gilt also: Further studies are needed.

4.4 Ausblick: Neuland

So unbeholfen Angela Merkels Aussage »das Internet sei für uns alle Neuland« wirken mag: Wenn es um die Erforschung der medialen Freundschaftspraktiken im Internet geht, stimmt der Satz. Zwar ist mittlerweile das Repertoire der Freundschaftspraktiken in den neuen Medien stark erforscht worden. Es liegt gewissermaßen ein ordentliche Sammlung vor. Trotzdem fehlt es an allen Ecken und Enden. Kaum eine der weitreichenderen Thesen, die das Feld dominieren, ist präzise untersucht worden. Zwei konstitutive Schwächen ziehen sich durch die Forschungslandschaft: Erstens wird kaum zwischen verschiedenen Typen der Freundschaft unterschieden, zweitens wird der Unterschied zwischen Freundschaftskonzept, Freundschaftsbezeichnungspraxis und Freundschaftsbeziehung in der Regel einfach ignoriert. Überall besteht daher dringender Forschungsbedarf. Besonders die medial bedingte Veränderung der normativen Freundschaftskonzepte, deren Zusammenhang mit der Freundschaftsbezeichnungspraxis und von dort ausgehend (denn ohne diese Kenntnisse ist der Rest der Forschung ziemlich unbrauchbar) die Veränderung der Freundschaftsbeziehungsmuster und Freundschaftstypen, müssten dringend systematisch untersucht werden. Aufgrund der verfügbaren Arbeiten kann man darüber allenfalls – so wie hier – informiert spekulieren.

5. Freundschaft, Körperlichkeit und Sexualität

Eric Anton Heuser & Janosch Schobin

5.1 Einführung: Sexualität als blinder Fleck der Freundschaftssoziologie

Die Frage nach der Sexualität in Freundschaften berührt zwei traditionelle blinde Flecke der soziologischen Freundschaftsforschung: Die Frage nach gemischtgeschlechtlichen Freundschaften und der nach sexuellen Praktiken zwischen Freunden. Gemischtgeschlechtliche Freundschaften galten lange als Ausnahmephänomene. Studien wie die von Booth und Hess (1974) oder Kalmijn (2002) sind bis heute selten. Gefragt wird eher, wie die Geschlechtshomophilie in Freundschaften zu erklären sei, und nicht, wie es zu den Ausnahmen kommt (siehe I.8). Mit dem Thema der gemischtgeschlechtlichen Freundschaften wurde zugleich das Thema der Sexualität in Freundschaften ausgeblendet. Nur wenige Studien, wie die von Brain (1976) oder Sinclair (2012), brechen mit dieser Regel. Gewöhnlich ist es bis heute so, dass Freundschaft implizit oder explizit als nicht-sexualisierte Beziehung aufgefasst wird (siehe Kapitel zu Methoden der Freundschaftsforschung). Aber was wäre, wenn man die Grundannahme ins Gegenteil verkehrt und Freundschaften als Beziehungen auffasst, in denen es nicht zuletzt um die Aushandlung sexueller Spielräume und Grenzen geht? Dafür spricht einiges: Freundschaftsbeziehungen können oft gerade durch ihr »Dazwischen-Sein« charakterisiert werden. Z.B. können sie ein unkonkreter, wenig definierter sozialer Raum zwischen einer sozialen Beziehung ohne und einer mit sexuellen Komponenten, oder aber auch eine Übergangsphase zu einer romantischen Beziehung sein (vgl. Halatsis/Christakis 2009). Was bedeutet es für eine soziologische Betrachtung von Freundschaft, wenn sie Fälle betrachtet, in denen die Akteur_innen sexuelle Handlungen miteinander austauschen und ihre Beziehung aber als Freundschaft definieren? Ein zentraler Punkt beim Nachdenken über Freundschaft sind dann zwangsläufig Körperlichkeit, Nähe und Intimität. Die neuere sozialwissenschaftliche Forschung beginnt mehr und mehr hierauf einzugehen und rät dazu, Intersektionen von Freundschaft, Körperlichkeit, Sexualität und Freundschaft außerhalb normativer Geschlechterrollen und -zuschreibungen zu lesen und zu interpretieren (vgl. Budgeon 2006; Heuser 2014; Kalmijn 2002; Roseneil 2004, 2006). Besonders eine kulturvergleichende Perspektive kann hier den Blick erweitern und eingespielte Selbstverständlichkeiten in ein anderes Licht rücken (vgl. Heuser, 2014). Der nachfolgende Text kreist daher um drei Fragen:

- Woher kommt die Vorstellung in westlichen Gesellschaften Freundschaften seien nicht-sexuelle Beziehungen und durch welche Diskurse wird sie legitimiert? Wenn sich eine Ansicht trotz der Vielzahl eklatanter Ausnahmen derart wissenschaftlich festgesetzt hat, ist zu fragen, weshalb.
- Wie gestalten sich die erwartbaren und stets auffindbaren »Ausnahmen«. Wer praktiziert Sexuelles in Freundschaften und vor dem Hintergrund welcher Idealvorstellung werden sexuelle Praktiken legitimiert?
- Wie verändern sich normative Freundschaftskonzepte in westlichen Industriegesellschaften unter dem Eindruck sexualisierter Freundschaftspraktiken und neuen Formen der Körperlichkeit? Entstehen z.B. neue sexualisierte Freundschaftsformen oder neue Praktiken, wie Freundschaftsküsse, die in nicht-westlichen Gesellschaften durchaus üblich sind? Und wenn ja, was hat das für die Gesellschaftsstruktur zu bedeuten?

5.2 Platonische Freundschaften zwischen aristotelischem Ideal und christlicher Interpretation

Wenn man sich der Frage stellt, weshalb Sexuelles aus Freundschaften ausgeklammert werden soll und warum sogar empirische Wissenschaften dieses normative Ideal in ihre Definition von Freundschaft einbauen, kommt man nicht umhin, die Wirksamkeit einer Melange aus christlich interpretierten antiken Freundschaftsvorstellungen zu konstatieren. Der populäre Begriff für diesen Komplex ist bis heute der der platonischen Liebe. Intime Freundschaften gelten als Realisierungen dieses Ideals. Die Definition platonischer Liebe wird meist mit einer Beziehung erklärt, die sexuelle und sinnliche Dimensionen einer Nahbeziehung ausklammert. Ihr Hauptcharakteristikum ist die seelisch-geistige Bindung zum Anderen. Eng verknüpft mit dieser Vorstellung einer asexuellen Bindung ist das aristotelische Freundschaftsideal, das bis zum heutigen Tag großen Einfluss auf Freundschaftsvorstellungen hat, andere kulturelle Konzeptionen von Freundschaft aber übersieht (siehe Kapitel Freundschaft und Kultur). Die nach Platon benannte, der körperlichen Anziehungskraft entzogene Liebe, ist dessen Meinung nach jedoch tatsächlich das Resultat erotischen Umgangs miteinander. Er versteht Erotik als Katalysator, die den Menschen Höherem und Schönem zustreben lässt. Dem Bereich des Sinnlichen kommt also die Aufgabe eines Impulsgebers zu, der den Menschen bei seinem Streben letztlich den Eros überwinden lässt (Erler 2006: 120-123). Auch das aristotelische Ideal war nicht direkt lustfeindlich. Lustfreundschaften werden von Aristoteles lediglich als Freundschaften minderen Werts betrachtet. Man kann das als Hinweis auf den Umstand lesen, dass Freundschaften zusammenbrechen, deren Zweck der Austausch sexueller Gefälligkeiten ist, wenn eine der Parteien durch die sexuellen Akte keinen Lustgewinn mehr erzielen kann. Es handelt sich also nur um bedingte Freundschaften – das Sexuelle selbst ist aber nicht das zentrale Problem. Wie kommt es dann, dass Freundschaft heute als Beziehung gilt, die mit Sexuellem nicht kompatibel ist – die also zusammenbrechen muss, weil Sex stattfindet und nicht weil Sex ein schlechter Grund für eine Freundschaft ist? Erklären kann man sich diesen Zusammenhang zum Teil durch die christliche Interpretation, die den antiken, besonders dem aristotelischen Freundschaftsideal gegeben wurde. Exemplarisch kann man das an der pietistischen Interpretation der aristotelischen Lehre zeigen, Freundschaft sei eine Seele, die in zwei Körpern wohnt. Mitte des 18. Jahrhunderts kommt in pietistischen Kreisen der Begriff »Seelenfreund« als Metapher für Christus auf. Wie funktionierte dieses Ideal? Der wahre Christ teilt in seinem Leben durch seine stete, tiefe Andacht das Leid Christi und vereinigt sich so mit dem Messias. Zwei Menschen, die dies gleichmäßig tun, konnten so über Christus als sündenfreie, reine Seele eine reine Freundschaft eingehen. Sie werden »Seelenfreunde« (ein Plural der Mitte des 19. Jahrhunderts populär wird). Der »Christusanteil« ihrer Seele stellt ihre Freundschaft her. Sie ist der Teil der Seele, der in beiden Körpern lebt. Da die Liebe zu Christus eine reine Liebe sein musste, ein Liebe ohne Sexualität, die im Christentum als sündhaft galt, war klar: Wer in Christus eine Freundschaft eingeht, konnte unmöglich Sexuelles mit dieser vereinen. Das wäre als Sex mit Christus der Beschmutzung des Heilands gleichgekommen. Man sieht daher, wie im Protestantismus – der für westliche Gesellschaften von enormer Bedeutung war – die Freundschaft zu einer Beziehung wird, in der Sexualität mit allen Mitteln abgewehrt werden muss (vgl. Schobin, 2013).

5.3 Die Realität sexueller Anziehung und sexueller Handlungen in gemischtgeschlechtlichen und gleichgeschlechtlichen Freundschaften

Wenn ein antikes Ideal so wiederbelebt wird, dass es auf einmal sexuelle Akte kategorisch ausschließt, liegt die Überlegung nahe, dass hier in eine Beziehung, in der Sexuelles besonders gut gedeiht, ein Verbot eingezogen werden soll, dass dieser zunächst fremd ist. Die Frage ist also: Wie verhält es sich in der sozialen Praxis? Inwieweit spielt sexuelle Anziehung in Freundschaften eine Rolle und inwiefern wird Sexuelles in Freundschaften praktiziert? Aus heuristischen Gründen ist es an dieser Stelle sinnvoll zwischen gemischtgeschlechtlichen und gleichgeschlechtlichen Freundschaften zu unterscheiden. Dass diese Unterscheidung notwendig ist, gehört mit in die Geschichte der Entsexualisierung der Freundschaft, weil sie mit in die Geschichte der Homosexualität gehört – ein Begriff der bekanntlich Ende des 19. Jahrhunderts erfunden wurde, um gleichgeschlechtliche Liebe nicht nur als gewöhnliche Sünde, wie alles Sexuelle, sondern als Pathologie zu behandeln.

Gemischtgeschlechtliche Freundschaften, Sex und die Konjunkturen der Semantik von Freundschaft und Liebe

Die unausgesprochene Grundannahme bei gemischtgeschlechtlichen Freundschaften ist die Beziehung heterosexueller Akteure, da sonst die Voraussetzung für sexuelle Anziehung vermeintlich nicht gegeben wäre. So operieren viele Forschungsarbeiten, was heuristisch zunächst nachvollziehbar ist. Also: Welche Rolle spielt Sexualität in gemischtgeschlechtlichen Freundschaften von Heterosexuellen? Angedeutet wurde bereits, dass Freundschaften zwischen Männern und Frauen oft als Übergangsphase in sexualisierte Partnerschaften fungieren (Halatsis/Christakis 2009). Dies zeigt sich nicht nur in der Praxis, in der es oft so ist, dass Partner zuerst »nur« Freunde waren, oder darin, dass heute viele sexuelle Partnerschaften am Ende in Freundschaften einmünden. Es äußert sich vor allem auf der sprachlichen Bedeutungsebene und ist in dieser Hinsicht Sozialstruktur, wie Niklas Luhmann argumentieren würde. Die häufig irritierende Ähnlichkeit von Liebes- und Freundschaftssemantik eröffnet heute offensichtlich einen Spielraum für eine ganze Bandbreite sexualisierter Freundschaftsbeziehungen. Dass ist vermutlich historisch kein Novum. Zwar stellt Bovenschen (2007) zu Recht fest, dass Liebe im Gegensatz zu Freundschaft über eine eigene Sprache, Rituale, Bilder, Räume etc. verfügt. Die Liebesthematik verfügt also offensichtlich über einen ausgeprägten Diskurs, über einen Code, der sie als exklusive Bindungsform auszeichnet und institutionalisiert. Liebesbeziehungen unterliegen einem ganz eigenen Bedeutungsspiel und haben praktisch wie ideell vergleichsweise allgemein akzeptierte Grenzen und Formen, zu denen Sex gehört. Für Freundschaften gilt das Gegenteil – aber mit einer weitaus größeren Grauzone. Wie kommt das? Aus einer geschichtlichen Perspektive kann man der These von der Liebe als ausdifferenziertem Kommunikationssystem (vgl. Schmidt 2007) den Übergang der Freundschaftssemantik auf die Semantik der (heterosexuellen) Liebe entgegenhalten. Die moderne Liebessemantik (im Sinne der Liebe als Passion) hat viele ihrer Elemente aus der Freundschaftssemantik der Antike, des Mittelalters und noch der frühen Neuzeit geborgt. Es ist eine Semantik, die sozusagen auf Pump lebt – und nicht eine, die wie Luhmann (1994: 105) meint, dass Rennen gemacht hat. Das sieht man etwa an Shakespeare, bei dem noch die vollkommene Liebe als Form der vollkommenen Freundschaft als *amicitia perfecta* gilt. In der frühen Neuzeit konnte jemand, der zu einer vollkommenen Freundschaft nicht fähig war, auch kein perfekter Liebender oder perfekter Ehepartner sein. Liebe und Freundschaft waren zumindest gleichursprünglich und Freundschaft war dabei lange eher das Höhere. In dem Maße, wie heute intime Freundschaften an Wert gewinnen, wird diese Eigenschaft der Liebessemantik, auf fremder Erde zu siedeln, wieder deutlicher. Praktisch möglich wird diese semantische Rückverschiebung durch die Emotionalität, die stets in Liebes- als auch in Freundschaftsbeziehungen steckt. Allan (1989: 16) hebt hervor, dass das Konzept des ›Freundes‹ schließlich nicht nur dazu dient, jemanden zu bezeichnen, mit dem man eine soziale Beziehung hat, sondern dass ›Freund‹ ein Begriff ist, der etwas über die positive, emotionale Qualität und damit den Charakter dieser Nahbeziehung aussagt. Über das Wort ›Partner‹ ließe sich Ähnliches sagen. Die Grauzone zwischen der nichtsexuellen Freundschaft und einer sexualisierten (heterosexuellen) Partnerschaft hat genealogisch System, weil sie praktisch mit der Genese emotionaler Bindungen zusammenhängt, die beiden Beziehungstypen gemein ist. Welche »das Rennen macht« ist jedoch historisch variabel, vielleicht sogar zyklisch. Im Moment ist von einer (Wieder-)Ausdehnung der Freundschaftssemantik auszugehen. Dafür spricht, dass der Grenzbereich, den Freundschaften als affektiv-aufgeladene Nahbeziehungen mitbesiedeln, heute wieder salonfähig wird. Dies sieht man daran, dass sich seit Ende der 1980er Jahre eine Reihe von Beziehungsformen etabliert haben, die zumindest normativ versuchen, Sex in Freundschaften wieder zu legitimieren.

Abbildung 13: Relative Wortfrequenz von »Fuck Buddy« und »Friends with Benefits« im Englischen

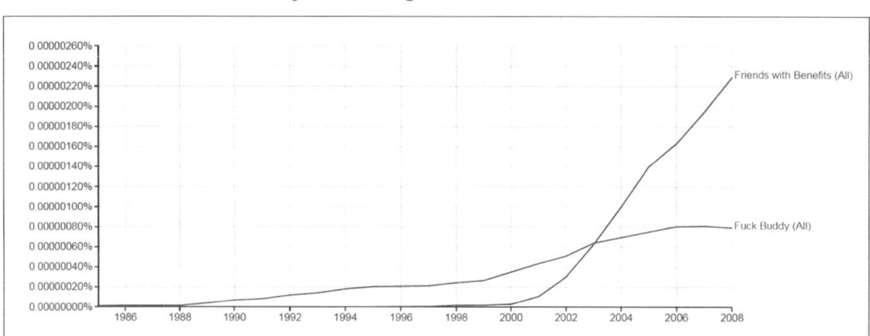

Datenquelle: Google Ngram

Zu nennen sind hier an prominenter Stelle die »*Fuck Buddy*«-Beziehung und die »*Friends with benefits*«-Beziehung. Unter »*Fuck Buddies*« versteht man eine Beziehung zwischen zwei Personen, in der es in erster Linie um Sex geht: Die Sexualpartner sind »*Buddies*«, was als lose Freunde oder auch bessere Bekannte übersetzt werden kann. Die Beziehungen können emotional unterschiedlich eng ausfallen und oft bezeichnen sich »*Fuck Buddies*« auch als Freund_innen. Ähnlich wie bei Aristoteles' Lustfreundschaft steht hier der gegenseitige Gewinn der Lust im Vordergrund. Ebbt dieser ab, kann sich entweder eine Freundschaft ohne sexuelle Aspekte entwickeln, eine romantische Beziehung, oder der Kontakt bricht ab (Nardi 1999). Beziehungen dieser Art gelten schon allein aus diesem Grund als legitim. Sie dienen dem Wunsch nach Befriedigung der sexuellen Bedürfnisse der Beteiligten, und das ist heute gerechtfertigt, solange die Beteiligten sich im Einverständnis über diesen Zweck befinden.

»*Friends with benefits*«-Beziehungen sind dagegen längerfristig angelegt, wenn auch hier der unverbindliche Sex im Mittelpunkt steht. Besonders bei College Studierenden in den USA wurde festgestellt, dass diese Form der sexuellen und freundschaftlichen Bindung häufig auftritt.[1] Die Beziehung umfasst aber stets auch eine emotionale Bindung in Kombination mit physischer Attraktivität und regelmäßigen sexuellen Handlungen. Sexualität wird lose mit Freundschaftsgesten und –praxen verknüpft. Der Unterschied zum »*Fuck Buddy*« besteht zudem darin, dass Beziehungen zumindest ideell zeitlich über den Horizont des sexuellen Arrangements hinaus gedacht sind. »*Friends with benefits*« ähneln »*Fuck Buddies*« – abgesehen vom Sex – darin, dass es im

1 | Bisson und Levine (2009) stellten in einer Studie fest, dass bis zu 60 Prozent der befragten Studenten bereits eine solche Beziehung hatten. Genaueres ist über die Verbreitung dieser Freundschaftsform nicht bekannt. Weitere Studien sind an dieser Stelle notwendig.

Gegensatz zu einer romantischen Beziehung keine, oder nur sehr begrenzte Verbindlichkeitsanforderungen wie die der sexuellen Exklusivität gibt. Ideell ist eine »*Friends with benefits*«-Beziehung daher eine Beziehung, die zugleich Sex und Intimität ermöglicht, aber ohne einen Verpflichtungscharakter anzunehmen. Es geht somit um eine Form der sozialen Freiheit in der Sexuelles ohne Bindungsimperative, aber auch ohne die Reduktion auf reine Körperlichkeit, erlebt werden kann. Anzumerken ist weiter, dass »*Fuck Buddies*« anders als »*Friends with benefits*« ein Beziehungslabel ist, dass zuerst in der Schwulen- und Lesben-Szene verwendet wurde, dann aber schnell in heterosexuellen Kontexten Verwendung fand. Während die Vorstellung bei einer »*Friends with benefits*«-Beziehung daher eine gemischtgeschlechtliche Freundschaft zwischen Heterosexuellen ist, klingt bis heute beim »*Fuck Buddy*« ein *queere* Konnotation mit. Sie war zunächst die Beziehungsform einer homosexuellen Avantgarde. Bevor wir aber zur Frage der Sexualität in gleichgeschlechtlichen Freundschaften übergehen, ist noch ein weiteres Thema von Belang: Die Beziehungen zwischen Homosexuellen und Heterosexuellen in gemischtgeschlechtlichen Freundschaften.

Queer Friendships und die Freundschaftswahlmuster Homosexueller

Ein generell selten erwähnter, aber zentraler Unterschied besteht in der Frage bezüglich sexueller Anziehung, je nachdem, ob hetero- oder homosexuelle Akteur_innen miteinander befreundet sind. Die gemischtgeschlechtliche Freundschaft kann demnach natürlich auch zwischen homosexuellen oder zwischen homo- und heterosexuellen Akteur_innen verschiedenen Geschlechts existieren, birgt jedoch vermeintlich nicht die hier angesprochene Eventualität sexueller Attraktivität. Mit dem Blick auf Freundschaften zwischen homo- und bisexuellen Männern und heterosexuellen Frauen am Arbeitsplatz spricht Rumens (2012) hier von *queer friendships*, da diese Freundschaften die heterosexistischen Normen überschreiten, die gemeinhin als unausgesprochene Rahmenbedingung Freundschaftsdynamiken beeinflussen. Vielleicht ist es diese gemeinsame Erfahrung patriarchaler Geschlechterasymmetrie, aufgrund derer die Akteur_innen diesen Beziehungen eine besondere Intensität zusprechen. Grigoriou (2004) spricht dies ebenfalls an und erwähnt, dass heterosexuelle Frauen und homosexuelle Männer ihre Freundschaften als besonders intensiv und intim erleben. Diese starke Intimität wird erklärt mit Erfahrungen von Stigma und sozialer Ausgrenzung, die die Akteur_innen erfahren. Baiocco, Laghi, Di Pomponio und Nigito (2012) führen die hier angesprochenen empirischen Untersuchen im Rahmen einer psychologischen Studie einen Schritt weiter und fragen danach, wie gemischtgeschlechtliche Freundschaften zwischen Akteur_innen sozialer *und* sexueller Minoritäten funktionieren. Demnach bilden homosexuelle Männer und Frauen eher Freundschaften mit Menschen aus, die dem anderen Geschlecht angehören und eine andere sexuelle Orientierung haben. Der Studie zufolge haben zudem homosexuelle Männer mehr gemischtgeschlechtliche Freundschaften als die befragten homosexuellen Frauen. Ferner legt ihr Sample nahe, dass, je stärker das erfahrene Stigma ist, je größer die Wahrscheinlichkeit, dass die engsten Freunde auch homosexuell sind. Je schwächer die Stigma-Erfahrung, desto höher die Quote von Freunden, die nicht homosexuell sind. Hier wird deutlich, dass sogenannte *»cross-friendships«*, in denen entweder mit Menschen einer anderen sexuellen Orientierung oder eines anderen Geschlechts miteinander befreundet sind, zur Überwindung von Stigma und sozialer Ausgrenzung beitragen können (vgl. auch Heuser 2014). Das Konzept hat demnach zumindest potenziell eine starke politische Dimension.

Gleichgeschlechtliche Freundschaften

Die meisten Freundschaften scheinen dem Konzept der Homosozialität zu entsprechen. Besonders in heterosexuellen Männerfreundschaften bedarf es dann scharfer Trennlinien, denn es soll aus normativen Gründen nicht zu Verwechslungen und/oder Vermutungen kommen, die Homoerotik oder gar Homosexualität implizieren. Homosexuelle Männer überschreiten die hier angesprochene Grenze regelmäßig. Sie erscheinen häufiger als Heterosexuelle als Grenzgänger, die das vorherrschende homosoziale Paradigma der von Körperlichkeit und sexuellem Handeln weitgehend befreiten gleichgeschlechtlichen Freundschaften einerseits, und den von Gefühlen der sexuellen Attraktivität geprägten gemischtgeschlechtlichen Freundschaften andererseits, aufzubrechen vermögen (vgl. Heuser 2010; Nardi 1999,). Denn im breiten Spektrum von Beziehungsgeflechten stellen homosexuelle, gleichgeschlechtliche Freundschaften Beziehungen mit all den uns bekannten Freundschafts-Charakteristika dar, können aber auch durchaus um das Moment der gegenseitigen Anziehungskraft und/oder sexuellen Handlung erweitert werden. Sie müssen es jedoch nicht, was auf einen wichtigen Aspekt hinweist: Die Grenze, die homosoziale Normen zwischen Sexuellem und Nicht-Sexuellem ziehen, sind mitunter sehr fluide. Sie sind auch sehr kulturspezifisch: Die intime Männerfreundschaft in Java beispielsweise schließt das Moment der körperlichen Nähe explizit mit ein. Entgegen westlicher Freundschaftskonzeptionen wird hier die leibliche Intimität zwischen Männern öffentlich zelebriert. Die intime Geste körperlicher Nähe wird so zu einer öffentlichen, homosozialen Freundschaftsbekundung (vgl. Heuser 2012). Auch in Ghana sind Freundschaft und körperliche Nähe gängige Bestandteile von Freundschaftsverhältnissen. Unter den süd-ghanaischen *Nzema* gibt es heiratsähnliche Rituale, die Männerfreundschaften besiegeln, die Freunde *verlieben* sich ineinander und teilen später sogar oft das Bett – sexuelle Handlungen werden jedoch nicht ausgetauscht (Brain 1976: 62). Die intime Männerfreundschaft schließt hier das Moment der körperlichen Nähe und enger emotionaler Bindung in einem eheähnlichen Verband explizit mit ein. Trotz, und vielleicht gerade wegen dieser erlaubten und erwünschten homosozialen Körperlichkeit, müssen sich heterosexuelle Männer (zumindest in Indonesien und in Ghana) entsprechend der dominierenden heterosexistischen Geschlechterpolitiken von homosexuellen umso deutlicher abgrenzen. Homosoziale Nähe in Freundschaften existiert hier offensichtlich im Rahmen eines heteronormativen Feldes. Dieses soziale Feld ist konfiguriert durch lokalkulturelle Vorstellungen, die Freundschaftspraxen in Zusammenspiel mit Konzeptionen von Körperlichkeit und Sexualität regulieren. Dagegen fällt in Europa und Nordamerika die Begrenzung von sozialen Räumen auf, in denen körperliche Nähe unter Männern homosozial interpretiert werden kann und nicht mit Homosexualitätsverdacht belegt wird: »[...] in the last two centuries of European and American culture [...] erotic contact between men was expelled from the legitimate repertoire of dominant groups of men, and hegemonic masculinity was thus redefined as explicitly and exclusively heterosexual.« (Connell 1992: 736)

Woher rühren diese gesellschaftlichen Unterschiede? Eine der zentralen und oft geäußerten Vermutungen lautet, dass in außereuropäischen Gesellschaften (siehe Freundschaft und Kultur) für öffentliche soziale Gesten keine Kongruenz von körperlicher Geste und Emotion beansprucht wird. Richard Sennett (1977) hat die zunehmende Auflösung dieser Eigenschaft in »westlichen« Gesellschaften bekanntlich als *Verfall des öffentlichen Lebens* beklagt. Die Erwartung, dass die/derjenige, die/der öffentlich spricht, nicht nur eine Rolle gut oder schlecht ausfüllt, sondern etwas Naturwüchsiges, Vorsoziales oder gar Authentisches aus seinem Innersten nach außen trägt, ist für Sennet ein zivilisatorischer Rückschritt, der bei uns Ende des 19. Jahrhunderts eintritt. Über die normative Bewertung der Diagnose kann man mit Sicherheit streiten. Trifft sie jedoch zu, erklärt sie, warum in westlichen Gesellschaften Gesten der körperlichen Intimität unter Männern lange nahezu ganz aus dem öffentlichen Leben verschwunden sind. (Wenn man von den Brüderküssen in der Sowjetunion absieht, die jedoch einen Sonderfall darstellen.) Der dargestellten körperlichen Intimität müsste nämlich immer ein überwältigender Wunsch nach dem Körper des Freundes entsprechen. Sobald körperliche Intimität unter Männern öffentlich dargestellt wird, muss sie folglich schwul sein. Wenn überhaupt darf sie also nicht-öffentlich und d.h. heimlich stattfinden, was sie natürlich nur noch verdächtiger macht. Die Verbannung homosozialer, körperlicher Intimität aus den öffentlichen Freundschaftsgesten ist daher zugleich ein Mechanismus der Stigmatisierung von Homosexualität.

Ein anderer Erklärungsansatz für die Abwesenheit intimer, homosozialer Gesten in westlichen Gesellschaften stammt von Sedgwick (1985). Im Anschluss an Foucault, der Sexualität als Mittlerdiskurs der Macht begreift, versteht sie die scharfe Grenzziehung zwischen homosozialen und homosexuellen Bindungen als elementares Kennzeichen patriarchaler Gesellschaften. Das bedeutet zunächst einmal, dass europäische Gesellschaften in besonders extremer Weise patriarchal waren, weil sie die Grenze zwischen homosexuellen und homosozialen Beziehungen besonders deutlich markierten, indem sie jede Geste der körperlichen Intimität unter Männern aus dem öffentlichen Leben verbannten. An dieser Diagnose sind mit Sicherheit einige Zweifel anzubringen. Als Kontrastfolie ist Sedgwicks (1985) Deutung jedoch durchaus informativ. Die These lautet dann nämlich, dass wir nach einer langen Phase der Konsolidierung einer patriarchalen Gesellschaftsordnung ihr Aufbrechen erleben. Als exemplarisch für diesen Prozess sind dann die Entwicklungen des homosexuellen Milieus und seiner globalen Darstellung in weltweiten Kommunikationssystemen seit Mitte der 1970er anzusehen. Homosexuelle fallen (siehe oben) in patriarchalen Gesellschaften aus der Ordnung. Die zunehmende Popularität der Darstellung ihrer Lebensweise kann daher als ein Anzeichen der Schwächung des Patriarchats interpretiert werden. Die Weise wie Homosexuelle ihre Freundschaften leben, macht dies zudem nicht nur symbolisch, sondern auch in der Praxis deutlich: Zum einen scheinen Freundschaften unter Homosexuellen zwischen nicht-körperlichen und körperlichen Freundschaftspraktiken zu oszillieren und stellen somit ein interessantes wie lohnenswertes Untersuchungsfeld dar. Zum anderen brechen sie die Bilder von hegemonialer heteronormativer Maskulinität (Connell/Messerschmidt 2005) auf, die für diese strikte Trennung mitverantwortlich sind. Eine Konzeptualisierung, die Homoerotik, Homosexualität, Heterosexualität, sowie Körperlichkeit in Freundschaften generell nicht verschiedenen sexuellen Identitäten zuweist, könnte hier zudem helfen, die sozialen Praktiken von Freundschaftsbeziehungen über kulturelle Grenzen hinweg greifbar zu machen. Und – gewissermaßen als Sahnehäubchen – wäre sie zudem zugleich ein Medium der Emanzipation.

5.4 Körperlichkeit in Freundschaft: Quo vadis?

Schon die Ausführungen zu »*Fuck Buddies*« und »*Friends with benefits*« dürften deutlich gemacht haben, dass die strikte Grenze zwischen nicht-körperlicher, ideeller und der sexuell aufgeladenen Freundschaft oder Beziehung auch in Europa gerade brüchiger und durchlässiger wird. Das betrifft aber nicht nur die Akzeptanz von homo- wie heterosexuellen gemischt- wie gleichgeschlechtlichen sexualisierten Freundschaften. Es betrifft die Grenze selbst, d.h. was Sex eigentlich ist. Neuere soziologische Studien präsentieren empirisches Material, dass die These der Homosozialität in Männerfreundschaften stärkt, aber dem Moment der Körperlichkeit neue Prominenz zuweisen. So führt Anderson (2009) an, das die Körperpraktiken junger männlicher College Studierender in Großbritannien deutlichen Änderungsprozessen unterworfen sind. Seine Untersuchung belegt, dass 89 Prozent der Männer es angenehm fänden, einen anderen Mann im Rahmen einer Freundschaft auf den Mund zu küssen. Weitere 40 Prozent gaben an, Erfahrungen mit ausführlichen, länger andauernden Küssen mit gleichgeschlechtlichen Peers zu haben und geben an, dies als angenehm zu empfinden (vgl. Anderson/Adams/Rivers 2012). Relevant für eine soziologische Debatte der Themen Homosozialität, Homoerotik und Freundschaft ist, dass die Befragten in dieser Studie Körperverhalten, dass gemeinhin als homosexuell verortet wird, in heteromaskuline Gesten enger Freundschaft umzudefinieren vermögen. Diese Verschiebung erscheint auffällig für die empirische Freundschaftsforschung, denn nach Jahrzehnten des öffentlichen Ausklammerns intimer Körperlichkeit aus Männerfreundschaften zeigen sich in diesen Studien zumindest erste Schritte, diese Praxen auch wieder zu benennen. Das Titelzitat des Artikels *»I kiss them because I love them«* (vgl. Anderson/Adams/Rivers 2012) knüpft die Verbindung zum Anfang dieses Artikels und rückt die enge Freundschaft in direkte Nähe einer Liebesbeziehung. Meines Erachtens zeigt sich hier die enge Verbindung von hegemonialer Maskulinität (Connell/Messerschmidt 2005), Patriarchat und der von ihnen regulierten Konfiguration öffentlicher und privater Gestik. Je kritischer diese Regulierungsmechanismen jedoch hinterfragt werden, desto mehr erodieren die von ihnen einst bewachten Grenzen zwischen Freundschaft, Körperlichkeit und Sexualität auch in Freundschaftsbeziehungen und lassen oben erwähnte Mischformen zu.

Abschluss: Das Rätsel der Freundschaft – ein Lösungsvorschlag

Erika Alleweldt, Sabine Flick, Vincenz Leuschner & Janosch Schobin

Die Vielfalt der Freundschaft

Wer dieses Buch aufmerksam gelesen hat, dem sind eine Vielzahl von Freundschaftsformen, Freundschaftsidealen und Freundschaftspraktiken begegnet. Bei aller Uniformität der westlichen »Normalfreundschaft« zwischen Menschen ähnlichen Alters, ähnlicher Bildung und gleichen Geschlechts, die nicht miteinander verwandt sind und auch keine Liebesbeziehung zueinander haben, ist zu konstatieren: Die Welt der Freundschaftsformen ist bunt. Die verschiedenen Kapitel berichten von Intimfreundschaften, politischen Freundschaften, Zweckfreundschaften, Sekundär-freundschaften im Internet, Arbeitsfreundschaften, verwandtschaftsbasierten Freundschaften, Ehefreunden, von »Friends with Benefits« und vielem mehr. Die Liste der Freundschaftsideale ist ähnlich lang: Zu nennen sind hier an erster Stelle die antiken Tugendideale der Freundschaft. Sie wirken bis heute nach, nicht zuletzt in ihren christlichen Transformationen wie der Seelenfreundschaft, aus der wiederum die moderne Intimfreundschaft wichtige konzeptuelle Anteile bezieht. Das Kapitel zu Freundschaft und Kultur weist zudem auf den Umstand hin, dass in den postkolonialen Gesellschaften – und damit in allen westlichen Einwanderungsgesellschaften –eine ganze Reihe gemischter Freundschaftskonzepte entstanden sind, die aus der Berührung von »nicht-europäischem« und »europäischem« Gedankengut resultieren. Von der Vielfalt der Freundschaftspraktiken, die in diesem Buch zur Sprache kommen, möchte man fast schweigen, so erdrückend ist sie. Freundschaften umfassen, zu verschiedenen Zeiten und in unterschiedlichen Umständen, die vielfältigsten Praktiken: Miteinander essen, miteinander schlafen, miteinander sprechen, miteinander arbeiten, füreinander kämpfen, einander raten, einander Bilder schicken und Statuen meißeln, einander Bücher und Briefe schreiben, die Kinder und die Schafe hüten,– die Liste ließe sich geradezu endlos fortsetzen: Die Praxis der Freundschaft ist außerordentlich vielfältig.

Lassen sich alle diese Freundschaftsformen, Freundschaftsideale und Freundschaftspraktiken auf den Begriff bringen? Ein fundamentaler Einwand liegt nahe: Bezeichnungen sind ihren Gegenständen nicht treu. Was im zweiten Jahrhundert vor Christus Freundschaft in einer heute ausgestorbenen Sprache bezeichnete, das muss nichts mit der Beziehungsform zu tun haben, die wir heute so nennen, wenn wir von Freundschaft sprechen. Ferner sind Bezeichnungen nicht nur unbeständig, sie sind auch irreführend. Die heiratsähnlichen Männerfreundschaften der süd-ghanaischen Nzema nennen wir nur so. Es handelt sich einfach um eine schlechte Übersetzung unter anderen. Man kann diese und andere Einwände in einen großen Zweifel zusammenkehren: Was ist, wenn dieses ganze Buch gegenstandslos wäre; Prosa, die sich einfach nur in einer Reihe sprachlicher Illusionen verrannt hat? Diesen Einwand kann man nur auf eine Weise entkräften: Durch einen theoretischen Entwurf, der es gestattet, die Vielzahl der diachronen wie synchronen Freundschaftsformen, Freundschaftspraktiken und Freundschaftsideale in einem geschlossenen Rahmen zu deuten.

Der Bindungsmechanismus der Freundschaft: Das Tauschen und Teilen symbolischer Lebenspfänder

Gibt es kein Kriterium, an dem sich festmachen lässt, ob eine Beziehung eine Freundschaft ist? Es lohnt in diesem Zusammenhang kurz bei dem Beispiel der Ehefreundschaften zu verharren. Eine Idee, die sich förmlich aufdrängt, ist doch diese: Ehepartner, die befreundet sind, haben zwei unterschiedliche Beziehungen zueinander: Sie sind Eheleute und sie sind Freunde. Sie könnten sich scheiden lassen und Freunde bleiben oder verheiratet bleiben und Feinde werden. Die Beziehung der Freundschaft liegt also »auf« oder »zwischen« anderen Beziehungen. Sie bezeichnet eine bestimmte zusätzliche Beziehungsdimension, die gut mit dem Wort »Vertrauen« beschrieben werden kann. Das ist allemal eine richtige Idee und trotzdem zu ungenau. Vertrauen gibt es vielerorts: Etwa vertraut man dem Frisör – nämlich dahingehend, dass er einen nicht entstellt. Die Gründe dafür sind einfach: Es würde ihn zumindest in unserem Rechtsstaat teuer zu stehen kommen. Es geht in Freundschaften um eine Art des Vertrauens, die anders entsteht. Aber um welche? Man kann diese Frage auf eine ganz bestimmte Weise zuspitzen: Was ist eigentlich der spezifische Bindungsmechanismus der Freundschaft?

Ethnologen und Historiker haben, anders als Soziologen, auf diese Frage immer wieder eine konzise Antwort gegeben. Aus der ethnographischen wie aus der historischen Forschung ist bekannt, dass Freundschaften in der Regel symbolisch durch Tausch- und Teilungshandlungen besiegelt werden. Die Liste der Beispiele dieser Praxis ist derart lang, dass sie hier den Rahmen sprengt. Nun kann man aber auch Dinge tauschen und/oder teilen, ohne dadurch Freundschaften einzugehen. Das steht außer Zweifel, ist aber kein präziser Einwand – oder genauer: Ein Einwand der nach Präzisierung verlangt. Die Bindungszeremonien, durch die Freundschaften entstehen, können nicht einfach irgendein Tausch- und/oder Teilungsritual sein. Die symbolischen Artefakte, die getauscht und geteilt werden, gehören stets zu einem ganz bestimmten Typ. Ein Blick auf ein exemplarisches Freundschaftsritual kann hier für Klarheit sorgen: Ein altes, bis in die Antike verbürgtes Ritual, durch das Freundschaft geschlossen wurde, ist das Vermischen (und oft auch das Trinken) von Blut. Blut ist ein klassisches symbolisches Lebenspfand. Bis die Antike hinein gilt es als Sitz der Seele (vgl. Oschema 2006). Es steht folglich symbolisch für das eigene Leben. Das Tauschen und Teilen von Blut findet sich vor allem in Kriegergesellschaften und unter Kriegsgenossen – als Freundschaftsritual einer männlichen Kriegerkaste. Die Verpflichtung, die durch das Tauschen und Teilen des Blutes entsteht, bestand darin das eigene Leben im Zweifel für die Freunde, für ihr Leben zu opfern, um ihr Leben zu schützen. Hier sei zudem noch kurz auf die Formähnlichkeit des Rituals mit dem Charakter der Verpflichtung hingewiesen. Wir kommen darauf später zurück. Zunächst lohnt es jedoch bei der Frage zu bleiben, warum ein solches Ritual tatsächlich eine Bindung erzeugt und nicht einfach ein hohles Versprechen ist. Der Typus des getauschten und geteilten Symbols erklärt es. Lebenspfänder sind nicht irgendwelche beliebigen Symbole: Sie sind mit der sozialen Existenz der Person eng verschränkt. Um es an einem geläufigen Beispiel zu verdeutlichen: Was mit der Voodoo-Puppe geschieht, passiert auch dem Menschen. An einem Lebenspfand haftet eine Art sozial zementierter Analogiezauber. Das Blut, das für das eigene Leben steht, ist auch Zeichen der sozialen Ehre eines Kriegers – es steht also gleichsam für seine gesamte soziale Existenz in einer Kriegerkaste. Die Versprechen, die im Blut gegeben werden, kann nur brechen, wer bereit ist, seine soziale Ehre vollends dranzugeben – deswegen heißt es im Übrigen auch, Blut sei dicker als Wasser. Durch den Tausch des Blutes entsteht ein Bund, der nur auf Kosten des sozialen Todes gebrochen werden kann: Die Kriegsgenossen (meistens Männer) werden so wechselseitig zu Hütern ihrer Leben und ihrer Ehre. Dieses Bild kehrt immer wieder durch die Geschichte und ist bis heute in vielerlei Formen aktuell: Etwa in den Abenteuerromanen Karl Mays oder in zeitgenössischen Actionfilmen. Die Freunde stehen Rücken an Rücken. Weicht der/die eine eigennützig einem Angriff aus, stirbt der Freund/die Freundin, aber dann stirbt auch er/sie, denn dann wäre sein/ihr Rücken schutzlos. An der Ausgestaltung des Bildes sieht man: Machttheoretisch kommt der Tausch symbolischer Lebenspfänder einem Geiseltausch gleich. Die Freunde binden sich aneinander und nur zusammen können beide überleben. In subtileren Varianten durchzieht das Bild vom symbolischen Lebenspfand jedoch praktisch alle Freundschaftskonzepte, die »europäischen« wie die »nicht-europäischen«, die gegenwärtigen wie die vergangenen. Die Beispiele aus den disparatesten Ecken und den entferntesten Zeiten sind Legion. Man denke etwa an die sogenannten Herden- oder Bundesfreundschaften der westafrikanischen Hirtenstämme. Hier werden Tiere geteilt undgetauscht – Tiere, die dazu dienen, das Leben zu erhalten (vgl. Schneider 1979). Die Rituale sind vielfältig. Ihre konkrete Ausgestaltung unterliegt einer Reihe von Variationen, die hier den Rahmen sprengen. Gemein ist ihnen jedoch, dass mit der Herdenfreundschaft die Verpflichtung einhergeht, sich in Notzeiten, etwa nach einer Dürre beizustehen. Dazu gehört in der Regel Nahrungsmittel zu liefern und den Grundstock für eine neue Herde bereitzustellen, falls diese zu Grunde gegangen ist oder geschwächt wurde. Auch hier entsteht daher eine Art Geiseltausch, weil man gemeinsam die Geisel einer launenhaften Natur ist, gegen die nur zusammen zu bestehen ist. Der Kula-Tauschring, den Malinowski auf den Trobriand-Inseln beschrieben hat, und viele andere Gabensysteme, die gleichzeitig Handels-, Heirats- und Freundschaftsbeziehungen regulieren, passen ebenso in dieses Bild. Hier ist jedoch zuzugestehen, dass eine Neuinterpretation des Materials notwendig wäre, die voller Schwierigkeiten steckt, weil totale Gabensysteme weitaus mehr leisten, als nur Freundschaften zu erzeugen. In historischen Gesellschaften, zumal in europäischen, sind Beispiele ebenso sinnhaft wie vielzählig. Die Antike ist hier geradezu ein Heimspiel: Aristoteles' Antwort auf die Frage, was ein Freund sei, zitiert Diogenes Laertius bekanntlich so: *»Eine Seele in zwei Leibern wohnend«* (vgl. Diogenes 2008). Die Frage, die sich dann stellt, lautet: Wie gelangt die eine Seele ganz praktisch in zwei Leiber? Welcher soziale Mechanismus kann dieses Ergebnis produzieren? Das Tauschen und Teilen symbolischer Lebenspfänder, in denen die Seele sitzt, ist eine so einfache wie überzeugende Antwort auf diese Frage. Die aristotelische Lehre blieb im Mittelalter in vielerlei Formen aktuell. Zu nennen sind hier nicht zuletzt die Konzepte der geistlichen Freundschaft, etwa in der Gestalt der *Spirituali Amicitia* des heiligen Aelreds. Diese verrätselte Form der Freundschaft, die im Rückgriff auf die Einseelenlehre implizit auf die doppelte Lebenspfandgabe verweist, wird historisch jedoch immer wieder durch explizite Wiederaufnahmen des Urmotivs durchbrochen. Etwa wird ab dem 12. Jahrhundert das Ritual der Blutsbruderschaft wieder vermehrt in christlichen Quellen beschrieben (vgl. Oschema 2006). Die explizite Bezugnahme auf die Tradition der doppelten Lebenspfandgabe reißt auch in der frühen Neuzeit nicht ab. Man denke etwa an die *Pactes d'Amitié* in südfranzösischen Städten in den Zeiten der großen europäischen Religionskriege. Die protestantischen und katholischen Bürger tauschten die Schlüssel der Stadttore, die sie kontrollierten. Die Bedeutung dieses kollektiven Freundschaftspaktes war, dass man das Tor nicht öffnen würde, um Fremde in die Stadt zu holen, die bei der Ermordung der Gegenkonfessionsträger helfen würden (vgl. Foa 2007). Das griechische Erbe der Einseelenlehre und der pythagoreische Bürgschaft – das Hinterlegen des eigenen Leibes als Pfand für den Freund, das nicht-symbolische Lebenspfand schlechthin–wiederum hat praktisch alle frühmodernen Freundschaftsformen beeindruckt und die Freundschaftsdiskurse am Umbruch zur Moderne entscheidend geprägt (vgl. Schobin 2013).

Das moderne Lebenspfand: intime Geheimnisse

Trotzdem könnte man einwenden, frühere Diskurse und überlieferte Rituale sind mitunter nur dekoraktive Elemente, mit denen man Redenschmückt und Gespräche verziert: Stuck an der Sprachaktwand. In modernen Freundschaften ist hingegen kein Ritual mehr zu entdecken, dass auch nur im Entferntesten als eine effektive und nicht nur dekorative doppelte Lebenspfandgabe interpretiert werden kann. Der Einwand ist nachvollziehbar –Wer trinkt schon heute noch das Blut der Freunde und geht dabei die Verpflichtung ein, sich im Zweifel für sie töten zu lassen? – und dennoch ist der Einwand kurzsichtig, weil er übersieht, dass das Tauschen symbolischer Lebenspfänder nicht an die Spezifika traditionaler Gesellschaften gebunden ist. Um den Einwand zu entkräften, muss daher gezeigt werden, wie sich die doppelte Lebenspfandgabe in fragmentierten, funktional differenzierten Gesellschaften vollziehen lässt und wie sie praktisch vollzogen wird. Dafür ist zunächst ein Detail wichtig, das bereits kurz zur Sprache kam: Die Formähnlichkeit des Lebenspfands und die Verpflichtungen, die durch die Lebenspfandgabe entstehen. Das Tauschen und Teilen von Blutverweist auf die Bereitschaft für den Anderen zu sterben (für ihn zu bluten), das Tauschen des Viehs, es dem anderen in der Not zu ersetzen, das Tauschen der Schlüssel, die Tore bei Nacht geschlossen zu halten und so weiter. Das Lebenspfand hat stets Anschluss an die elementaren Lebensrisiken, an die Verwundbarkeiten der sozialen Existenzen eines Ortes und einer Zeit. Gibt es solche Verwundbarkeiten in hyperdifferenzierten Industriegesellschaften noch? Diese Frage kann man mit Sicherheit bejahen, wenn auch das genaue Profil der Verwundbarkeiten in unseren Wohlstandsgesellschaften vermutlich allerlei Stilblüten treibt und stark mit der sozialstrukturellen Position variiert. Klar ist jedenfalls, dass der Typus der »Normalverwundbarkeit« sich verändert hat. Holzschnittartig kann man sagen: Die Vulnerabilitäten wandern vom Physischen ins Psychische. Nahrungsmittelnot und akute Gefahren für Leib und Leben sind zumindest in den meisten Industrienationen vergleichsweise selten geworden. Sinnkrisen und seelische Leiden dagegen prägen den Alltag maßgeblich. Welche symbolischen Lebenspfänder entsprechen diesen Arten der Verwundbarkeit? Ein schlagendes Beispiel – sicherlich nicht das einzige, aber in diesem Zusammenhang offensichtlichste –sind Geheimnisse, die intime oder vertrauliche Dinge berühren. Informationen zu offenbaren, die das innerste Seelenleben berühren, fordert geradezu die metonymische Formulierung, man teile sich selbst mit. Die Forschungsliteratur spricht daher von Selbstoffenbarungspraktiken (vgl. Derlega 1984; Stiehler 2009). Man kann »intime Geheimnisse« folglich konsistent als symbolische Lebenspfänder, als sprachliche Form der Übergabe der eigenen Person, interpretieren. Gleichzeitig machen geteilte Geheimnisse die Freund_innen wechselseitig sozial verwundbar. Ihr Tauschen und Teilen führt demnach machtlogisch zu einer Art Geiseltausch, der abhängig von der Brisanz der Geheimnisse, einen stärkeren oder schwächeren Bund erzeugt. Diese Art Lebenspfand hat zwar vermutlich in der Regel nicht mehr die Kraft, auf die gesamte soziale Existenz einer Person durchschlagen zu können, weil das moderne Leben dazu zu fragmentiert ist. Sie machen die Freund_innen jedoch zumindest im jeweiligen Kontext der Freundschaft angreifbar. An dieser Stelle ist explizit auf die theoretische Leistung Suttles (1970) hinzuweisen, der einen exemplarischen Weg gezeigt hat, wie ein solches geteiltes Intimwissen entsteht und wie es in Freundschaften produziert werden kann: Durch geteiltes abweichendes Verhalten, durch das Ausbrechen aus dem Korsett der sektoriellen Funktionsbestimmungen moderner Gesellschaften. Eine ganze Reihe der Ergebnisse modernster Netzwerkforschung können so besser verstanden werden – etwa warum gemeinsamer Drogenkonsum zur Bildung und Stabilisierung von Freundschaften führt (vgl. Knecht 2008). Ferner wird verständlich, warum Psychologen und Soziologen Freundschaften häufig als Intimbeziehung zu beschreiben versuchen. Freunde im modernen Sinn sind oft Menschen, die einander wechselseitig über anderweitig geheim gehaltene seelische Zustände informieren und so versuchen einander im Leben weiterzuhelfen. Das ist genau das, was praktisch unter einer nicht-sexuellen Intimbeziehung verstanden wird. Die These lautet also: In modernen Gesellschaften werden sehr spezifische, an die jeweilige soziale Situation der Freunde angepasste Geheimnisse als symbolische Lebenspfänder verwendet. Der archaische Bindungsmechanismus ist demnach erhalten geblieben, das »Material« der Lebenspfänder jedoch hat sich an die Vielgestaltigkeit moderner Gesellschaften angepasst. Die simple Antwort auf das Rätsel der Freundschaft lautet daher: Freundschaften sind Beziehungen, die auf dem Teilen und der Bewirtschaftung symbolischer Lebenspfänder beruhen. Wie die Lebenspfänder genau operieren und in welche spezifische Formen der Bewirtschaftung sie sich einfinden, ist dann das Thema einer Soziologie der Freundschaft.

Literatur

Adams, R.G./Allan, G.A. (1999): Placing Friendship in Context. Cambridge: Cambridge University Press.

Adams, R.G./McCullough, B.M. (2009): »Friendships in Middle Adulthood«, in: Encyclopedia of Human Relationships. Online unter: sage-ereference.com/humanrelationships/Print_n233-html

AID:A (2009): Growing Up in Germany: Everyday Life's World (AID:A):GESIS Data Archive, Cologne. ZA5577 Data file Version 1.0.0, doi:10.4232/1.11358.

Albrecht, S. (2004): »Netzwerke als Kapital. Zur unterschätzten Bedeutung des sozialen Kapitals für die gesellschaftliche Reproduktion«, in: Hillebrandt/Erbrecht (Hg.): Bourdieus Theorie der Praxis. Wiesbaden: VS, S. 199-224.

Albrechtslund, A. (2008): »Online Social Networking as Participatory Surveillance«, in: First Monday, 13.

Allan, G.A. (1977): »Class variations in friendship patterns«, in: British Journal of Sociology, 28, S. 389-393.

Allan, G.A. (1979): A sociology of friendship and kinship. London: Geroger Allen & Unwin.

Allan, G.A. (1989): Friendship: Developing A Sociological Perspective. Boulder: Westview Press.

Allert, T. (1998): Die Familie. Fallstudien zur Unverwüstlichkeit einer Lebensform. Materiale Soziologie/TB 8. Berlin/New York: Walter de Gruyter.

Alleweldt, E./Leuschner, V. (2004): »Freundschaften auf der Straße«, in: Berliner Journal für Soziologie, 14, S. 339-356.

Alleweldt, E. (2013): Die differenzierten Welten der Frauenfreundschaften. Eine Berliner Fallstudie. Weilerswist: Velbrück.

Allport, G.W. (1954): The nature of prejudice. Cambridge, MA: Perseus Books.

Anderson, E. (2009): Inclusive Masculinity: The Changing Nature of Masculinities. New York: Routledge.

Anderson, E./Adams, A./Rivers. I. (2012): »I kiss them because I love them«: The Emergence of Heterosexual Men Kissing British Institutes of Education«, in: Archives of Sexual Behavior, 41 (2), S. 421-430.

Appadurai, A. (1998): »Globale ethnische Räume. Bemerkungen und Fragen zur Entwicklung einertransnationalen Anthropologie«, in: Beck (Hg.): Perspektiven der Weltgesellschaft. Frankfurt a.M.: Suhrkamp. S. 11-40.

Arendt, H. (1967): Vita activa oder vom tätigen Leben. München: Piper.

Argyle, M./Henderson M. (1984): »The Rules of Friendship«, in: *Journal of Social and Personal Relationships 1, S.* 211-237.

Argyle, M./Henderson M. (1986): Die Anatomie menschlicher Beziehungen. Spielregeln des Zusammenlebens. Paderborn: Junfermann.

Aristoteles (1985): Nikomachische Ethik. Hamburg: Felix-Meiner.

Aristoteles (1909): Nikomachische Ethik. Deutsche Übersetzung von Adolf Lasson, Jena.

Aristoteles (2011): The Nicomechean Ethics. Übersetzt von Robert C. Bartlett und Susann D. Collins. London/Chicago: University of Chicago Press.

Asch, R.G. (2011): »Freundschaft und Patronage zwischen alteuropäischer Tradition und Moderne. Frühneuzeitliche Fragestellungen und Befunde«, in: Descharmes/Heuser/Krüger/Loy (Hg.): Varieties of friendship: Interdisciplinary perspectives on social relationships. Göttingen: V&R unipress, S. 265-286.

Auhagen, A.E. (1991): Freundschaft im Alltag. Eine Untersuchung mit Doppeltagebuch. Bern/Stuttgart/Toronto: Huber.

Autenrieth, U.P./Herwig, J. (2010): »Zwischen begrenzten Mitteln und komplexen Strukturen: Gemeinschaftsorientierte Kommunikation und Interaktion auf Microblogging-Plattformen am Beispiel Twitter«, in: Neumann-Braun/Autenrieth (Hg.): Freundschaft und Gemeinschaft im Social Web: Bildbezogenes Handeln und Peergroup-Kommunikation auf Facebook & Co. Baden-Baden: Nomos, S. 195-210.

Back, M.D./Stopfer, J.M./Vazire, S./Gaddis, S./Schmukle, S.C./Egloff, B./ Gosling, S.D. (2010): »Facebook Profiles Reflect Actual Personality, Not Self-Idealization«, in: Psychological Science 21 (3), S. 372-374.

Bainbridge, W. S. (2010): The Warcraft Civilization: Social Science in a Virtual World, Massachusetts: MIT Press.

Baiocco, R./Laghi,F./Di Pomponio, I./Nigito,C.S. (2012): »Self-disclosure to the best friend: Friendship quality and internalized sexual stigma in Italian lesbian and gay adolescents«, in: Journal of Adolescence, 35, S. 381-387.

Balbo, N./Barban, N. (2014): »Does Fertility Behavior Spread among Friends?«, in: ASR, 79, S. 412-431.

Barber, B. (1984): Strong democracy. Berkley: University of California Press.

Bartelski, A. S. (2010): Social capital position generator studies. Online unter: http://gaag.home.xs4all.nl/work/PG_studies.pdf

Barth, F. (1969): »Introduction«, in: Barth (Hg.): Ethnic Groups and Boundaries: The Social Organization of Cultural Difference. London: Allen & Unwin, S. 9-38.

Baym, N. K. (2010): »Interpersonal Life Online«, in: Lievrouw/Livingstone (Hg.): Handbook of New Media: Social Shaping and Social Consequences of ICTs. Thousand Oaks: Sage.

Bazarova, N.N./Taft, J. G/Choi, Y. H./Cosley, D. (2012): »Managing Impressions and Relationships on Facebook: Self-Presentational and Relational Concerns Revealed Through the Analysis of Language Style«, in: Journal of Language and Social Psychology, S. 121-141.

Beck, U. (1986): Risikogesellschaft. Auf dem Weg in eine andere Moderne, Frankfurt a.M: Suhrkamp.

Becker-Schmidt, R. (1987): »Die doppelte Vergesellschaftung – die doppelte Unterdrückung: Besonderheiten der Frauenforschung in den Sozialwissenschaften«, in: Unterkirchner/Wagner (Hg.): Die andere Hälfte der Gesellschaft. Wien: Verlag des österreichischen Gewerkschaftsbundes, S. 10-25.

Beer, B. (2012): »Kultur und Ethnizität«, in: Beer/Fischer (Hg.): Ethnologie. Eine Einführung. 7. überarbeitete und erweiterte Auflage, Berlin: Dietrich Reimer Verlag, S. 53-73.

Bell, S./Coleman, S. (Hg.) (1999a): The Anthropology of Friendship. Oxford/New York: Berg.

Bell, S./Coleman, S. (1999b): »The Anthropology of Friendship: Enduring Themes and Future Possibilities«, in: Bell/Coleman (Hg.): The Anthropology of Friendship, Oxford/New York: Berg, S. 1-20.

Berghaus, M. (1988): »Freundschaft – Einige Thesen aus soziologischer Sicht«, in: Matrier Gespräche. Interdisziplinäre Kulturforschung, Wien: Überreuter, S. 71-79.

Bhabha, H. (1994): The location of culture. London/New York: Routledge.

Bhabha, H. (1996): »Culture's In-Between«, in: Hall/Du Gay (Hg.): Questions of Cultural Identity, London: Sage, S. 53-60.

Biberti, I./Scherf, H. (2009): Das Alter kommt auf meine Weise: Lebenskonzepte heute für morgen. München: Südwest-Verlag.

Bisson, M.A./Levine, T.R. (2009): »Negotiating a friends with benefits relationship«, in: Archives of Sexual Behavior, 38, S. 66-73.

BITCOM (2011): Jugend 2.0: Eine repräsentative Untersuchung zum Internetverhalten von Jugendlichen, Online unter: www.bitkom.org/files/documents/bitkom_studie_jugend _2.0.pdf

Blieszner, R./Adams, R. G. (1992): Adult friendship. Newbury Park, Calif.: Sage Publications.

BMBfSJ (2012): Familienreport 2012. Leistungen, Wirkungen, Trends. Online unter: www.bmfsfj.de/RedaktionBMFSFJ/Broschuerenstelle/Pdf-Anlagen/Familienreport-2012,property=pdf,bereich=bmfsfj,sprache=de,rwb=true.pdf

Boase, J./Wellman, B. (2006): »Personal Relationships: On and Off the Internet«, in: Vangelisti/Perlman (Hg.): The Cambridge handbook of personal relationships. Cambridge/New York: Cambridge University Press, S. 709-726.

Bogumil, J./Schmidt, J. (2001): Politik in Organisationen. Organisationstheoretische Ansätze und praxisbezogene Anwendungsbeispiele. Opladen: Leske & Budrich.

Booth, A./Hess, E. (1974): »Cross-Sex Friendship«, in: Journal of Marriage and Family, 36 (1), S. 38-47.

Bosetzky, H. (1972): »Die instrumentelle Funktion der Beförderung«, in: Verwaltungsarchiv 63, S. 372-384.

Bosetzky, H. (1991): »Managementrolle: Mikropolitiker«, in: Staehle (Hg.): Handbuch Management. Die 24 Rollen der Führungskraft, Wiesbaden: Gabler, S. 286-300.

Bottero, W. (2005): Stratification. Social division and inequality. New York: Routledge.

Bourdieu, P. (1982): Die feinen Unterschiede. Kritik der gesellschaftlichen Urteilskraft. Frankfurt a.M.: Suhrkamp.

Bourdieu, P. (1998): Gegenfeuer. Wortmeldungen im Dienste des Widerstands gegen die neoliberale Invasion. 2. Aufl. Konstanz: UVK.

Bovenschen, S. (2007): »Ach wie schön. Freundschaft und idiosynkratische Befremdungen. Mit einem Exkurs über ein Stück von Natalie Sarraute und einem Anhang« in: Bovenschen (Hg.): Über-Empfindlichkeit. Spielformen der Idiosynkrasie, Frankfurt a.M.: Suhrkamp, S. 19-148.

Boyd, D. (2006): »Friends, Friendsters, and Fop 8: Writing community into being on social network sites«, in: First Monday, 2006, 11(12), Online unter: http://firstmonday.org/ojs/index.php/fm/article/view/1418/1336.

Brandt, A. (2013): Among friends? On the dynamics of Maori-Pakeha relationships in Aotearoa New Zealand, Göttingen: V&R Unipress.

Brandt, A./Heuser, E. A. (2011): »Friendship and socio-cultural context. Experiences from New Zealand and Java/Indonesia«, in: Descharmes/Heuser/Krüger/Loy. (Hg.): Varieties of friendship. Interdisciplinary perspectives on social relationships, Göttingen: V&R Unipress, S. 145-174.

Brain, R. (1976): Friends and Lovers. New York: Basic Books.

Breitenbach, E. (2000): Mädchenfreundschaften in der Adoleszenz. Eine fallrekontruktive Untersuchung von Gleichaltrigengruppen. Opladen: Leske+Budrich.

Bröckling, U. (2000): Das unternehmerische Selbst. Soziologie einer Subjektivierungsform. Frankfurt a.M.: Suhrkamp.

Bude, H. (2008): »Die Aktualität der Freundschaft«, in: Mittelweg 36, 3, S. 6-16.

Budgeon, S. (2006): »Friendship and Formations of Sociality in Late Modernity: the Challenge of ›Post Traditional Intimacy‹«, in: Sociological Research Online, 11 (3), Online unter: www.socresonline.org.uk/11/3/budgeon.html

Burawoy, M. (2005): »For Public Sociology«, in: American Sociological Review 70 (1), S. 4-28.

Burns, T. (1961): »Micropolitics: Mechanism of Institutional Change«, in: Administrative Science Quarterly 6, S. 257-281.

Burt, R. S. (1984): »Network Items and the General Social Survey«, in: Social Networks, 6, S. 293-339.

Castel, R. (2000): Die Metamorphosen der sozialen Frage. Eine Chronik der Lohnarbeit. Konstanz: UVK.

Carrier, J. G. (1999): »People Who Can Be Friends: Selves and Social Relationships«, in: Bell/Coleman (Hg.): The Anthropology of Friendship, Oxford/New York: Berg, S. 21-38.

Chen, W. (2013): »Internet Use, Online Communication, and Ties in Americans' Networks«, in: Social Science Computer Review, 31(4), S. 404-423.

Cheng, S./Xie, Y. (2012): Size Matters: The Structural Effect on Social Relations. Online unter: www.psc.isr.umich.edu/pubs/pdf/rr12-756.pdf

Chodorow, N. (1990): Das Erbe der Mütter. Psychoanalyse und Soziologie der Geschlechter. München: Verlag Frauenoffensive.

Cicero/Laelius (1961): Über die Freundschaft. München: Wilhelm Heyne.

Connell, R.W. (1992): »A very straight gay: Masculinity, homosexual experience, and the dynamics of gender«, in: American Sociological Review, 57, S. 735-751.

Connell, R.W./Messerschmidt. J.W. (2005): »Hegemonic Masculinity: Rethinking the Concept«, in: Gender and Society, 19 (6), S. 829-859.

Cooper, J.M. (1977): »Friendship and the Good in Aristotle«, in: Philosophical Review 86, S. 290-315.

Cressey, D.R. (1950): »The Criminal Violation of Financial Trust«, in: American Sociological Review 15, S. 738-743.

Crouch, C. (2008): Postdemokratie. Frankfurt a.M.: Suhrkamp.

Crozier, M./Friedberg, E. (1979): Macht und Organisationen. Die Zwänge kollektiven Handelns. Königstein/Th.: Athenäum Verlag.

Csíkszentmihályi, M. (1997): Finding flow: the psychology of engagement with everyday life. New York: Basic Books.

Davis, J. A. (1969): »Social Structures and Cognitive Structures«, in: Abelson et al. (Hg.): Theories of Cognitive Consistency. Chicago: Rand McNally.

Derlega, V. J. (1984): Communication, intimacy, and close relationships. Orlando [Fla.]: Academic Press.

Derrida, J. (2002): Politik der Freundschaft. Aus dem Französischen von Stefan Lorenzer. Frankfurt a.M.: Suhrkamp.

Desai, A./Killick, E. (Hg.) (2010): The ways of friendship. Anthropological perspectives. New York: Berghahn Books.

Devere, H. (2011): »Introduction: The resurrection of political friendship: Making connections«, in: Descharmes/Heuser/Krüger/Loy (Hg.): Varieties of friendship: Interdisciplinary perspectives on social relationships, Göttingen: V&R unipress, S. 17-39.

Diewald, M. (1991): Soziale Beziehungen: Verlust oder Liberalisierung? Soziale Unterstützung in informellen Netzwerken. Berlin: edition sigma.

Diezinger, A. (1991): Frauen: Arbeit und Individualisierung. Opladen: Leske & Budrich.

Diogenes (Laertios) (2008): Leben und Lehren berühmter Philosophen (gr. dt.). Norderstedt: Books on Demand GmbH.

Dörre, K. (2010): »Prekariat«, in: Nohlen/Schultze (Hg.): Lexikon der Politikwissenschaft. Theorien, Methoden, Begriffe. Bd. 2, 4. Auflage, München: C.H. Beck, S. 849-850.

DJI-Familiensurvey (1988): 1. Familiensurvey. Nach Registrierung online unter http://surveys.dji.de

DJI-Familiensurvey (1994): 2. Familiensurvey. Nach Registrierung online unter http://surveys.dji.de

DJI-Familiensurvey (2000): 3. Familiensurvey. Nach Registrierung online unter http://surveys.dji.de

Donath, J. (2007): »Signals in social supernets«, in: Journal of Computer-Mediated Communication, 13(1), article 12, S. 231-251. Online unter: http://jcmc.indiana.edu/vol13/issue1/donath.html. Zugegriffen Februar 2016.

Dorst, Brigitte (1993): »Die Bedeutung von Frauenfreundschaften im weiblichen Lebenszusammenhang. In: Gruppendynamik«, in: Zeitschrift für angewandte Sozialpsychologie, 2, S. 153-163.

Drechsel, P. (1998): »Paradoxien interkultureller Beziehungen«, in: Drechsel et al. (Hg.): Interkulturalität – Grundprobleme der Kulturbegegnung. Mainz: Mainzer Universitätsgespräche, Sommersemester 1998, S. 173-212.

Du Bois, Cora (1974): »The Gratuitous Act: A Introduction to the Comparative Study of Friendship Patterns«, in: Leyton (Hg.): The compact. Selected dimensions of friendship, St. John: Institute of Social and Economic Research, Memorial University, S. 15-32.

Duck, S. (1973): Personal relationships and personal constructs: A study of friendship formation. London: Wiley.

Dunkels, E./Franberg, G.-M./Hallgren, C. (2010): Youth Culture and Net Culture. Online Social Practices, Hershey: IGI Global.

Durkheim, É. (1912): Les formes élémentaires de la vie religieuse. Le système totémique en Australie. Livre II : Les croyances élémentaires. Paris: Les Presses universitaires de France, 1968, cinquième édition, 647 pages. Collection: Bibliothèque de philosophie contemporaine. Online unter: http://classiques.uqac.ca/classiques/Durkheim_emile/formes_vie_religieuse/formes_elementaires_2.pdf. Zugegriffen Februar 2016.

Durkheim, É. (1887): »Nécrologie d'Hommay«, in: Durkheim (Hg.): Hommage à une chère mémoire, Bordeaux, S. 13-21. Online unter: http://durkheim.uchicago.edu/Texts/1887d.html. Zugegriffen Februar 2016.

Eisenstadt, Shmuel (1974): »Friendship and the Structure of Trust and Solidarity in Society«, in: Leyton (Hg.): The compact. Selected dimensions of friendship. Newfoundland: Memorial University of Newfoundland, S. 138-146.

Emerson, R. W. (1841): Essays. Boston: James Munroe and Company. Online unter: http://en.wikisource.org/wiki/Essays:_First_Series. Zugegriffen Oktober 2015.

Erler, M. (2006): Platon. München: C.H. Beck.

Eve, M. (2002): »Is friendship a sociological topic?«, in: Archives Euopéennes de Sociologie XLII, 3, S. 386-409.

Feld, S.L. (1991): »Why your friends have more friends than you do«, in: American Journal of Sociology 96 (6), S. 1464-1477.

Fischer, C.S. (1982): »What Do We Mean by ›Friend‹. An Inductive Study«, in: Social Network, 3, S. 287-306.

Flick, S. (2013): Leben durcharbeiten. Selbstsorge in entgrenzten Arbeitsverhältnissen. Frankfurt a.M./New York: Campus.

Flick, U. (2002): Qualitative Sozialforschung. Eine Einführung. Reinbek: Rowohlt.

Foa, J. (2007): »Gebrauchsformen der Freundschaft: Freundschaftsverträge und Gehorsamseide zu Beginn der Religionskriege«, in: Zeitschrift für Historische Forschung, Beiheift 40, S. 109-136.

Fono, D./Raynes-Goldie, K. (2006): »Hyperfriends and Beyond: Friendship and Social Norms on LiveJournal«, in: Consalvo/Haythornthwaite (Hg.): Internet Research Annual Volume 4: Selected Papers from the Association of Internet Researchers Conference. New York. Online unter: http://k4t3.org/publications/hyperfriendship.pdf. Zugegriffen Februar 2016.

Forbes, H.D. (1997): Ethnic conflict: commerce, culture, and the contact hypothesis. New Haven: Yale University Press.

Foucault, M. (1984): Von der Freundschaft als Lebensweise. Michel Foucault im Gespräch. Übers. von Marianne Karbe und Walter Seitter. Berlin: Merve.

Fox, J. (1987): The Essential Moreno. New York: Springer.

Friedman, M. (1993): What are Friends For? Feminist Perspectives on Personal Relationships and Moral Theory, Ithaca, NY.

Fukujama, F. (1999): The Great Disruption.Human nature and the reconstruction of social order. London: The Free Press.

Gareis, E. (2000): »Intercultural Friendship: five case studies of German students in the USA«, in: Journal of Intercultural Studies, 21, S. 67-91.

Garnier, C. (2000): Amicus amicis, inimicus inimicis: politische Freundschaft und fürstliche Netzwerke im 13. Jahrhundert. Reihe: Monographien zur Geschichte des Mittelalters 46. Stuttgart: Hiersemann.

GEPA NRW (2014): Gesetz zur Entwicklung und Stärkung einer demographiefesten, teilhabeorientierten Infrastruktur und zur Weiterentwicklung und Sicherung der Qualität von Wohn- und Betreuungsangeboten für ältere Menschen, Menschen mit Behinderungen und ihre Angehörigen. Online unter https://recht.nrw.de. Zugegriffen Oktober 2015.

Giddens, A. (1990): The Consequences of Modernity. Cambridge: Polity Press.

Giddens, A. (1992): The Transformation of Intimacy. Cambridge: Polity Press.

Glaser, B.G./Strauss, A.L. (1967/1998): Grounded Theory. Strategien qualitativer Forschung. Aus dem Amerikanischen von Axel T. Paul und Stefan Kaufmann. Bern/Göttingen/Toronto/Seattle: Hans Huber.

Gleim, J.W./Jacobi, J.G. (1768): Briefe von den Herren Gleim und Jacobi. Berlin. Online unter: http://digital.slub-dresden.de/werkansicht/dlf/2428/26/0/. Zugegriffen Februar 2016.

Goffman, E. (1974): Das Individuum im öffentlichen Austausch. Mikrostudien zur öffentlichen Ordnung. Frankfurt a.M.: Suhrkamp.

Goffman, E. (1975): Stigma. Über Techniken der Bewältigung beschädigter Identität. Frankfurt a.M.: Suhrkamp.

Goodreau, St./Kitts, J./Morris, M. (2009): »Birds of a Feather, or Friend of a Friend? Using Exponential Random Graph Models to Investigate Adolescent Social Networks«, in: Demography, 46 (1), S. 103-125.

Google Ngram Viewer (2012): Google Books, Books.Google.com. Online unter: https://books.google.com/ngrams.

Gottschall, K./Voß, G.G. (2005): Entgrenzung von Arbeit und Leben. Zum Wandel der Beziehung von Erwerbstätigkeit und Privatsphäre im Alltag. München/Mering: Hampp.

Gracián y Morales, B. (1647). Oráculo manual y arte de la prudencia. Online unter: https://es.wikisource.org/wiki/Or%C3%A1culo_manual_y_arte_de_prudencia. Zugegriffen Februar 2016.

Granovetter, M.S. (1973): »The Strength of Weak Ties«, in: American Journal of Sociology, 78 (6), S. 1360-1380.

Grätz, T./Meier, B./Pelican, M. (2003): »Zur sozialen Konstruktion von Freundschaft. Überlegungen zu einem vernachlässigten Thema der Sozialanthropologie«, in: Max Planck Institute for Social Anthropology (Hg.) Working Papers 53. Halle an der Saale: MPI.

Grigoriou, T. (2004): Friendship between Gay Men and Heterosexual Women: An Interpretative Phenomenological Analysis. Families/Social Capital ESRC Research Group. London: London South Bank University.

Guichard, M. (2007): »Hoch bewertet und oft unterschätzt: Theoretische und empirischeEinblicke in Freundschaftsbeziehungen aus sozialanthropologischer Perspektive«, in: Schmidt/Guichard/Schuster/Trillmich (Hg.): Freundschaft und Verwandtschaft. Zur Unterscheidung zweier Beziehungssysteme. Konstanz: UVK, S. 313-342.

Gurr, J. (2011): Freundschaft und politische Macht. Freunde, Gönner, Getreue Margaret Thatchers und Tony Blairs. Göttingen: V&R unipress.

Hahmann, J. (2013): Freundschaftstypen älterer Menschen. Von der individuellen Konstruktion der Freundschaftsrolle zum Unterstützungsnetzwerk. Wiesbaden: Springer VS.

Halatsis, P./Christakis, N. (2009): »The Challenge of Sexual Attraction Within Heterosexuals' Cross-sex Friendship«, in: Journal of Social and Personal Relationships, 26, 6-7, S. 919-937.

Halsey, A.H. (2004): A History of Sociology in Britain: Science, Literature, and Society. Oxford: Oxford University Press.

Hartup, W.W. (1975): »The origins of friendship«, in: Lewis/Rosenblum (Hg.): Friendship and Peer Relations. New York: Wiley.

HDR (2000): Human Development Report. Human Rights and Human Development. United Nations Development Programm. Online unter: http://hdr.undp.org/sites/default/files/reports/261/hdr_2000_en.pdf

Heidegger, M. (2006): Sein und Zeit (19. Aufl., unveränd. Nachdr. der 15., an Hand der Gesamtausg. durchges. Aufl. mit den Randbemerkungen aus dem Handex. des Autors im Anh.): Tübingen: Niemeyer.

Heider, F. (1958): The Psychology of Interpersonal Relations. New York: Wiley.

Hermand, J. (2006): Freundschaft. Zur Geschichte einer sozialen Bindung. Köln/Weimar/Wien: Böhlau.

Hesiod (1817): Werke und Tage, Übersetzung von Johann Heinrich Voß, Wien.

Heuser, E.A. (2010): Friendship in Java. Culture, Social Context, and Relatedness. Hochschulschrift, Albert-Ludwigs-Universität Freiburg.

Heuser, E.A. (2012): »Haben Javaner Freunde? Eine kleine Ethnologie javanischer Freundschaftsforschung«, in: Mitteilungen der Berliner Gesellschaft für Anthropologie, Ethnologie und Urgeschichte, 3, S. 53-62.

Heuser, E.A. (2014): »Locations of Emotional Security. Queer Narratives on Stigma and Cross-Cultural Friendships in Java«, in: Röttger-Rössler/Stodulka (Hg.): Feelings on the Margins. Dealing with Violence, Stigma and Isolation in Indonesia, Frankfurt a.M./New York: Campus, S. 128-147.

Hielscher, V. (2006): Verflüssigte Rhythmen: flexible Arbeitszeitstrukturen und soziale Integration. Berlin: Edition Sigma.

Hildenbrand, B. (2000): »Anselm Strauss«, in: Flick/von Kardorff/Steinke (Hg.): Qualitative Forschung. Ein Handbuch. Reinbek: Rowohlt.

Hirsch, B.J. (1981): »Social networks and the coping process: creating personal communities«, in: Gottlieb (Hg.): Social networksand social support, Beverly Hills: Sage, S. 149-170.

Hirschauer, S./Amann, K. (Hg.) (1997): Die Befremdung der eigenen Kultur. Frankfurt a.M.: Suhrkamp.

Hitzler, R. (2008): »Welten erkunden. Soziologie als (eine Art) Ethnologie der eigenen Gesellschaft. Forum Qualitative Sozialforschung (FQS): Online unter: www.qualitative-forschung.de/fqs-supplement/members/Hitzler/hitzler-sw-d.html.

Hochschild, A.(2002): Keine Zeit. Wenn die Firma zum Zuhause wird und Zuhause nur Arbeit wartet. Opladen: Leske & Budrich

Hölderlin, F. (1995): Hyperion oder der Eremit in Griechenland. Stuttgart: Reclam.

Hollstein, B./Pfeffer, J. (2010): Netzwerkkarten als Instrument zur Erhebung egozentrierter Netzwerke. Online unter: www.pfeffer.at/egonet/Hollstein%20Pfeffer.pdf. Zugegriffen Oktober 2015.

Hollstein, B./Straus, F. (2006): Qualitative Netzwerkanalyse. Konzepte, Methoden, Anwendungen. Wiesbaden: VS.

Hollstein, B. (2001): Grenzen sozialer Integration. Zur Konzeption informeller Beziehungen und Netzwerke. Opladen: Leske & Budrich.

Honneth, A. (2011): Das Recht der Freiheit. Frankfurt a.M.: Suhrkamp.

Huber, M./Rehling, I. (1994): Dein ist mein halbes Herz. Was Freundinnen einander bedeuten. Frankfurt a.M.: Fischer.

Ihli, St. (2002): Das Freundschaftsideal nach Augustinus. Online unter: www.ihlisoft.de/theologie/augustin.htm. Zugegriffen Oktober 2015.

Ito, M./Horst, H./Bittanti, M./Boyd, D./Herr-Stephenson, B./Lange, P.G./Pascoe, C. J./Robinson, L. (2008): Living and Learning with New Media: Summary of Findings from the Digital Youth Project, Online unter: http://digitalyouth.ischool.berkeley.edu/files/report/di gitalyouth-WhitePaper.pdf.

ISSP (1986): International Social Survey Programme: Social Networks and Support Systems – ISSP 1986. GESIS Data Archive, Cologne. ZA1620 Data file Version 1.0.0,doi:10.4232/1.1620.

ISSP (2001): International Social Survey Programme: Social Relations and Support Systems – ISSP 2001. GESIS Data Archive, Cologne. ZA3680 Data file Version 1.0.0, doi:10.4232/1.3680.

Jackman, M.R./Crane, M. (1986): »Some of my best friends are black…«: Interracial Friendship and Whites' Racial Attitudes«, in: Public Opinion Quarterly, 50, S. 459-486.

Jako, J.A. (2012): Human Computer Interaction Handbook, Boca Raton: CRC Press.

Jansen, D. (1999): Einführung in die Netzwerkanalyse: Grundlagen, Methoden, Anwendungen, Opladen: Leske & Budrich.

Jerrome, D. (1984): »Good company: the sociological implications of friendship«, in: Sociological Review, 32, S. 696-718.

Jurczyk, K./Schier, M./Szymenderski, P./Lange, A. (2009): Entgrenzte Arbeit – entgrenzte Familie: Grenzmanagement im Alltag als neue Herausforderung. Berlin: edition sigma.

Kahn, R. L./Antonucci, T. C. (1980): »Convoys over the life course. Attachment, roles, and social support«, in: Baltes/Brim (Hg.): Life-span development and behavior. New York, Academic Press, S. 253-286.

Kalmijn, M. (2002): »Sex Segregation of Friendship Networks Individual and Structural Determinants of Having Cross-Sex Friends«, in: European Sociological Review, 18, S. 101-117.

Kapchan, D.A./Strong, P.T. (1999): »Theorizing the Hybrid«, in: The American Journal of Folklore, 112, S. 239-253.

Kast, V. (1992): Die beste Freundin. Was Frauen aneinander haben. Stuttgart: Kreuz.

Katz, J./Rice, R.E./Aspden, Ph. (2001): »The Internet, 1995-2000: Access, Civic Involvement, and Social Interaction«, in: American Behavioral Scientist, 45, S. 405-419.

Kelle, U./Kluge, S. (1999): Vom Einzelfall zum Typus. Fallvergleich und Fallkontrastierung in der qualitativen Sozialforschung. Opladen: Leske & Budrich.

Kenis, P./Schneider, V. (Hg.) (1996): Organisation und Netzwerk. Institutionelle Steuerung in Wirtschaft und Politik. Frankfurt a.M./New York: Campus.

Kersten, C. (2008): Orte der Freundschaft. Niklas Luhmann und Das Meer in mir. Berlin: Kadmos Kulturverlag.

Keupp, H. (1994): »Ambivalenzen postmoderner Identität«, in: Beck/Beck-Gernsheim (Hg.): Riskante Freiheiten, Frankfurt a.M.: Suhrkamp, S. 336-350.

King, P. (2007): »Friendship in Politics«, in: Critical Review of International Social and Political Philosophy, 10, S. 125-145.

King, P./Smith, G. (2007): »Introduction«, in: Critical Review of International Social and Political Philosophy, 10, S. 117-123.

Kirner, G. O. (2003): »Politik, Patronage und Gabentausch«, in: Berliner Debatte Initial, 14, S. 168-183.

Kleining, G. (1995): Lehrbuch Entdeckende Sozialforschung. Band I. Von der Hermeneutik zur qualitativen Heuristik.Weinheim: Beltz Psychologie.

Knapp, G-A. (1990): »Zur widersprüchlichen Vergesellschaftung von Frauen«, in: Hoff (Hg.): Die doppelte Sozialisation Erwachsener. Zum Verhältnis von beruflichem und privatem Lebensstrang, München: Verlag DJI, S. 17-52.

Knecht, A. (2008): Friendship selection and friendship influence. Dynamics of networks and actor attributes in early adolescence. Online unter: http://igitur-archive.library.uu.nl/dissertations/2008-0125-200537/full.pdf

Knecht, A./Baerveldt, C./Snijders, T.A.B./Steglich, Ch./Raub, W. (2010): »Friendship and Delinquency in Early Adolescence: A study of selection and influence effects«, in: Social Development 19, S. 494-514.

Knecht, A./Burk, W. J./Weesie, J./Steglich, Ch. (2011): »Friendship and alcohol use in early adolescence: a social network approach«, in: Journal of Research on Adolescence, 21, S. 475-487.

Kneidinger, B. (2010): Facebook und Co. Eine soziologische Analyse von Interaktionsformen in Online Social Networks. Wiesbaden: Springer VS.

Kocyba, H. (2000): »Die falsche Aufhebung der Entfremdung. Über die normative Subjektivierung der Arbeit im Postfordismus«, in: Hirsch (Hg.): Psychoanalyse und Arbeit. Kreativität, Leistung, Arbeitsstörung, Arbeitslosigkeit, Göttingen: Vandenhoeck & Ruprecht, S. 13-26.

Kocyba, H./Voswinkel, S. (2007): Krankheitsverleugnung: Betriebliche Gesundheitskulturen und neue Arbeitsformen. Arbeitspapier 150 der Hans-Böckler-Stiftung. Düsseldorf.

Kolip, P. (1993): Freundschaften im Jugendalter. Der Beitrag sozialer Netzwerke zur Problembewältigung. Weinheim/München: Juventa.

Konstan, D. (1997): Friendship in the Classical World. Cambridge: Cambridge University Press.

Kracauer, S. (1990): Über die Freundschaft. Frankfurt: Suhrkamp (6. Auflage, [zuerst 1917]) Wiesbaden: VS.

Krippendorf, E. (2002): Freundschaft als politische Kategorie. Vortrag zum Seminar »Wahre Freundschaft« vom 07.-09. Juni 2002 im Haus auf der Alb, Bad Urach, Online unter: www.lpb-bw.de/publikationen/dokumentationen/Freundschaft.pdf.

Krömmelbein, S. (2005): »Kommunikation und abnehmende Rollendistanz. Zur Ambivalenz der aktiven Aneignung subjektivierter Arbeitswelten«, in: Arbeitsgruppe SubArO (Hg.): Ökonomie der Subjektivität – Subjektivität der Ökonomie, Berlin: edition sigma. S. 183-201.

Krosta, A./Eberhard, H.-J. (2007): »Neuere Ergebnisse der deutschen Freundschaftsforschung«, in: Journal für Psychologie, 15, 1, S. 1-33. Online unter: www.journal-fuer-psychologie.de/index.php/jfp/article/view/120/258.

Kühner, C. (2013): Politische Freundschaft bei Hofe. Personale Nahbeziehungen im französischen Hochadel des 17. Jahrhunderts. Göttingen: V&R unipress.

Lang, S. (1997): Kulturelle Identität, soziale Netzwerke und Kognition: Berichte ethnologischer Forschungen aus Köln. Wiesbaden: Dt. Univ.-Verl.

Lazarsfeld, P./Merton, R.K. (1954): »Friendship as Social Process: A Substantial and Methodological Analysis«, in: Berger/Abel/Page (Hg.): Freedom and Control in Modern Society. Toronto: Van Nostrand, S. 18-66.

Lazzaro, N. (2012): »Why We Play: Affect and the Fun of Games«, in: Jako (Hg.): Human Computer Interaction Handbook. Boca Raton: CRC Press, S. 775-749.

Lenz, K. (2003): Soziologie der Zweierbeziehungen. Eine Einführung. Wiesbaden: VS.

Lenz, K./Nestmann, F. (2009): Handbuch Persönliche Beziehungen. Weinheim: Juventa.

Lepenies, W. (Hg.) (1981): Geschichte der Soziologie. Studien zur kognitiven, sozialen und historischen Identität einer Disziplin. Frankfurt a.M.: Suhrkamp.

Leuschner, V. (2011): Politische Freundschaften. Informelle Beziehungen im Deutschen Bundestag. Baden-Baden: Nomos.

Leuschner, V. (2011a): »Playing the field – dealing with interpersonal relationships in the political arena«, in: Descharmes/Heuser/Krüger/Loy (Hg.): Varieties of friendship: Interdisciplinary perspectives on social relationships. Göttingen: V&R unipress, S. 205-222.

Lewis, C.S. (2002 [1960]): The Four Loves. London: Harper Collins.

Lin, N./Fu, Y./Hsung, R. (2001): The Position Generator: measurement techniques for social capital«, in: Lin/Cook/Burt (Hg.): Social capital: theory and research. New York: Aldine De Gruyter, S. 57-84.

Lindesmith, A. R. (1947/1968): Addicion and Opiates. Chicago: Aldine.

Lipman-Blumen, J. (1976): »Toward a Homosocial Theory of Sex Roles«, in: Signs, 1, S. 15-31.

Litwak, E. (1989): »Forms of Friendship among older People in an Industrial Society«, in: Adams et al. (Hg.): Older Adult Friendship. Structure and Process, Newbury Park, Calif.: Sage, S. 65-88.

Lögdlund, U./de Kaminski, M. (2010): »Digital Neighbourhoods: A sociological perspective on the forming of self-feeling online«, in: Dunkels/Franberg/Hallgren (Hg.): Youth Culture and Net Culture: Online Social Practices. Hurshey: IGI Global, S. 97-111.

Lohr, K./Nickel, H.-M. (2009): Subjektivierung von Arbeit – Riskante Chancen. 2. Aufl. Münster: Westfälisches Dampfboot.

Luhmann, N. (1964): Funktionen und Folgen formaler Organisation. Mit einem Epilog 1994 von Niklas Luhmann. Berlin: Duncker und Humblot.

Luhmann, N. (1981) »Wie ist soziale Ordnung möglich?«, in: Luhmann (Hg.): Gesellschaftsstruktur und Semantik. Studien zur Wissenssoziologie der modernen Gesellschaft, Bd. 2. Frankfurt a.M.: Suhrkamp, S. 195-207.

Luhmann, N. (1982): Liebe als Passion. Zur Codierung von Intimität. Frankfurt a.M.: Suhrkamp.

Luhmann, N. (1987): Soziologische Aufklärung 4: Codierung und Programmierung. Frankfurt a.M.: Suhrkamp.

Luhmann, N. (1994): »Inklusion und Exklusion«, in: Berding (Hg.): Nationales Bewusstsein und kollektive Identität. Studien zur Entwicklung des kollektiven Bewusstseins in der Neuzeit 2., Frankfurt a.M.: Suhrkamp, S. 15-45.

Luhmann, Niklas (1995): »Kausalität im Süden«, in: Soziale Systeme, 1, S. 7-28.

MacIntyre, A. (1981): After virtue. A Study in Moral Theory. Notre Dame: University of Notre Dame Press.

Marin, B./Mayntz, R. (1991): Policy Networks. Empirical Evidence and Theoretical Considerations. Frankfurt a.M./New York: Campus.

Marquardsen, K. (2012): Aktivierung und soziale Netzwerke. Die Dynamik sozialer Beziehungen unter dem Druck der Erwerbslosigkeit. Wiesbaden: VS.

Marquardsen, K./Röbenack, S. (2010): »...der Freundeskreis, der Bekanntenkreis hat sich total verändert« – Rekonstruktionen von sozialen Beziehungskontexten bei Arbeitslosengeld-II-EmpfängerInnen«, in: Stegbauer (Hg.): Netzwerkanalyse und Netzwerktheorie. Ein neues Paradigma in den Sozialwissenschaften. 2. Aufl., Wiesbaden: VS, S. 479-489.

Martin, J. L. (2010): Social Structures. Princeton/Oxford: Princeton University Press.

Matuschek, I. (2005): Hilfreiche Ko-Produktion: Die Ko-Produktion entgrenzter Arbeit«, in: Gottschall/Voß (Hg.): Entgrenzung von Arbeit und Leben. Zum Wandel der Beziehung von Erwerbstätigkeit und Privatsphäre im Alltag. München/Mering: Hampp, S. 333-358.

Matthews, S.H. (1986): Friendships Through the Life Course: Oral Biographies in Old Age. Beverly Hills, Calif.: Sage.

Mayr-Kleffel, V. (1991): Frauen und ihre sozialen Netzwerke. Auf der Suche nach einer verlorenen Ressource. Opladen: Leske & Budrich.

McCall, G. J. (1988): »The organizational life cycle of relationships«, in: Duck (Hg.): Handbook of Personal Relationships. Chicester: Wiley, S. 467-484.

McLuhan, M. (1964): Understanding Media. London: Routledge & Kegan Paul.

McPherson, M./Smith-Lovin, L./Cook, J.M. (2001): »Birds of a Feather: Homophily in Social Networks«, in: Annual Review of Sociology, 27, S. 415-444.

Mead, G. H. (1934): Mind, Self, And Society: From The Standpoint Of A Social Behaviorist (Works of George Herbert Mead, Vol. 1), Hg. Charles W. Morris, Chicago: University Of Chicago Press. Online unter: https://www.brocku.ca/MeadProject/Mead/pubs2/mindself/Mead_1934_toc.html. Zugegriffen Februar 2016.

Mercken, L./Sinclair, Ph./Steglich, Ch./Holliday, J./Moore, L. (2012): »A longitudinal social network analysis of peer influence, peer selection and smoking behaviour among adolescents in British schools«, in: Health Psychology, 31, S. 451-459.

Mewes, J. (2010): Ungleiche Netzwerke – Vernetzte Ungleichheit. Persönliche Beziehungen im Kontext von Bildung und Status. Wiesbaden: Springer VS.

Mey, G./Mruck, K. (2007): »Qualitative Interviews«, in: Naderer/Balzer (Hg.): Qualitative Marktforschung in Theorie und Praxis: Grundlagen, Methoden und Anwendungen, Wiesbaden: Gabler, S. 249-278.

Meyer-Krentler, E. (1991): »Freundschaft im 18. Jahrhundert. Zur Einführung in die Freundschaftsdiskussion«, in: Mauser/Becker-Cantarino (Hg.): Frauenfreundschaft – Männerfreundschaft. Literarische Diskurse im 18. Jahrhundert, Tübingen: Niemeyer, S. 1-22.

Mills, C.W. (1956): The Power Elite.Oxford: Oxford University Press.
Mintzberg, H. (1983): Power in and around Organizations. Englewood Cliffs, New Jersey: Prentice Hall.
Moebius, S. (2004): Praxis der Soziologiegeschichte. Methodologien, Konzeptionalisierung und Beispiele soziologiegeschichtlicher Forschung. Hamburg: Kovac.
Moldaschl, M./Voß, G. G. (2003): Subjektivierung von Arbeit. München/Mering: Hampp.
Monge, P./Contractor, N. (2003): Theories of Communication Networks. Oxford: Oxford University Press.
Montaigne, M. de (1793): Kapitel 5: Über die Freundschaft. Online unter: http://gutenberg.spiegel.de/buch/essays-6733/5. Zugegriffen Februar 2016.
Montaigne, M. de (2000): Über die Freundschaft«, in: Derrida/de Montaigne (Hg.): Über die Freundschaft. Frankfurt a.M.: Suhrkamp, S. 61-91.
Mulgan, R. (1999): »The Role of Friendship in Aristotle's Political Theory«, in: Critical Review of International Social and Political Philosophy, 2, S. 15-32.
Müller, H.-P.(1986): »Kultur, Geschmack und Distinktion. Grundzüge der Kultursoziologie Pierre Bourdieus«, in: Neidhardt/Lepsius/Weiß (Hg.): Kultur und Gesellschaft. Sonderband 27, Kölner Zeitschrift für Soziologie und Sozialpsychologie. Opladen: Westdeutscher Verlag, S. 162-190.
Nardi, P. M. (1999): Gay Men's Friendships. Invincible Communities. Chicago/London: Chicago University Press.
Neon.de, Miss_London (2007): Niemals Sex mit dem besten Freund. Online unter: www.neon.de/artikel/fuehlen/freundschaft/niemals-sex-mit-dem-besten-freund/649826
Neuberger, O. (1995): Mikropolitik. Der alltägliche Aufbau und Einsatz von Macht in Organisationen. Stuttgart: Ferdinand Enke Verlag.
Neumann-Braun, K./Autenrieth, U.P. (Hg.) (2010): Freundschaft und Gemeinschaft im Social Web: Bildbezogenes Handeln und Peergroup-Kommunikation auf Facebook & Co. Baden-Baden: Nomos.
Newcomb, T.M. (1961): The Acquaintance Process. New York: Holt, Rinehart & Winston.
Nötzoldt-Linden, U. (1994): Freundschaft: Zur Thematisierung einer vernachlässigten soziologischen Kategorie. Studien zur Sozialwissenschaft: Bd. 140. Opladen: Westdeutscher Verlag
Nötzoldt-Linden, U. (1998): »Freundschaftsmuster«, in: Eickenrodt/Rapisarda (Hg.): Freundschaft im Gespräch. Stuttgart/Weimar: J.B. Metzler, S. 105-120.
O'Connor, P. (1992): Friendships Between Women: A Critical Review. New York: The Guilford Press.
Ortega, F.G. (1997): Michel Foucault: Rekonstruktion der Freundschaft. Paderborn: Wilhelm Fink.

Ortega, F.G. (1995): »Foucaults letztes unvollendetes Projekt: Eine Rehabilitierung der Freundschaft, in: Das Argument. Zeitschrift für Philosophie und Sozialwissenschaften, 212, S. 893-903.

Ortmann, G. (1998): »Mikropolitik«, in: Heinrich/Schulz zur Wiesch (Hg.): Wörterbuch zur Mikropolitik. Opladen: Leske & Budrich, S. 1-5.

Oschema, K. (2006): Freundschaft und Nähe im spätmittelalterlichen Burgund. Studien zum Spannungsfeld von Emotion und Institution. Köln/Weimar/Wien: Böhlau.

Pahl, R. (2000): *On Friendship.* Oxford: Polity Press.

Pahl, R. (2002): »Towards a more significant sociology of friendship. A reponse to Michael Eve«, in: Archives Euopéennes de Sociologie XLIII, 3, S. 410-423.

Pahl, R./Spencer, L. (2010): »Family, Friends, and Personal Communities: Changing Models-in-the-Mind«, in: *Journal of Family Theory & Review,* 2, S. 197-210.

Pahl, R./Spencer, L. (2004): »Personal Communities: Not Simply Families of ›Fate‹ or ›Choice‹«, in: Current Sociology, 52, 2, S. 199-221.

Pelican, M. (2003): Interethnische Freundschaften in Nordwestkamerun: Ein Vergleich ethnischer und gender-spezifischer Konzepte und Praktiken. Working Paper Nr. 56. Halle: Max Planck Institut für ethnologische Forschung.

Peng, T.-Q./Zhu, J.H. (2011): »A game of win–win or win–lose? Revisiting the internet's influence on sociability and use of traditional media«, in: New Media & Society, 13, 4, S. 568-586.

Pettigrew, T. (1998): »Intergroup Contact Theory«, in: Annual Review of Psychology, 49, S. 65-85.

Pizzolato, L.F. (1993): L'idea di amicizia. Nel mondo antico classico e cristiano. Turin: Einaudi.

Pongratz, H. J./Voß, G. G. (1998): »Der Arbeitskraftunternehmer. Eine neue Grundform der Ware Arbeitskraft?«, in: Kölner Zeitschrift für Soziologie und Sozialpsychologie, 50,S. 131-158.

Pongratz, H. J./Voß, G. G. (2003): Arbeitskraftunternehmer: Erwerbsorientierungen in entgrenzten Arbeitsformen. Berlin: edition sigma.

Polexe, L. (2011): Netzwerke und Freundschaft: Sozialdemokraten in Rumänien, Russland und der Schweiz an der Schwelle zum 20. Jahrhundert. Göttingen: V&R unipress.

Pollet, T.V./Roberts, S.G.B./Dunbar, R.I.M. (2011): »Use of Social Network Sites and Instant Messaging Does Not Lead to Increased Offline Social Network Size, or to Emotionally Closer Relationships with Offline Network Members«, in: Cyberpsychology, Behavior, and Social Networking, 14, S. 253-258.

Putnam, R. (2000): Bowling Alone: The Collapse and Revival of American Community. New York: Simon/Schuster.

Putnam, R. (2007): »E Pluribus Unum. Diversity and Community in the Twenty-first Century – The 2006 Johan Skytte Prize Lecture«, in: Scandinavian Political Studies, 30, S. 137-174.

Quan-Haase, A./Wellman, B. (2012): Capitalizing on the Net: Social Contact, Civic Engagement, and Sense of Community. Online unter: http://groups.chass.utoronto.ca/netlab/wp-content/uploads/2012/05/Capitalizing-on-the-Internet-Network-Capital-Participatory-Capital-and-Sense-of-Community.pdf.

Rapsch, A. (2004): Soziologie der Freundschaft. Historische und gesellschaftliche Bedeutung von Homer bis heute. Stuttgart: Ibidem Verlag.

Rawlins, W.K. (2006): Friendship matters. New Brunswick, New Jersey: Transaction Publishers.

Rehbein, B./Schwengel, H. (2008): Theorien der Globalisierung. Konstanz: UTB.

Reinders, H. (2003): Interethnische Freundschaften bei Jugendlichen 2002. Hamburg: Verlag Dr. Kovac.

Reinders, H. (2010): »Peers und Migration – zur Bedeutung von inter- und intraethnischen Peerbeziehungenim Jugendalter«, in: Harring/Böhm-Kasper/Rohlfs/Palentien (Hg.): Freundschaften, Cliquen und Jugendkulturen: Peers als Bildungs- und Sozialisationsinstanzen, Wiesbaden: VS Verlag, S. 123-140.

Roseneil, S./Budgeon, S. (2004): »Cultures of Intimacy and Care Beyond ›The Family‹: Personal Life and Social Change in the Early 21st Century«, in: Current Sociology, 52 (2), S. 135-149.

Roseneil, S. (2004): »Towards a more friendly society? Social and Economic Research Council, 15. Online unter: https://www.leeds.ac.uk/cava/papers/sr_edge_2004.pdf.

Roseneil.S. (2006): »On Not Living with a Partner: Unpicking Coupledom and Cohabitation«, in: Sociological Research, 11, Online unter: www.socresonline.org.uk/11/3/roseneil.html.

Roseneil, S.(2007): »Sutured Selves, Queer Connections: rethinking intimacy and individualization«, in: Howard (Hg.): Individualization: a political sociology of contemporary personhood, Basingstoke: Palgrave, S. 117-134.

Roth, J. (2008): »Bond Girls go Girl Bonding. Frauenfreundschaft zwischen Mythos und Strategie«, in: Polar.Politik/Theorie/Alltag, 5, S. 105-108.

Rubin, L.B. (1985): Just friends: The Role of Friendship In Our Lives. New York: Harper & Row.

Rumens, N. (2012): »Queering cross-sex friendships: An analysis of gay and bisexual men's workplace friendships with heterosexual women«, in: Human Relations, 65, 8, S. 955-978.

Sauer, D. (2005): Arbeit im Übergang. Hamburg: VSA.

Scharpf, F.W. (1993): »Versuch über Demokratie im verhandelnden Staat«, in: Czada/Schmidt (Hg.): Verhandlungsdemokratie, Interessenvermittlung, Regierbarkeit, Opladen: Westdeutscher Verlag, S. 25-50.

Scharpf, F.W. (2000): Interaktionsformen. Akteurszentrierter Institutionalismus in der Politikforschung. Opladen: Leske & Budrich.

Scheuch, E.K./Scheuch, U. (1992): Cliquen, Klüngel und Karrieren. Reinbek: Rowohlt.

Schinkel, A. (2003): Freundschaft. Von der gemeinsamen Selbstverwirklichung zum Beziehungsmanagement – Die Verwandlungen einer sozialen Ordnung. Freiburg: Karl Alber.

Schleiermacher, F. (1978): Monologen. 3. Aufl. Hamburg: Meiner.

Schlenker, B.R. (1984): »Identities, Identifications, and Relationships«, in: Derlega (Hg.): Communication, Intimacy and Close Relationships, Orlando/New York/San Diego: Academic Press, S. 71-101.

Schmidt, J. (1997): »Paradigm lost? Freundschaft als soziologische Kategorie«, in: Ethik und Sozialwissenschaften 8, S. 52-54.

Schmidt, J. (2007): »Das Verhältnis von Freundschaft und Liebe im 18. Jahrhundert«, in: Schmidt/Guichard/Schuster/Trillmich (Hg.): Freundschaft und Verwandtschaft. Zur Unterscheidung und Verflechtung zweier Beziehungssysteme, Konstanz: UVK, S. 115-144.

Schmidt-Mappes, I. (2001): Freundschaften heute. Volkskundliche Untersuchung eines Kulturphänomens. Freiburg i.Br.: Wissenschaft & Öffentlichkeit.

Schmitt, C. (1963): Der Begriff des Politischen. Text von 1932 mit einem Vorwort und drei Corollarien. Berlin: Duncker und Humblot.

Schneider, H. (1979): Livestock and Equality in East Africa. The economic basis for social structure. Bloomington/London: Indiana University Press.

Schneider, R. (1995): »Politische Freundschaft«, in: Cotteri (Hg.): Il concetto di amiciia nella storia della cultura europea. Der Begriff Freundschaft in der Geschichte der Europäischen Kultur. Storia, glottologia, filologia, filosofia, pedagogia, letteratura. Atti del XXII convegno internazionale di studi italo-tedeschi. Merano, S. 372-387.

Schnettler, S. (2009): »A structured overview of 50 years of small-world research«, in: Social Networks, 31, S. 165- 178.

Schobin, J. (2011): »Sorgende Freunde: Fragen an eine andere Lebensform«, in: Mittelweg 36, 20, S. 24-42.

Schobin, J. (2013): Freundschaft und Fürsorge. Bericht über eine Sozialform im Wandel. Hamburg: Hamburger Edition.

Schobin, J./Marquardsen, K. (2008): »Auf solche Freunde kann man verzichten.« Freundschaft und Arbeitslosigkeit«, in: Polar, 5, S. 117-122.

Schwarzenbach, S.A. (1996): »On Civic Friendship«, in: Ethics, 107, S. 97-128.

Sedgwick, E. K. (1985): Between Men. English Literature and Male Homosocial Desire. New York: Columbia University Press.

Seifert, H. (2005): Flexible Zeiten in der Arbeitswelt. Frankfurt a.M./New York: Campus.

Sennet, R. (1977): The Fall of Public Men. Cambridge: Cambridge University Press.

Shields Dobson, A. (2010): »The Representation of Female Friendships on Young Women's Myspace Profiles: The All-Female World and the Feminine ›Other‹«, in: Dunkels/Franberg/Hallgren (Hg.): Youth Culture and Net Culture: Online Social Practices, Hershey: IGI Global, S. 126-152.

Sibona, C. &Walczak, S. (2011): »Unfriending on Facebook: Friend Request and Online/Offline Behavior Analysis«, in: Proceedings of the 2011 44th Hawaii International Conference on System Sciences, IEEE Computer Society (conference paper), S. 1-10.

Siibak, A. (2009): Constructing the Self through the Photo Selection: The Importance of Photos on Social Networking Websites.Cyberpsychology«, in: Journal of Psychosocial Research on Cyberspace, 3, Online unter: www.cyberpsychology.eu/view.php?cisloclanku= 2009061501.

Silver, A. (1990): »Friendship in commercial society: eighteenth-century social theory and modern society«, in: American Journal of Sociology, 95, S. 1474-1504.

Silver, A. (1997): »Two Different Sorts of Commerce« – Friendship and Strangership in Civil Society«, in: Weintraub/Kumar (Hg.): Public and private in thought and practice, Chicago, S. 43-74.

Simmel, G. (1896): »Was ist uns Kant?«, in: Vossische Zeitung (Berlin), Sonntagsbeilagen Nr. 31-33 vom 2.8. Online unter: http://socio.ch/sim/verschiedenes/1896/kant.htm. Zugegriffen Februar 2016.

Simmel, G. (1908): Soziologie: Untersuchungen über die Formen der Vergesellschaftung.Berlin: Duncker & Humblot.

Simmel, G. (1992): Soziologie. Untersuchungen über die Formen der Vergesellschaftung. Frankfurt a.M.: Suhrkamp.

Simmel, G. (1997): Aufsätze und Abhandlungen 1901-1908 Band II. Frankfurt a.M.: Suhrkamp.

Sinclair, H. C. (2012): »Gender Rules: Same – Sex and Cross – Gender Friendship Norms«, in: Sex Roles, 66, S. 518-529.

Slater, Ph. E. (1990): The pursuit of loneliness. American culture at the breaking point.Boston: Beacon Press.

Smart, A. (1999): Expression of Interest: friendship and guanxi in Chinese society, in: Bell/Coleman (Hg.): The anthropology of friendship, Oxford, New York: Berg, S. 119-136.

SOEP (1984-2010): Sozio-oekonomisches Panel. Daten für die Jahre 1984-2010, Version 27, SOEP.

Spencer, L./Pahl.R. (2006): Rethinking Friendship. Hidden Solidarities Today. Woodstock: Princeton University Press.

Stackman, R./Pinder, C. (1999): »Context and Sex Effects on Personal Work Networks«, in: Journal of Social and Personal Relationships, 16, S. 39-64.

Steglich, Ch./Knecht, A. (2010): »Die statistische Analyse dynamischer Netzwerkdaten«, in: Stegbauer/Häußling (Hg.): Handbuch der Netzwerkforschung, Wiesbaden: VS, S. 427-440.

Stiehler, S. (2009): Männerfreundschaften. Grundlagen einer vernachlässigten Ressource. Weinheim: Juventa.

Stüwe, K.(2009): Der deutsche Sozialstaat im internationalen Vergleich. Berlin: LIT Verlag.

Suttles, G. (1970): »Friendship as a Social Institution«, in: McCall (Hg.): Observations: Social relationships, Chicago: Aldine Publ, S. 96-125.

Taleb, N.N. (2008): Der Schwarze Schwan: Die Macht höchst unwahrscheinlicher Ereignisse. München: Hanser.

Tenbruck, F.H. (1964): »Freundschaft. Ein Beitrag zu einer Soziologie der persönlichen Beziehungen«, in: Kölner Zeitschrift für Soziologie und Sozialpsychologie, 16, S. 431-456.

Teuscher, S. (1998): Bekannte – Klienten – Verwandte: Soziabilität und Politik in der Stadt Bern um 1500. Köln/Weimar/Wien: Böhlau.

Thomas, N. (1996): »Cold Fusion«, in: American Anthropologist, 98, S. 9-16.

Thomasius, C. (1728): Kurzer Entwurf der politischen Klugheit. Frankfurt und Leipzig. Online vergfügbar unter:https://play.google.com/store/books/details?id=790UAAAAQAAJ&rdid=book-790UAAAAQAAJ&rdot=1. Zugegriffen Februar 2016.

Tietz, U. (2003): »Die Freund-Feind-Distinktion von Carl Schmitt und das animal rationale«, in: Mehring (Hg.): Carl Schmitt. Der Begriff des Politischen, Ein kooperativer Kommentar, Berlin: Akademie Verlag, S. 123-138.

Tönnies, F. (1988): Gemeinschaft und Gesellschaft. Berlin: Curtius.

Trottier, D. (2012): »Interpersonal Surveillance on Social Media«, in: Canadian Journal of Communication, 37, S. 319-332.

Tulasi, R.K. (2010): Internet's Use: Online and Offline Connections. Online unter: www.academia.edu/518715/Internets_Use_Online_and_Offline_Connection.

Türk, K. (1989): Neuere Entwicklungen der Organisationsforschung. Ein Trend-Report. Stuttgart: Thieme.

Turner, James et al. (1987): Rediscovering the social group: A self-categorization theory. Oxford: Blackwell.

Valk, F.V. (2002): »Decisions, Decisions: Carl Schmitt on Friends and Political Will«, in: Rockefeller College Review 1, S. 38-53.

Valtin, R./Fatke, R. (1997): Freundschaft und Liebe. Persönliche Beziehungen im Ost/West- und im Geschlechtervergleich. Donauwörth: Auer.

van der Gaag, M./Appelhof, G.J./Webber, M. (2012): »Ambiguitá nelle risposte al Position Generator«, in: Sociologia e Politiche Sociali, 15, S. 113-141.

van der Gaag, M./Snijders, T.A.B. (2005): »The Resource Generator: Social capital quantification with concrete items«, in: Social Networks, 27, S. 1-29.

van der Gaag, M./Snijders, T.A.B./Flap, H.D. (2008): »Position Generator measures and their relationship to other social capital measures«, in: Lin/Erickson (Hg.): Social capital: An international research program, Oxford: Oxford University Press, S. 25-48.

van der Gaag, M./Snijders T.A.B./Flap, H.D. (2004): Position generator measures and their relationship to other social capital measures. Amsterdam: Manuskript.

van Der Zweerde, E. (2007): »Friendship and the Political«, in: Critical Review of International Social and Political Philosophy, 10, S. 147-165.

Varnhagen, R. (2010/1923): Ein Lebensbild aus ihren Briefen. Bremen 2010, Nachdruck des Originals von 1923 des Verlags Hirth in München.

Vela-McConnell, J.A. (2011): Unlikely Friends: Bridging Ties and Diverse Friendships. Plymouth: Lexington.

Verbrugge, L. (1977): »The Structure of Adult Friendship Choices«, in: Social Forces, 56, S. 576-597.

Vervoort, M./Flap, H.D./Dagevos, J. (2011): »›The Ethnic Composition of the Neighbourhood and Ethnic Minorities' Social Contacts: Three Unresolved Issues«, in: European Sociological Review, 27, S. 586-605.

Vincent-Buffault, A. (1995): L'exercice de l'amitié. Pour une histoire des pratiques amicales aux XVIIIe et XIXe siècles. Paris: Seuil.

Vincent-Buffault, A. (2010): Une Histoire de l'amitié. Montrouge: Bayard Jeunesse.

von Arnim, Hans-Herbert (1997). »Fetter Bauch regiert nicht gern. Die politische Klasse – selbstbezigen und abgehoben«. München: Kindler.

von Beyme, K. (1993): Die Politische Klasse im Parteienstaat. Frankfurt: Suhrkamp.

von Kardorff, E. (2006): »Virtuelle Netzwerke – eine neue Form der Vergesellschaftung?«, in: Hollstein/Straus (Hg.): Qualitative Netzwerkanalyse, Wiesbaden: VS Verlag, S. 63-97.

von Prittwitz, V. (2001). »Die dunkle Seite der Netzwerke. Strategien gegen Korruption und Vermachtung. Internetpublikation«. www.volkervonprittwitz.de. Zugegriffen März 2006.

von Salisch, M. (1991): Kinderfreundschaften. Emotionale Kommunikation im Konflikt. Göttingen: Hogrefe.

Voswinkel, S. (2002): »Bewunderung ohne Würdigung – Selbstverwirklichung ohne Eigensinn? Paradoxien der Anerkennung doppelt subjektivierter Arbeit«, in: Honneth (Hg.): Befreiung aus der Mündigkeit. Paradoxien des gegenwärtigen Kapitalismus, Frankfurt a.M./New York: Campus, S. 65-92.

Vowinckel, G. (1995): Verwandtschaft, Freundschaft und die Gesellschaft der Fremden. Darmstadt: Wissenschaftliche Buchgesellschaft.

Wagner, J. (2014): Sex unter guten Freunden? Aber nur bis einer weint. Online unter: www.welt.de/vermischtes/article120914398/Sex-unter-guten-Freunden-Aber-nur-bis-einer-weint.

Wang, H./Wellman, B. (2010): »Social Connectivity in America: Changes in Adult Friendship Network Size From 2002 to 2007«, in: American Behavioral Scientist 58, S. 1148-1169.

Weber, M. (1980): Wirtschaft und Gesellschaft: Grundriß der verstehenden Soziologie/Max Weber. Besorgt von Johannes Winckelmann. 5. Auflage. Tübingen: Mohr.

Weber, M (2010): Wirtschaft und Gesellschaft. Die Wirtschaftliche und die gesellschaftlichen Ordnungen und Mächte. Nachlaß. Teilband 3: Recht. Herausgegeben von W. Gephart und S. Hermes. Tübingen: Mohr.

Weber, M.(2013): Wirtschaft und Gesellschaft. Soziologie. Herausgegeben von K. Borchardt, E. Hanke und W. Schluchter. Tübingen: Mohr.

Weber, W. (1995): »Bemerkungen zur Bedeutung von Freundschaft in der deutschen, politischen Theorie des 16.-18. Jahrhunderts«, in: Cotteri (Hg.): Il concetto di amiciia nella storia della cultura europea. Der Begriff Freundschaft in der Geschichte der Europäischen Kultur. Storia, glottologia, filologia, filosofia, pedagogia, letteratura. Atti del XXII convegno internazionale di studi italo-tedeschi, Merano, 9-11 maggio 1994, Meran: Akademie deutsch-italienischer Studien, S. 756-766.

Weisbuch, M./Ivcevic, Z./Ambady, N. (2009): »On Being Liked on the Web and in the ›Real World‹: Consistency in First Impressions across Personal Webpages and Spontaneous Behavior«, in: Journal of Experimental Social Psychology, 45, S. 573-576.

Wellman, B. (1990): »The place of kinfolk in personal community settings«, in: Wellman (Hg.): Families in Community Settings, New York: Haworth Press, S. 195-228.

Wellman, B. (2010): »Social Connectivity in America. Changes in Adult Friendship Network Size From 2002 to 2007«, in: American Behavioral Scientist, 53, S. 1148-1169.

Wellman, B./Carrington, P.J./Hall, A. (1988): »Networks as personal communities«, in: Wellman/Berkowitz (Hg.): Social Structures: A Network Approach, Cambridge: Cambridge University Press, S. 130-184.

Wellman, B./Hogan, B./Berg, K./Boase, J./Carrasco, J.-A./Cote, R./Kayahara, J./Kennedy, T./Tran, P. (2006): »Connected lives: the project«, in: Purcel (Hg.): Networked Neigbourhoods: The Online Community in Context. London: Springer, S. 157-211.

Welsch, W. (1998): »Transkulturalität. Zwischen Globalisierung und Partikularisierung«, in: Drechsel et al. (Hg.): Interkulturalität – Grundprobleme der Kulturbegegnung, Mainz: Mainzer Universitätsgespräche, S. 45-72.

Welsch, W. (2005): »Auf dem Weg zu transkulturellen Gesellschaften«, in: Allolio-Näcke/Kalscheuer/Manzeschke (Hg.): Differenzen anders denken. Bausteine zu einer Kulturtheorie der Transdifferenz, Frankfurt a.M./New York: Campus, S. 314-341.

Whyte, W.F. (1943): Street Corner Society. Chicago: University of Chicago Press.

Wilkinson, J. (2010): »Personal Communities: Responsible Individualism or Another Fall for Public [Man]«, in: Sociology, 44, S. 453-470.

Wimmer, A./Lewis, K. (2010): »Beyond and Below Racial Homophily, ERG Models of a Friendship Network Documented on Facebook«, in: American Journal of Sociology, 116, S. 583-642.

Wolf, C. (1996): Gleich und gleich gesellt sich. Individuelle und strukturelle Einflüsse auf die Entstehung von Freundschaften. Hamburg: Verlag Dr. Kovač.

Wolf, C. (2009): »Netzwerke und soziale Unterstützung. Online unter: www.gesis.org/fileadmin/upload/forschung/publikationen/gesis_reihen/gesis_arbeitsberichte/GESIS_AB_9.pdf

Wolf, E.R. (1974): »Kinship, Friendship and Patron-Client Relations in Complex Societies«, in: Schmidt/Guasti/Landé/Scott (Hg.): Friends, Followers and Factions. A reader in political clientelism, Berkeley: University of California Press, S. 167-178.

Wolff, H./Chong, H./Auffhammer, M. (2011): »Classification, Detection and Consequences of Data Error: Evidence from the Human Development Index«, in: Economic Journal 121, 553, S. 843-870.

World Value Survey (2010-2014). Wave 6. Nach Registrierung online verfügbar unter www.worldvaluessurvey.org, Zugegriffen: April 2016.

Wright, P. (1982): »Men's Friendships, Women's Friendships, and the alleged Inferiority of the latter«, in: Sex Roles, 8, S. 1-20.

Xie, B. (2008): »Civic Engagement Among Older Chinese Internet Users«, in: Journal of Applied Gerontology, 27, 4, S. 424-445

Yack, B. (1993): The Problems of a Political Animal: Community, Justice & Conflict in Aristotelian Political Thought. Berkley: University of California Press.

Young, K. (2011): »Social Ties, Social Networks and the Facebook Experience«, in: International Journal of Emerging Technologies and Society, 9, 1, S. 20-34.

Youniss, J. (1980): Parents and peers in social development: A Sullivan-Piaget perspective. Chicago, IL: The University of Chicago Press.

Youniss, J. (1994): Soziale Konstruktion und psychische Entwicklung. Frankfurt a.M.: Suhrkamp.

Zhao, S./Grasmuck, S./Martin, J. (2008): »Identity Construction on Facebook: Digital Empowerment in Anchored Relationships«, in: Computers in Human Behavior, 24, S. 1816-1836.

Zhao, S. (2006): »Do Internet Users Have More Social Ties? A Call for Differentiated Analyses of Internet Use«, in: Journal of Computer-Mediated Communication, 11, 3, S. 844-862.

Ziolokowski, J.M. (1995): »Twelfth-Century Understandings and Adaptations of Ancient Friendship«, in: von Welkenhuysen/Herman/Verbeke (Hg.): Mediaeval Antiquity. (Mediaevalia Lovaniensa, Series I, Studia 24), Leuven: Leuven University Press, S. 59-82.

Autor_innen

Erika Alleweldt (Dr. phil.), geboren 1973, ist Wissenschaftliche Mitarbeiterin am Lehrbereich Allgemeine Soziologie der Humboldt-Universität zu Berlin.

Agnes Brandt (Dr. phil.), geboren 1979, ist seit 2013 als Wissenschaftliche Referentin im Bereich der Europäischen Umwelt- und Gesundheitspolitik in Brüssel tätig.

Sabine Flick (Dr. phil.), geboren 1978, ist Wissenschaftliche Mitarbeiterin am Institut für Soziologie der Goethe-Universität Frankfurt sowie Wissenschaftlerin am Institut für Sozialforschung.

Eric Anton Heuser (Dr. phil.), geboren 1976, ist Wissenschaftlicher Mitarbeiter am Institut für Sozial- und Kulturanthropologie der Freien Universität Berlin.

Andrea Knecht (Dr.), geboren 1976, arbeitet als Wissenschaftliche Mitarbeiterin beim Bildungsbüro der Stadt Nürnberg.

Christian Kühner (Dr. phil.), geboren 1979, ist seit 2013 Wissenschaftlicher Assistent und Akademischer Rat auf Zeit am Historischen Seminar der Universität Freiburg i.Br.

Vincenz Leuschner (Prof. Dr. phil.), geboren 1975, Sozialwissenschaftler, ist Professor für Soziale Arbeit und empirische Sozialforschung an der Hochschule für Angewandte Pädagogik Berlin.

Kai Marquardsen (Dr. phil.), geboren 1974, arbeitet als Wissenschaftlicher Mitarbeiter am Soziologischen Forschungsinstitut Göttingen.

Janosch Schobin (Dr. rer. pol.), geboren 1981, leitet die Nachwuchsgruppe »Gamifizierung als soziologisches Problem« an der Universität Kassel.

Abbildungsverzeichnis und Erläuterung Datenquellen

ISSP 2001: Sikora, Joanna, Mariah Evans, Jonathan Kelley, Regine Ressler, Max Haller, Markus Hadler, Maria C. Scalon, Jon H. Pammett, Heather Pyman, Paulina Valenzuela, Carla Lehmann, Bambos Papageorgiou, Jørgen G. Andersen, Sanne L. Clement, Mette Tobiasen, Henrik Lolle, Lars Torpe, Jørgen Andersen, Klára Plecitá-Vlachová, Jens C. Tonboe, Lise Togeby, Hans J. Nielsen, Bjarne H. Andersen, Ole Borre, Ulrik Kjær, Michael Braun, Evi Scholz, Janet Harkness, Peter P. Mohler, Catherine Bromley, Lindsey Jarvis, Katerina Thomson, Alison Park, Sonia Exley, Roger Jowell, Peter Róbert, Agnes Utasi, Monica Altieri, Giuseppe Lubrano, Luca Diotallevi, Harri Melin, Raino Blom, Eero Tanskanen, Yannick Lemel, Michel Forsé, Hiroshi Aramaki, Noriko Onodera, Noah Lewin-Epstein, Eppie Yuchtman-Yaar, Lizanne Dowds, Pauline Devine, IIlze Koroleva, Aivars Tabuns, Knut K. Skjåk, Tone Fløtten, Oddbjørn Evenshaug, Dag Hallen, Knut Halvorsen, Jo Saglie, Philip Gendall, Mahar Mangahas, Linda L. Guerrero, Bogdan Cichomski, Ricardo G. Abad, Ludmila Khakhulina, Niko Toš, Udesh Pillay, Juan Díez-Nicolás, Dominique Joye, James A. Davis, Tom W. Smith, und Peter V. Marsden. 2003. International Social Survey Programme: Social Relations and Support Systems/Social Networks II – ISSP 2001, doi: 10.4232/1.3680.

AID:A 2009: Deutsches Jugendinstitut e.V., München, Aufwachsen in Deutschland: Alltagswelten, herunterladbar nach Anmeldung unter surveys.dji.de.

SOEP 1984-2010: Wagner, Gert G., Joachim R. Frick, Jürgen Schupp, Silke Anger, Marco Giesselmann, Jan Goebel, Markus M. Grabka, Elke Holst, Peter Krause, Martin Kroh, Elisabeth Liebau, Henning Lohmann, David Richter, Christian Schmitt, Daniel Schnitzlein, und C. K. Spieß. 2011. Socio-Economic Panel Study (SOEP), Data from 1984-2010, doi: 10.5684/soep.v27.

Google-NGRAM: Google Books Ngram Viewer, online zugänglich unter http://books.google.com/ngrams, zuletzt geprüft 09.02.2016.

Kulturen der Gesellschaft

Thorsten Benkel (Hg.)
Die Zukunft des Todes
Heterotopien des Lebensendes

September 2016, 370 Seiten, kart.,
zahlr. z.T. farb. Abb., 32,99 €,
ISBN 978-3-8376-2992-7

Gabriel Duttler, Boris Haigis (Hg.)
Ultras
Eine Fankultur im Spannungsfeld
unterschiedlicher Subkulturen

März 2016, 320 Seiten, kart., 29,99 €,
ISBN 978-3-8376-3060-2

Jens Kersten (Hg.)
Inwastement – Abfall in Umwelt und Gesellschaft

Februar 2016, 342 Seiten, kart., 29,99 €,
ISBN 978-3-8376-3050-3

Leseproben, weitere Informationen und Bestellmöglichkeiten finden Sie unter www.transcript-verlag.de

Kulturen der Gesellschaft

Andreas Braun
Campus Shootings
Amok an Universitäten als nicht-intendierte Nebenfolge der Hochschulreform

2015, 408 Seiten, kart., 34,99 €,
ISBN 978-3-8376-3130-2

Julia Döring
Peinlichkeit
Formen und Funktionen eines kommunikativ konstruierten Phänomens

2015, 268 Seiten, kart., 29,99 €,
ISBN 978-3-8376-3145-6

Franz Höllinger, Thomas Tripold
Ganzheitliches Leben
Das holistische Milieu zwischen neuer Spiritualität und postmoderner Wellness-Kultur

2012, 302 Seiten, kart., 29,80 €,
ISBN 978-3-8376-1895-2

Leseproben, weitere Informationen und Bestellmöglichkeiten finden Sie unter www.transcript-verlag.de